예이츠 서정시 전집
제1권 아일랜드

SNUPRESS 동서양의 고전 21

예이츠 서정시 전집

제1권 아일랜드

초판 1쇄 발행 2014년 2월 20일
초판 5쇄 발행 2022년 11월 15일

지은이 윌리엄 버틀러 예이츠
역주 김상무

펴낸곳 서울대학교출판문화원
주소 08826 서울 관악구 관악로 1
도서주문 02-889-4424, 02-880-7995
홈페이지 www.snupress.com
페이스북 @snupress1947
인스타그램 @snupress
이메일 snubook@snu.ac.kr
출판등록 제15-3호

ISBN 978-89-521-1559-1 04840
978-89-521-1192-0 (세트)

SNUPRESS 동서양의 고전 21

예이츠 서정시 전집

제1권 아일랜드

김상무 역주

서울대학교출판문화원

The Collected Lyric Poems of W. B. Yeats Vol. 1

Translated and Annotated by Sangmoo Kim

예이츠 서정시 대역과 주석본을 내면서

이 책은 윌리엄 버틀러 예이츠W. B. Yeats의 서정시를 모아 번역하고 주석을 단 것이다. 맥밀란Macmillan 출판사의 1956년 판본을 주요 저본으로 하여, 여러 판본을 참조하였다.

예이츠는 직업적인 문인이다. 따라서 그의 문학 활동은 비교적 다양하게 펼쳐진다. 그가 남긴 것들 중 순수한 '창작물'은 시와 연극이 주종을 이루는데, 우리에게 알려지기로는 극작가 예이츠보다는 시인 예이츠가 앞선다.

그는 지금은 아일랜드 시인으로 무척 대접을 받지만, 생존 시에는 엄연한 영국 시인으로서 엘리엇T. S. Eliot과 함께 20세기 영국을 대표하는 세계적인 시인이었다. 하지만 그는 엘리엇보다 23년 앞서 태어난 사람이라 성장기가 달랐다. 따라서 그는 본인이 실토한 대로 최후의 낭만주의자가 되었다.

맥밀란 사의 예이츠 전집은 시 전집과 희곡 전집 두 권으로 되어 있다. 전자는 서정시와 극시를 한데 모은 것으로서, 거기에 수록된 서정시는 얼핏 보면 306편으로 보이지만, 그중에는 연작시가 여러 편 있고, 연작시를 구성하는 각 편마다 제목이 따로 붙어 있어 하나하나가 독립된 작품으로 거론된다. 그뿐만 아니라 색인에도 독립된 작품으로 기재되어 있다. 이러한 사실을 감안하면 작품 수는 모두 378편이라는 계산이 나온다.

예이츠의 선조는 이미 영국 식민지로 되어 있었던 아일랜드에 건너가 거기서 기반을 잡았고, 그 후손인 예이츠는 스스로 아일랜드 사람임을 자처하면서 아일랜드의 문예부흥 운동을 주도했고, 정치 · 문화 일반의 온갖 활동도 전개했다.

여기에 예이츠의 미묘한 입지가 있다. 그것은 혈통으로나 종교적으로 아일랜드의 토박이인 켈트인은 아니었다는 점이다. 그럼에도 그는 아일랜드의 전통적인 민족주의자들과는 틈이 있었지만 아일랜드인임을 자처했다. 이는 엘리엇과는 달리 그가 인간의 보편적인 상황을 다루기보다는 아일랜드에 관계되는 특수한 소재를 다룰 수밖에 없는 근거가 된다. 그렇다고 해서 예이츠는 아일랜드에만 국한되는 시인은 결코 아니다.

예이츠의 시를 크게 분류하면 아일랜드에 관계되는 것이 3분의 1쯤 된다. 물론 작품에 따라서는 복합적인 것이 있지만, 나머지를 갈라보면 사랑에 관한 작품들과 예이츠 특유의 상상력을 발휘한 시편들이 절반씩 된다.

이렇게 보면 예이츠는 '아일랜드의 시인', '사랑의 시인', '상상력의 시인'이라고 규정할 수 있다. 특히 예이츠 자신이 실토한 대로 시를 쓰다 보면 자기도 모르게 사랑이 끼어들어가 결국 사랑의 시가 되어 버린 경우가 많았던 것 같다. 이런 점을 감안해 보면 그는 주로 사랑을 노래한 시인으로 보아도 크게 틀리지 않을 만하다. 여기에는 끝끝내 이루지 못한 모드 곤Maud Gonne과의 사랑이 바탕에 깔려 있다고 하겠다.

예이츠가 우리나라에서 본격적으로 연구되기 시작한 시기는 아무래도 해방 후로 잡아야 할 것이다. 그동안 많은 연구와 번역도 이루어졌다. 그러나 아직도 번역의 결과물이 그다지 만족스럽다고 할 수는 없다.

필자의 경험으로는 한 시인을 이해하려 할 때, 그의 관심 대상, 즉 주제가 어디에 집중되어 있는가를 우선 살펴보는 것이 좋을 것 같다. 특히 예이츠의 경우를 보면 앞에서 말한 대로 아일랜드와 사랑, 상상력의 세 갈래로 나눌 수 있는데, 특히 이렇게 분류된 것을 이왕이면 창작연대순으로 읽어보는 것이 좋을 듯하다. 다행히도 예이츠의 경우, 창작연대가 거의 다 밝혀져 있다.

그러나 주제별로 분류한다는 것은 쉬운 일이 아니다. 엄격하게 분류한다는 말 자체에 어폐가 있을지 모른다. 그러니 소재를 참작하면서 주제별로 분류하는 것도 한 방법일 것이다. 역자는 이런 방법으로 예이츠의 시를 세 갈래로 분류해 보았다.

이 책에서 대역과 주석본을 구상하게 된 목적은 두 가지이다. 하나는 예이츠를 본격적으로 공부하려는 학생들에게 길잡이가 되어 주는 일이고, 또 하나는 일반 독자에게도 외국시가 친근하게 읽힐 수 있도록 하자는 것이다. 전자를 달성하기 위해서는 텍스트를 제시하고 번역을 대비시키면서 가급적 친절한 주석을 편리하게 활용할 수 있도록 해주어야 하고, 후자를 위해서는 번역시도 우리말 시와 마찬가지로 읽힐 수 있도록 해야 한다.

예이츠의 경우 비교적 많은 주석이 필요하다. 특히 고유명사가 많이 나오고, 역사와 주변인물에 관련된 언급도 많다. 다행히 10여 년 전에『예이츠 사전』이 나와서 많은 도움이 되었다. 그뿐만 아니라 최근의 몇몇 연구자들이 제시한 새로운 시각은 예이츠를 보는 눈을 넓혀 주었다. 이런 분들에 대한 고마움을 적어 놓아야 하리라. 그런데도 불구하고 다소간 오류가 있을 줄 안다. 꾸지람을 달게 받겠다.

위대한 시인들에게는 공통적인 일이지만, 예이츠만큼 시를 정성스럽게, 인내심을 가지고 다듬은 사람도 드물 것이다. 그는 이미 발표한 시조차 대부분 제목도 한두 차례 바꾸어 보고, 시 자체도 몇 번이고 손질한 경우가 많다. 그럴 수밖에 없는 것은 예이츠 시의 형식적 문제와도 결부된다. 그는 자유시를 일절 쓰지 않았다. 그는 일정한 연의 구성과 시행의 길이, 각운의 엄격한 구성 같은 전통적인 시 쓰기를 고집했기 때문이다.

예이츠의 이러한 시 쓰기는 시의 음악성과 관계가 있다. 그러나 우리말 번역에서 이런 점을 충족시킬 길이 없다. 고려할 점은 다만 우리 호흡에다 이를 어떻게 조절해 나갈 것인가 하는 것이다. 다시 말하면 번역을 낭독할 때의 우리 숨결을 고려해야 한다는 것이다.

까다롭게 구성된 이런 책의 출판을 기꺼이 맡아준 서울대학교출판문화원에 감사를 드린다. 또한 이 자리를 빌려서 물심양면으로 도와주고 격려해 주신 김진하 회장에게 진심으로 감사의 말씀을 드린다.

역주자 김상무

차례

3 정치운동 시편

4 가족 시편

5 쿨 파크 시편

6 유랑인 시편

일러두기

1 사용한 텍스트는 맥밀란Macmillan 사의 1956년도 판인『예이츠 시 전집』*The Collected Poems of W. B. Yeats*을 주요 저본으로 하고, 그 밖의 여러 판본을 참조하였다. 30여 년 전부터 같은 맥밀란 사가 내어놓기 시작한 방대한『예이츠 전집』*The Collected Works of W. B. Yeats*은 획기적인 것이지만, 역자는 그 시리즈의『시 전집』*The Poems*(1983, 1988)을 텍스트로 사용해야 할 특별한 이유를 발견하지 못했다. 몇 군데 어구와 그보다 많은 구두점 수정과, 네 개의 작품이 부록처럼 '추가시편'으로 밀려나 있을 뿐이기 때문이다. (추가시편은 100여 편이 넘지만 전문가에게만 필요한 자료들이라서 번역 대상이 되지 못한다.)

2 번역문의 인용부호 중 작은따옴표는 텍스트에서 대화부분으로 표시된 것을 그대로 옮긴 것이다. 텍스트에서 작은따옴표로 표시한 단어나, 대문자로 표기해 놓은 것도 작은따옴표로 표시하였다. 가령 텍스트에 Time으로 되어 있는 것을 '시간'으로 표기했다.

3 고유명사의 발음은 노먼 제퍼레스A. Norman Jeffares가 편집한『예이츠 시집』*Yeats's Poems* (Palgrave, 1996)의 부록에 수록된 로레토 토드Loreto Todd의 '발음: 시에 나타난 아일랜드어'Pronunciation: Irish Words in the Poems(pp. 699-705)를 참조하였다.
이 리스트에 없는 것들은『옥스퍼드 영어 레퍼런스 사전』*Oxford English Reference Dictionary*을 사용했다. 거기에도 없는 것들은『예이츠 사전』등을 활용했으며, 기타 외국어 표기 등은 국립국어원 표기법을 따랐다.

4 주석은 번역과 관련하여 붙였다. 번역의 근거를 제시하기 위함이다. 주석은 가능한 한 많은 사람의 것을 활용했다. 그렇게 하다 보면 서로 엇갈리는 경우가 있어 혼란스러울 수도 있지만, 귀 기울여볼 만한 것도 있어 버리기가 아까웠다.
주석의 출처는 모두 참고서적의 저자를 적시했지만 예이츠 자신의 책은 쉽게 판별되는 말로 대신했고, 약자를 활용한 예도 있다.
주석에다 출처를 밝혀놓지 않은 것은 일일이 밝힐 필요가 없을 정도로 보편적인 사항, 즉『예이츠 사전』, 그 밖에 어디서나 찾아볼 수 있는 그런 경우이다. 이런 경우에도 특별히 명시해놓은 경우가 있는데, 이는 주목되는 점이 있기 때문이다.

5 텍스트 말미의 창작연대는 대니얼 올브라이트Daniel Albright가 편집하고 주석을 붙인 『예이츠 시집』에 제시된 것 중에서, 제퍼레스의 것(번역문 말미에 제시된 것)과 차이가 나는 것들이다. 올브라이트는 텍스트 말미에 창작연대(대괄호로 구분함)와 발표연대를 명시하여 대비시켜 놓았다. 그러나 대부분 제퍼레스와 일치한다.

6 본문의 행수 표기는 맥밀란 사의 판본 표기를 따랐다. 짧은 행 다음의 행은 앞 행의 길이만큼 들여쓰기 한 후, 앞 행과 한 행으로 간주하였다.

예이츠 서정시 전집
제1권 아일랜드

1

전설과 전통 시편

The Madness of King Goll

I sat on cushioned otter-skin:
My word was law from Ith to Emain,
And shook at Inver Amergin
The hearts of the world-troubling seamen,
And drove tumult and war away
From girl and boy and man and beast;
The fields grew fatter day by day,
The wild fowl of the air increased:
And every ancient Ollave said,
While he bent down his fading head,
'He drives away the Northern cold.'
They will not hush, the leaves a-flutter round me, the beech leaves old.

- 제목 중의 골Goll은 아일랜드어로 '애꾸눈인'one-eyed의 뜻.(*NC* 9)
- 양립하기 어려운 명상적인 삶과 행동적인 삶을 주제로 한 발라드. 명상적인 몽상가가 행동적인 삶에 참여하다 결국 미치고 마는 과정을 서술하였다.(Parkinson, *Early* 24)
- 2행의 이크Ith는 도니골Donegal 주의 라포Raphoe 근처의 들판.(*NC* 10)
- 에번Emain은 '붉은 가지 기사단'Red Branch의 왕들의 수도.(*NC* 10)
- 3행의 애머긴 하구는 원문 'Inver Amergin'의 번역. 'Inver'(인버르)는 아일랜드어로 하구, 만灣의 뜻. 'Invar Amargin'이 올바른 표기라고도 한다.(*PR* 16) / 'Inver Amergin'은 위클로Wicklow 주의 아보카Avoca 강 어귀. 옛날의 드루이드 겸 시인이었던 사람의 이름을 따서 지어진 이름.(*NC* 10)

골 왕의 광기

나는 푹신한 수달 모피 위에 앉았다.
내 말은 이크에서 에번까지 법이었다.
애머긴 하구에서 세상 어지럽히는
뱃놈들의 가슴을 서늘하게 했고,
계집애와 사내애, 어른과 짐승에게서
소란과 전쟁을 몰아내었다.
들판은 나날이 비옥해졌고,
공중의 야생 조류는 증가했다.
그리고 늙은 올러브 시인은 다들
희미해지는 머리를 숙이고 읊었다.
'그분은 북방의 추위를 몰아내신다.'라고.
그놈들 가만있지 않네. 내 주위 펄럭이는 나뭇잎,
너도밤나무 늙은 잎들.

- 3-4행의 세상 어지럽히는 뱃놈들은 아일랜드 신화에 있는 해괴하게 생긴 포모러Formoroh 무리들인 듯하다.(Albright 421)
- 9행의 올러브Ollave는 고대 아일랜드 최고위의 시인. 왕의 행적이나 전설들을 기억하여 하프에 맞추어 이야기하였다. 10년 내외의 수업 기간 중에 연대기, 역사, 법률 등에 통달하고, 250편의 긴 이야기와 100편의 짧은 이야기를 읊을 수 있어야 했다. 당시 신관인 사제Druid와 거의 동등한 대접을 받았다.
- 11행의 북방의 추위Northern cold는 북방에서 쳐들어오는 죽음과 암흑, 추위와 재앙의 무리들. 즉 3-4행에서 말하는 포모러 무리들.(Albright 421) / 이들은 바이킹 족들.(Cullingford 17)
- 12행의 후렴은 골 왕이 주변의 자연현상에 항시 열려있는 마음을 가지고 있고 무척 민감하다는 사실을 보여준다.(Albright 422)

I sat and mused and drank sweet wine;
A herdsman came from inland valleys,
Crying, the pirates drove his swine
To fill their dark-beaked hollow galleys.
I called my battle-breaking men
And my loud brazen battle-cars
From rolling vale and rivery glen;
And under the blinking of the stars
Fell on the pirates by the deep,
And hurled them in the gulph of sleep:
These hands won many a torque of gold.
They will not hush, the leaves a-flutter round me, the beech leaves old.

But slowly, as I shouting slew
And trampled in the bubbling mire,
In my most secret spirit grew
A whirling and a wandering fire:
I stood: keen stars above me shone,
Around me shone keen eyes of men:
I laughed aloud and hurried on
By rocky shore and rushy fen;
I laughed because birds fluttered by,
And starlight gleamed, and clouds flew high,

나는 앉아 명상하고 감미로운 포도주를 마셨다.
내륙 계곡의 한 목자가 찾아와 울부짖었다.
해적들이 검은 부리로 장식한,
텅 빈 갤리선들을 채우려 돼지들을 몰고 갔다고.
나는 울룩불룩 기복 많은 계곡과
강이나 다름없는 협곡으로부터
전투 병사들과 요란한 청동 마차들을 소집했다.
그리고 별이 반짝이는 하늘 아래서
해변의 해적들을 습격했고,
깊이 잠든 그놈들을 내동댕이쳤다.
이 두 손이 많은 금목걸이 획득했다.
그놈들 가만있지 않네. 내 주위 펄럭이는 나뭇잎,
    너도밤나무 늙은 잎들.

그러나 내가 부글거리는 진창에서
고함을 지르며 살육하고 짓밟을 때,
가장 은밀한 내 정신에서
서서히 소용돌이치며 훨훨 불길이 치솟았다.
나는 멈춰 섰다. 머리 위엔 날카로운 별이 반짝였고,
주위에는 날카로운 병사들 눈빛이 빛났다.
나는 큰 소리로 웃음을 터뜨리고,
바위 해안과 골풀 우거진 늪을 헤쳐 서둘러 갔다.
나는 웃음이 나왔다. 새들이 옆에서 푸득거리고,
별빛이 빛나고, 높이 구름들이 날고,

And rushes waved and waters rolled.
They will not hush, the leaves a-flutter round me, the beech leaves old.

And now I wander in the woods
When summer gluts the golden bees,
Or in autumnal solitudes
Arise the leopard-coloured trees;
Or when along the wintry strands
The cormorants shiver on their rocks;
I wander on, and wave my hands,
And sing, and shake my heavy locks.
The grey wolf knows me; by one ear
I lead along the woodland deer;
The hares run by me growing bold.
They will not hush, the leaves a-flutter round me, the beech leaves old.

I came upon a little town
That slumbered in the harvest moon,
And passed a-tiptoe up and down,
Murmuring, to a fitful tune,

- 40행의 나무들이 표범 빛깔을 띠고는 나무들도 위협적이라는 말이다.(Albright 422)
- 45-48행은 골 왕이 자연에 거의 완벽하게 동화되었음을 말한다.(Albright 422)

골풀이 흔들거리고 파도가 뒹굴었기 때문.
그놈들 가만있지 않네. 내 주위 펄럭이는 나뭇잎,
　너도밤나무 늙은 잎들.

그래서 지금 나는 숲 속을 헤매고 다닌다,
여름철이 황금빛 꿀벌들을 배불리 먹일 때나,
가을철 고독 속에
나무들이 표범 빛깔 띠고 일어설 때,
혹은 겨울철 해변 따라
가마우지들, 바위 위에 떨고 있을 때.
나는 계속 유랑한다. 손을 흔들고, 노래하고,
묵직한 머리카락을 흔든다.
회색빛 늑대가 나를 알아본다.
나는 숲 속, 사슴 귀를 잡고 데리고 다닌다.
토끼들이 간이 커져 내 곁을 달린다.
그놈들 가만있지 않네. 내 주위 펄럭이는 나뭇잎,
　너도밤나무 늙은 잎들.

나는 중추의 보름달빛 속에 잠든
작은 도시와 마주쳤다.
그리고 나는 발뒤꿈치를 들썩이며,
신나는 가락에 맞추어, 내가 밤낮으로

- 45행의 회색빛 늑대는 18세기 이전에 있었다. 아일랜드의 마지막 늑대가 살해된 것은 18세기이다.(*NC* 11)

How I have followed, night and day,
A tramping of tremendous feet,
And saw where this old tympan lay
Deserted on a doorway seat,
And bore it to the woods with me;
Of some inhuman misery
Our married voices wildly trolled.
They will not hush, the leaves a-flutter round me, the beech leaves old.

I sang how, when day's toil is done,
Orchil shakes out her long dark hair
That hides away the dying sun
And sheds faint odours through the air:
When my hand passed from wire to wire
It quenched, with sound like falling dew,
The whirling and the wandering fire;
But lift a mournful ulalu,
For the kind wires are torn and still,

• 56행의 팀펀의 원문은 'tympan'. 옛 아일랜드 고유의 현악기a Celtic bowed stringed musical instrument; a harp. 드럼kettle-drum이라는 뜻도 있다.(*NC* 11) / 골 왕이 자연과 일체가 된 고대의 유랑시인이 된 것을 시사한다.(Albright 422)

이 거대한 발이 닿는 대로
어떻게 돌아다녔는지 중얼거리며 지나갔다.
그러다가 나는 어느 집 문간 걸상 위에
이 헌 팀펀이 버려져 있는 것을 보고,
그걸 가지고 숲 속으로 왔다.
우리의 결합된 목소리가 잔학하고 비참한
얘기를 차례차례 이어받아 미친 듯이 노래했다.
그놈들 가만있지 않네. 내 주위 펄럭이는 나뭇잎,
너도밤나무 늙은 잎들.

나는 노래했다, 하루의 일과가 끝나면,
오르킬이 그녀의 긴 검은 머리를 어떻게 흔들어 내어
죽어가는 해를 숨겨 버리고,
대기에 은은한 향기를 흘리는가를.
내 손이 현에서 현으로 옮겨갈 때,
이슬이 떨어지는 듯한 소리로
훨훨 떠돌아다니는 불길을 진정시켰다.
하지만 애통하게 절규하여라.
다정한 현들이 끊어져 소리 나지 않고,

- 62행의 오르킬Orchil은 여자 마술사. 길고 검은 머리를 풀어헤쳐 햇빛을 가려, 암흑세계를 지배했다.(*NC* 11) / 따라서 예이츠는 그녀를 아일랜드의 페르세포네Persephone, 지옥의 여왕이라고 생각했다.(Albright 422) / 오르킬은 자연의 여신.(Cullingford 17)
- 68행의 절규는 원문 'ulalu'의 번역. 애도를 드러내는 감탄사. 경외감이나 감탄에도 쓰인다.(*NC* 11)

And I must wander wood and hill
Through summer's heat and winter's cold.
They will not hush, the leaves a-flutter round me, the beech
leaves old.

여름철 더위와 겨울철 추위 속을
숲과 산을 유랑해야 하니까.
그놈들 가만있지 않네. 내 주위 펄럭이는 나뭇잎,
　　너도밤나무 늙은 잎들.

1884 작, 1887. 9. 발표

- 70행의 여름철 더위와 겨울철 추위라는 표현은 4연의 경우보다는 이제 계절이 즐겁지 못하다는 말이다.(Albright 423)

The Cloak, the Boat, and the Shoes

'What do you make so fair and bright?'

'I make the cloak of Sorrow:
O lovely to see in all men's sight
Shall be the cloak of Sorrow,
In all men's sight.'

'What do you build with sails for flight?'

'I build a boat for Sorrow:
O swift on the seas all day and night
Saileth the rover Sorrow,
All day and night.'

'What do you weave with wool so white?'

- 전원을 소재로 한 희곡『조각상의 나라, 아일랜드』*The Island of Statues*의 제2막 3장 서두의 노래이다.(*NC* 5) /『조각상의 나라, 아일랜드』의 마지막 장면 서두에 꽃을 지키는 요정이 부르는 노래이다.(Albright 416)
- 슬픔에 사로잡혀 슬픔을 미화하고 추켜세워 사람들 사이에 슬픔이 쉽게 지나가도록 유도하는 내용의 시이다.(Albright 416)

망토와 배와 신발

'무얼 그렇게 아름답고 찬란하게 만드세요?'

'나는 '슬픔'의 망토를 만들어요.
오, 보기가 좋을 거야, '슬픔'의 망토는
모든 사람의 눈에,
모든 사람의 눈에 말이야.'

'무얼 만드세요, 날아갈 돛을 가지고?'

'나는 '슬픔'을 위한 배를 만들어요.
오, 바다 위를 재빠르게, 종일 밤낮으로
유랑자 '슬픔'은 달리지요,
종일 밤낮으로.'

'무얼 짜세요, 그렇게나 흰 털실로?'

- 슬픔과 미를 쉽게 연결한 시. 대화 형식은 물음과 응답 형식의 전통 민요를 모델로 하였다.(Rosenthal 3, 11)
- 시의 토대는 비애라는 것. 그 비애는 아름다운 의상을 입고 가벼운 걸음걸이로 재빠르게 유랑하는 자라는 것이다.(Unterecker 69)

'I weave the shoes of Sorrow:
Soundless shall be the footfall light
In all men's ears of Sorrow,
Sudden and light.'

'나는 '슬픔'의 신발을 짭니다.
모든 사람의 '슬픔'의 귀에는
가벼운 발걸음 소리가 들리지 않을 거예요,
갑작스런 가벼운 발걸음 소리가.'

1885. 3. 발표

The Song of the Happy Shepherd

The woods of Arcady are dead,
And over is their antique joy;
Of old the world on dreaming fed;
Grey Truth is now her painted toy;
Yet still she turns her restless head:
But O, sick children of the world,
Of all the many changing things
In dreary dancing past us whirled,
To the cracked tune that Chronos sings,
Words alone are certain good.
Where are now the warring kings,

- 모더니스트들이 젊은 예이츠를 요정을 꿈꾸는 시인으로 보게 한 작품이다.(Thurley 10)
- 현대 세계에서의 시적 상상력의 가치를 내세우는 시이다.(Albright 414)
- 1행의 아카디아Arcady는 그리스 남부의 펠로폰네소스Peloponnesus 반도에 있는 한 지명 'Arcadia'이다. 그리스 문학에서의 전원적인 낙원. 존 키츠John Keats(1795-1821)를 연상케 한다.(Thurley 10)
- 3-4행은 앨프리드 테니슨Alfred Tennyson적인 선언이다.(Thurley 10)
- 4행의 회색 진리Grey Truth는 증명될 수 있는 것만 믿는 과학에 대한 회의적인 시각의 표현이다.(*NC* 4, 28-30행 참조)

행복한 목동의 노래

아카디아의 숲은 죽고,
그들의 예스러운 즐거움은 끝났다.
예로부터 세상은 꿈을 먹고 살았다.
지금은 '회색 진리'가 그의 색칠한 장난감.
하지만 세상은 쉬지 않고 계속 머리를 굴린다.
그렇지만 오, 세상의 병든 아이들이여,
크로노스가 노래하는 깨어진 가락에 맞추어
음울하게 휠휠 춤추며 지나가는
변화하는 온갖 많은 것들 중에서
언어만이 확실히 유용한 것이니라.
언어를 조롱하는 자들, 호전적인 그 왕들은

- 7행의 크로노스Chronos는 그리스어로 '시간'(O'Neill 96). 따라서 시간의 신으로도 알려져 있다. 예이츠는 모든 변화를 일으키는 시간의 상징으로 삼아 아카디아의 즐거움을 앗아가는 힘의 의인화로 활용하였다. / 크로노스는 우라누스Uranus의 아들. 아버지를 제거하고 우주를 다스리다가 아들 제우스Zeus에게 정복당하였다. 크로노스는 로마신화의 사투르누스와 일치한다. 로마의 황금시대를 이룬 초기 왕. 예이츠는 켈트 족 시대의 아일랜드와 연결했다.(*NC* 3-4) / 크로노스의 깨어진 가락은 4행의 회색 진리가 망쳐놓은 가락.(Albright 415)
- 10행의 언어만이는 행위는 죽고 없어지기 때문에 언어만이 남아 있을 수 있는 확실한 존재라는 것. 에드먼드 스펜서Edmund Spenser(1552-1599)의『시간의 폐허들』*The Ruines of Time*, 400-406 참조.(*NC* 4)
- 11행의 언어를 조롱하는 자들은 행동적인 인간인 '호전적인 왕들'. 그들에 대한 기억은 꿈꾸는 시인들의 작품 속에 담겨 있다.(*NC* 4)

Word be-mockers? — By the Rood,
Where are now the warring kings?
An idle word is now their glory,
By the stammering schoolboy said,
Reading some entangled story:
The kings of the old time are dead;
The wandering earth herself may be
Only a sudden flaming word,
In clanging space a moment heard,
Troubling the endless reverie.

Then nowise worship dusty deeds,
Nor seek, for this is also sooth,
To hunger fiercely after truth,
Lest all thy toiling only breeds
New dreams, new dreams; there is no truth
Saving in thine own heart. Seek, then,

- 12행의 맹세코 묻겠는데는 'By the Rood'의 번역. 원문의 뜻은 '하느님께 맹세컨대'. 'Rood'는 십자가Cross.(*NC* 4)
- 14-16행은 역사와 고전의 신화를 공부하는 학생들.(Thurley 12)
- 19행의 무한한 희열을 어지럽게 한다는 것은 예이츠의 가장 중요한 주제이다. 여기서 '희열'reverie과 '어지럽히다'trouble는 예이츠 시의 뿌리 말root-word이다. 진정한 예이츠의 모습을 처음으로 드러냈다.(Thurley 12-13) / 시간의 흐름 속에서의 구원은 시라는 것이다.(Whitaker 35) / 언어만이 확실히 유용한 것이라고 믿는 것은 그가 남성적인 로고스에 집착한다는 것이다.(Cullingford 18)

지금 어디 있는가?—맹세코 묻겠는데,
호전적인 그 왕들은 지금 어디 있는가?
지금은 뒤죽박죽 얽힌 얘기를 읽는
말더듬이 학생의 입이 말하는
쓸데없는 언어가 그들의 영광이다.
옛 시절의 왕들은 죽고 없다.
떠도는 지구, 땅덩어리 그 자체는
무한한 희열을 어지럽히는,
한순간 시끄러운 우주공간에 들리는,
번쩍하는 한 마디 말에 지나지 않으리라.

그러니 결단코 시시한 행위를 숭배하지 말고,
또한 굶주린 듯 진리를 맹렬하게 뒤쫓지도 마라.
이 또한 진실이니,
너희의 온갖 노력으로 새로운 꿈,
새로운 꿈들을 낳지 않도록 하라는 것.
너희 자신의 가슴 외에는 진리가 없다.

- 21행의 번쩍하는 한 마디 말은 폭력적인 지구를 가리킨다. 말은 창조의 '말씀'Word에 의해 창조된 것 중의 하나인 지구라는 존재.(Thurley 12) / 번쩍하는 한 마디 말은 로고스Logos.(Whitaker 35)
- 24행의 진실은 'sooth'의 번역. sooth는 truth.(*NC* 1)
- 25-26행의 노력toiling과 낳는다breed는 말은 예이츠의 뿌리 말. 인간은 굶주리거나 부족해서 꿈을 꾸고, 꿈이 애써서 꿈을 실현하게 한다. 따라서 노력은 새로운 행위를 낳게 하고, 그것이 또 새로운 꿈을 만들어 내어 꿈과 행위의 무한한 순환으로 이어진다.(Thurley 14-15)
- 27행은 진리는 주관적인 것이라는 키르케고르Kierkegaard의 말처럼 들린다.(Thurley 10)

No learning from the starry men,
Who follow with the optic glass
The whirling ways of stars that pass —
Seek, then, for this is also sooth,
No word of theirs — the cold star-bane
Has cloven and rent their hearts in twain,
And dead is all their human truth.
Go gather by the humming sea
Some twisted, echo-harbouring shell,
And to its lips thy story tell,
And they thy comforters will be,
Rewording in melodious guile
Thy fretful words a little while,
Till they shall singing fade in ruth
And die a pearly brotherhood;
For words alone are certain good:
Sing, then, for this is also sooth.

- 28-30행은 객관적인 지식을 요구하는 과학에 대한 거부감.(Thurley 10)
- 28행의 별을 좇는 사람들은 천문학자들.(Albright 415)
- 30행의 망원경optic glass은 갈릴레오가 사용한 망원경.(*NC* 4)
- 34행은 객관적인 지식이란 진리를 가장하는 부분적인 지식에 지나지 않는다는 것. 키르케고르적인 발상이다.(Thurley 10)
- 36행의 조가비는 언어를 멜로디로, 개인적인 정서를 미로 변모시키는 공명상자나 공명기이다. 따라서 시적 상상력의 상징(Albright 415)이며, 시의 촉매이다. / 메아리를 품는 곱게 비틀린 조가비는 여성의 특성을 말한다. 「슬픈 목동」The Sad Shepherd의 '신기한 소용돌이'(27행) 참조.(Cullingford 18)

그러니, 별을 쫓는 사람들에게 배울 생각 마라.
그들은 지나가는 별들이 휠휠 도는 길을
망원경으로 추적하는 사람.
그리고, 이 또한 진실이니,
그들의 언어를 구하지 마라.—냉혹한 별의 독성이
그들의 마음을 둘로 갈라 놓고 찢어 놓아,
그들의 인간적인 진실은 모두 죽고 없다.
웅얼거리는 해변에 가서
메아리를 품는 곱게 비틀린 조가비를 주워,
그 입술에다 대고 너희의 얘기를 해보라.
그러면 그 입술은 너희의 위로자가 되리니.
그 입술은 너희의 짜증나는 말을
순식간에 멜로디로 바꾸어 새로운 언어로 만들고,
마침내는 괴로운 말들이 노래가 되어
슬픔으로 해소되고, 진주 같은 형제로 죽는다.
왜냐하면 언어만이 확실히 유용한 것이니까.
그러니, 노래하라. 이 또한 진실이니까.

- 39-42행은 남성이 공감하는 여성을 만나고 여성은 제 나름으로 남성의 말을 반복하되, 가감하지 않고 자신의 얘기도 일체 안 하면서 남성의 서정을 노래로 바꾸는 역할을 한다는 것이다.(Cullingford 19)
- 40행의 새로운 언어로 만들고는 텍스트 39행의 'Rewording'의 번역. *PR*에는 'Rewarding'으로 고쳐놓았다.(역자)
- 43행의 언어는 시 예술.(역자)

I must be gone: there is a grave
Where daffodil and lily wave,
And I would please the hapless faun,
Buried under the sleepy ground,
With mirthful songs before the dawn.
His shouting days with mirth were crowned;
And still I dream he treads the lawn,
Walking ghostly in the dew,
Pierced by my glad singing through,
My songs of old earth's dreamy youth:
But ah! she dreams not now; dream thou!
For fair are poppies on the brow:
Dream, dream, for this is also sooth.

- 49행의 운이 다한 목축신은 아카디아의 죽음을 말한다. 목축신 파우누스faun는 그리스의 '사투르누스'satyr이다. 임야의 목축을 지키는 신으로 상반신은 뿔과 같은 귀가 있고, 하반신은 산양의 모습이다. 아카디아 숲의 즐거움을 상징한다.
- 55행의 세상은 이제 꿈을 꾸지 않는 것은 과학에 의해 얼어붙어 상상력을 상실했기 때문이다. 따라서 시인은 창조적인 임무를 떠맡아야 한다.(Albright 415)

나는 가야 하리니. 수선화, 백합이
파도처럼 출렁대는 무덤이 있는 곳으로.
그리고 동트기 전 나는 즐거운 노래로,
잠들고 싶은 땅 밑에 묻혀 있는,
운이 다한 목축신을 즐겁게 해줄까 한다.
그가 신나게 떠들고 다니던 시절은 마무리되었다.
하지만 옛 땅의 꿈같은 젊음을 노래한,
나의 기쁜 노래에 온통 감동하여,
아직도 유령처럼 이슬 속을 걸어다니면서,
잔디밭을 활보하고 있다고 나는 생각한다.
하지만 아! 세상은 이제 꿈을 꾸지 않는다.
그대, 꿈을 꾸라! 그대 이마의 양귀비꽃이 고우니까.
꿈을 꾸라, 꿈꾸라, 이 또한 진실이니까.

1885

• 56행의 그대는 목축신.(역자) / 양귀비꽃은 그 꽃의 유액이 가지고 있는 마약 성분을 가리킨다. '이마의 양귀비꽃'은 꿈과 관계가 있다. 예이츠는 모더니즘과 만나 성숙한 시인이 될 때까지 이러한 꿈에서 깨어나지 못했다.(Thurley 15) / 양귀비는 꿈으로 유도한다.(Albright 415)

The Sad Shepherd

There was a man whom Sorrow named his friend,
And he, of his high comrade Sorrow dreaming,
Went walking with slow steps along the gleaming
And humming sands, where windy surges wend:
And he called loudly to the stars to bend
From their pale thrones and comfort him, but they
Among themselves laugh on and sing alway:
And then the man whom Sorrow named his friend
Cried out, *Dim sea, hear my most piteous story!*
The sea swept on and cried her old cry still,
Rolling along in dreams from hill to hill.
He fled the persecution of her glory
And, in a far-off, gentle valley stopping,
Cried all his story to the dewdrops glistening.
But naught they heard, for they are always listening,
The dewdrops, for the sound of their own dropping.

- 「행복한 목동의 노래」The Song of the happy Shepherd의 자매편이다.(Unterecker 68)
- 주인공은 강력한 자연의 존재 앞에 속수무책인 소극적인 시인이다.(Albright 416)
- 1행의 슬픔을 의인화하였다.(Albright 416)
- 3-4행의 웅얼거리는 모래사장은 자연계에는 어디든 음악이 잠재되어 있음을 시사한다.(Albright 416)

슬픈 목동

'슬픔'이 친구라고 불렀던 한 사람이 있었다.
그리고 그는 고귀한 친구 '슬픔'을 꿈꾸면서
바람결에 너울이 밀려오는, 번들번들 웅얼거리는
모래사장을 따라 느린 걸음으로 걸어갔다.
그리고 그는 별들에게 파리한 옥좌에서
허리 굽혀 위로해 달라고 큰 소리로 말했다.
그러나 그들은 저희끼리 웃기만 하고 노래할 뿐이다.
그러자 '슬픔'이 친구라고 불렀던 그 사람이 고함쳤다,
희미한 바다여, 가엾은 내 얘기 들어봐요! 하고.
바다는 꿈속에서 언덕으로, 언덕으로 굴러오면서
계속 휩쓸고 와, 해묵은 제 소리만 여전히 질러댔다.
그는 바다의 영광의 박해를 피해 도망쳐,
멀리 떨어진 한 완만한 계곡에 멈추어 큰 소리로,
반짝이는 이슬방울들에게 그의 얘기 모두 털어놨다.
그러나 그들은 전혀 듣지 않았다.
왜냐하면 그들은 항상 자신의 낙하 소리를 듣고 있으니까.

- 7행의 저희끼리 웃기만이라는 것은 슬픈 목동에 대한 자연의 무의식과 무관심의 표현이다.(Albright 416) / 7행은 별이 시의 촉매가 되지 못했음을 말한다.
- 10-11행은 바다가 시의 촉매가 되지 못했음을 말한다.
- 15행은 이슬이 시의 촉매가 되지 못했음을 말한다.

And then the man whom Sorrow named his friend
Sought once again the shore, and found a shell,
And thought, *I will my heavy story tell*
Till my own words, re-echoing, shall send
Their sadness through a hollow, pearly heart;
And my own tale again for me shall sing,
And my own whispering words be comforting,
And lo! my ancient burden may depart.
Then he sang softly nigh the pearly rim;
But the sad dweller by the sea-ways lone
Changed all he sang to inarticulate moan
Among her wildering whirls, forgetting him.

- 18행은 조가비가 시의 촉매 역이 되리라는 기대감.(Unterecker 68)
- 26행의 슬픈 주민은 조가비.(*NC* 5; Albright 416)

그러자 '슬픔'이 친구라고 불렀던 그 사람은
다시 한 번 해변을 찾아가, 조가비 하나를 발견했다.
그러고는 생각했다. 나는 서러운 얘기를 하리라.
나의 말들이 메아리쳐, 그 슬픔을
움푹한, 진주 같은 심장을 통해 내보낼 때까지.
그러면 내 얘기는 다시 나에게 노래해줄 것이고,
나 자신의 중얼거리는 말들은 위로가 될 것이니,
보라! 나의 해묵은 짐은 떠나가리라.
그러고는 진줏빛 가장자리 가까이에다 부드럽게 노래했다.
그렇지만 바닷가의 외로운 슬픈 주민은
그가 노래한 모든 걸 신기한 소용돌이 속에서
알지 못할 신음소리로 바꾸어버렸다, 그를 잊어버리고.

1885

- 27행의 신기한 소용돌이는 여성의 특성.(Cullingford 18)
- 28행은 조가비가 시의 촉매 역을 수행하지 못했음을 말한다. 결국 그는 시인이 되지 못했다.(Unterecker 68)

The Meditation of the Old Fisherman

You waves, though you dance by my feet like children at play,
Though you glow and you glance, though you purr and you dart;
In the Junes that were warmer than these are, the waves were more gay,
When I was a boy with never a crack in my heart.

The herring are not in the tides as they were of old;
My sorrow! for many a creak gave the creel in the cart
That carried the take to Sligo town to be sold,
When I was a boy with never a crack in my heart.

And ah, you proud maiden, you are not so fair when his oar
Is heard on the water, as they were, the proud and apart,
Who paced in the eve by the nets on the pebbly shore,
When I was a boy with never a crack in my heart.

- 예이츠가 슬라이고Sligo 만에 나가 낚시할 때, 어부가 그에게 말해준 것을 토대로 하여 쓴 시이다.(*NC* 14)
- 요정의 세계로부터 일반 사람의 일상적인 경험 쪽으로 소재를 바꾼 작품.(Albright 425)
- 7행의 고기 바구니는 버드나무 가지로 만든 것이다.(*NC* 14)

늙은 어부의 명상

너 파도여, 내 발치에 놀이하는 애들처럼 춤을 추지만,
네가 번쩍번쩍 쳐다보지만, 그르렁그르렁 내닫기도 하지만,
요즘보다 더 더웠던 유월에, 파도는 더욱 즐거웠지,
내 마음 조금도 금가지 않았던 소년시절 그때는.

옛날에 그랬듯이 청어가 조수를 타고 오지 않는구나.
슬프다! 슬라이고에 내다팔러 잡은 것 실었던 수레가
고기 바구니로 삐걱거리는 소리 많이 내었는데,
내 마음 조금도 금가지 않았던 소년시절 그때는.

그런데 아, 그의 노 젓는 소리 물 위에 들릴 때, 뽐내는 아씨 그대여,
그대가 그렇게 예쁘게 보이진 않아요, 자갈밭 해안 어망들 옆,
저녁이면 들락거린 도도하고 초연했던 그들만큼은,
내 마음 조금도 금가지 않았던 소년시절 그때의.

1886. 6.

- 7행의 소리 많이 내었는데는 짐을 많이 실었기 때문이다.
- 9행의 뽐내는 아씨는 요즘의 아가씨. 지금의 파도로 볼 수도 있을 것이다.(역자) 그는 늙은 어부 자신이다.(역자)
- 11행의 그들은 옛날의 아가씨들. 과거의 파도로도 볼 수 있을 것이다.(역자)

The Stolen Child

Where dips the rocky highland
Of Sleuth Wood in the lake,
There lies a leafy island
Where flapping heroins wake
The drowsy water-rats;
There we've hid our faery vats,
Full of berries
And of reddest stolen cherries.
Come away, O human child!
To the waters and the wild
With a faery, hand in hand,
For the world's more full of weeping than you can understand.

Where the wave of moonlight glosses
The dim grey sands with light,
Far off by furthest Rosses

- 무대는 슬라이고 주변. 이 작품부터 이상향이나 인도 배경의 시에서 아일랜드를 배경으로 하는 시로 바뀐다.(*NC* 12)
- 요정에 의해 유괴된 아이가 단순히 순박한 놀이를 추구하는 내용의 시이다.(Albright 423)
- 1행의 슬루크 우드Sleuth Wood는 길 호수Lough Gill(Lough는 Lake) 남쪽 기슭과 드러매헤어르Dromahair 시 사이에 있다.
- 6행의 우리는 요정들.(역자)

도난당한 아이

슬루크 우드의 바위투성이 고지가
호숫물 속으로 잠기는 곳에,
왜가리들이 퍼덕거려
졸고 있는 물쥐를 깨우는
나뭇잎 무성한 섬이 있다.
우리는 거기에 딸기와 가장 붉은,
훔친 체리가 가득 찬
요정의 술통을 숨겨 두었다.
오 떠나자, 인간의 자식이여!
요정과 함께 손에 손을 잡고,
호수와 황야로.
세상은 네가 알기보다 더 많은 울음으로 가득하니까.

달빛의 파도가 희미한 잿빛 사장을
번들거리게 하는 곳,
로시즈 곶의 제일 으슥한 곳에서,

- 9-12행은 코러스. 현실세계에서 요정의 나라로의 도피. 동경과 불만의 표현.(*NC* 12)
- 15행의 로시즈Rosses는 아일랜드 말로 곶이나 반도라는 뜻. 슬라이고 북서부 8킬로미터에 위치하며 길이는 5킬로미터이다. 요정이 사는 곳으로 유명하다. 이 곶의 작은 바위 위에서 잠들면, 요정이 혼을 빼앗아가 버리기 때문에, 눈을 뜨면 바보가 되어버린다고 한다. 예이츠 외가의 여름 별장이 있었다.

We foot it all the night,
Weaving olden dances,
Mingling hands and mingling glances
Till the moon has taken flight;
To and fro we leap
And chase the frothy bubbles,
While the world is full of troubles
And is anxious in its sleep.
Come away, O human child!
To the waters and the wild
With a faery, hand in hand,
For the world's more full of weeping than you can understand.

Where the wandering water gushes
From the hills above Glen-Car,
In pools among the rushes
That scarce could bathe a star,
We seek for slumbering trout
And whispering in their ears
Give them unquiet dreams;
Leaning softly out
From ferns that drop their tears

달이 도망칠 때까지
우리는 옛 춤을 엮어서,
손을 잡고 눈빛을 주고받으며,
밤새도록 춤을 춘다.
우리는 앞으로 뒤로 껑충껑충 뛰면서
거품 이는 물결을 뒤쫓아 간다,
세상은 말썽 많아
잠늘어노 초조한 판인네.
오 떠나자, 인간의 자식이여!
요정과 함께 손에 손을 잡고,
호수와 황야로.
세상은 네가 알기보다 더 많은 울음으로 가득하니까.

유랑하는 물이 글렌캐르 위의 산에서
쏟아져 내리는 곳,
별 하나 제대로 멱 감지 못하는
골풀 사이 웅덩이에서
우리는 선잠 자는 송어를 찾아,
그들의 귀에다 중얼거리며,
그들에게 뒤숭숭한 꿈을 건넨다,
작은 시냇물 위에다 눈물 흘리는
야생 고사리 밭에서

• 28행의 글렌캐르Glen-Car는 슬라이고 북동쪽에 있는 호수(Glencar Lake).

Over the young streams.
Come away, O human child!
To the waters and the wild
With a faery, hand in hand,
For the world's more full of weeping than you can understand.

Away with us he's going,
The solemn-eyed:
He'll hear no more the lowing
Of the calves on the warm hillside
Or the kettle on the hob
Sing peace into his breast,
Or see the brown mice bob
Round and round the oatmeal-chest.
For he comes, the human child,
To the waters and the wild
With a faery, hand in hand,
From a world more full of weeping than he can understand.

- 36행의 야생 고사리 밭은 'ferns'를 편의상 옮긴 것이다. 'fern'은 양치식물류를 말한다. 우리가 먹는 고사리 같기도 하지만, 꼭 그것이라고 할 수 없어서 야생이라는 말을 붙였다. 그쪽에서는 그야말로 고사리 밭이라고 할 만큼 장관을 이루는 곳도 있고, 평지나 다름없는 런던의 공원에서도 볼 수 있다.(역자)

살그머니 몸을 내밀어가지고.
오 떠나자, 인간의 자식이여!
요정과 함께 손에 손을 잡고,
호수와 황야로.
세상은 네가 알기보다 더 많은 울음으로 가득하니까.

엄숙한 눈빛의 그 애가
우리와 함께 가고 있다.
그는 이제 따뜻한 산허리,
송아지들의 음매 소리나,
난롯불 시렁 위 주전자의
가슴 적시는 평화의 노랫소리나,
귀리 뒤주를 돌며 폴짝폴짝 뛰는
갈색 쥐들의 소리를 듣지 못하리.
왜냐하면 사람의 자식인, 그 애가
요정과 함께 손에 손을 잡고,
호수와 황야로 떠나니까,
그 애가 알기보다 더 많은 울음으로 가득한 세상으로부터.

1886. 12. 발표

- 46행의 난롯불 시렁은 석탄을 이용하는 벽난롯불 곁의 철물시렁. 주전자로 물을 끓이는 데 이용한다.

The Ballad of Father O'Hart

Good father John O'Hart
In penal days rode out
To a shoneen who had free lands
And his own snipe and trout.

In trust took he John's lands;
Sleiveens were all his race;
And he gave them as dowers to his daughters,
And they married beyond their place.

But Father John went up,

- 제목의 오해르트는 1739년 작고한 실존 인물이다.(*NC* 14)
- 신부를 소재로 한 발라드 중의 하나. 민족문학의 일부에 편입함으로써 가톨릭 독자에게 접근하고자 한 작품이다.(Vendler 113)
- 2행의 형벌법 시절penal days은 1695년에서 1727년 사이에 아일랜드 가톨릭 신도들에 대한 영국의 '형벌법'Penal Laws이 실시된 시기를 말한다. 아일랜드 가톨릭 신도들에 대한 탄압은 엘리자베스 1세 때인 1560년부터 시작해서 크롬웰 시절에 더 심해졌고, 가톨릭을 내세운 영국 왕 제임스 2세(재위 1685-1688)의 편을 아일랜드가 든 뒤에는 더욱 가중되었다. 형벌법 시절에 가톨릭 신도는 공직을 맡을 수 없었고, 선거권과 피선거권이 없었으며 교육자, 군인, 의사가 될 수 없었다. 학교 설립, 무기 소지가 금지되었고, 5파운드 이상의 말도 소유할 수 없었다. 또한 출판물 발행이 전면적으로 금지되었고, 자식들에 대한 토지 균등 분배가 실시되었다. 무엇보다 이 시기에는 과다한 세금이 부과되었는데 심지어 창문 하나하나에 세금을 물렸다. 아일랜드 가톨릭 신도들은 토지소유권마저 박탈되어, 더러는 미더운 개신교 신도들에게 명의 신탁하는 편법을 쓰기도 했다고 한다.

오해르트 신부의 노래

훌륭한 존 오해르트 신부는
형벌법 시절에 말을 타고
한 벼락부자 양반에게 찾아갔다.
그는 공짜 땅과 도요새와 송어가 있었다.

그는 존의 땅을 신탁으로 차지했다.
그의 온 식구들은 불한당들이었다.
그는 딸네들에게 지참금으로 땅을 주었다.
그들은 지체 높은 집안에 시집갔다.

그렇지만 존 신부는 흥했다가,

- 3행의 벼락부자는 'shonene'의 번역. 'upstart'의 뜻이다.(*NC* 15; Albright 426)
- 6행의 불한당들은 'sleiveens'의 번역. 'rogue'에 해당하는 우스꽝스러운 표현의 아일랜드 말이다. '산골사람, 산사람'mountaineer의 뜻과 산골사람보다 더 못한 'rogue'의 뜻이 있다. 예이츠는 '천박한 사람'mean fellow의 뜻으로 썼다.(*NC* 15)

And Father John went down;
And he wore small holes in his shoes,
And he wore large holes in his gown.

All loved him, only the shoneen,
Whom the devils have by the hair,
From the wives, and the cats, and the children,
To the birds in the white of the air.

The birds, for he opened their cages
As he went up and down;
And he said with a smile, 'Have peace now';
And he went his way with a frown.

But if when anyone died
Came keeners hoarser than rooks,
He bade them give over their keening;
For he was a man of books.

And these were the works of John,
When, weeping score by score,
People came into Coloony;

- 14행의 빼놓고는 'only'의 번역. 'except'의 뜻이다.(*NC* 15; Albright 426)
- 21행의 품팔이 울음꾼은 'keener'의 번역. 초상집에 돈을 받고 곡을 해주는 사람.(*NC* 16)

그러고는 존 신부는 망했다.
그는 작은 구멍들이 난 신발을 신었고,
그는 큰 구멍들이 난 가운을 입었다.

마귀들이 머리칼을 잡고 있는
그 벼락부자 빼놓고는 모두 그를 사랑했다.
아낙네들과 고양이들, 그리고 애들로부터
하늘의 흰 구름 속 새들에 이르기까지.

그가 흥했다 망했다 하면서
새장을 열었기 때문에 새까지도.
그는 미소를 띠고 말했다. '이제 평화가 있기를.'
그러고는 얼굴을 찡그리고 길을 갔다.

그러나 누가 죽어 품팔이 울음꾼들이
땅까마귀보다 더 시끄럽게 굴면
그는 그들에게 곡을 못하게 했다.
학식이 있는 분이었으니까.

존이 한 일은 이런 것들이었다.
사람들이 연이어 울며불며
콜루니로 들어왔을 때다.

• 27행의 콜루니Coloony는 슬라이고 남쪽 8킬로미터 지역의 산골 소도시.(*NC* 16) 18세기에 존 신부가 이웃 킬배르넛Kilvarnet을 포함한 교구의 사제였다.

For he'd died at ninety-four.

There was no human keening;
The birds from Knocknarea
And the world round Knocknashee
Came keening in that day.

The young birds and old birds
Came flying, heavy and sad;
Keening in from Tiraragh,
Keening from Ballinafad;

Keening from Inishmurray,
Nor stayed for bite or sup;
This way were all reproved
Who dig old customs up.

- 30행의 녹내리Knocknarea는 슬라이고 시에서도 보이는 328미터의 구릉. 정상에 10미터 정도의 돌무덤이 있다. 메브Maeve 여왕의 무덤이라고 전해온다. / 예이츠는 '녹내레이'로 읽어주기를 바랐을 것이다. 다음, 다음의 'day'와 각운을 맞춘 것이기 때문이다.(역자)
- 31행의 녹내쉬Knocknashee는 슬라이고 주의 애콘리Achonry 근처에 있는 200미터 높이의 둥근 언덕과 그 주변의 촌락.(*NC* 16)

왜냐하면 그가 아흔넷에 죽었으니까.

통곡하는 것은 사람들이 아니었다.
녹내리에서 날아온 새들과
녹내쉬 주변의 새들이
그날 곡하러 찾아왔던 것.

젊은 새들과 늙은 새들이
슬픔에 짓눌려 날아온 것이다.
티러래크에서 곡하며 날아오고,
밸리내패드에서 곡하며 날아오고,

이니쉬머리에서 곡하며 날아오고,
먹이 쪼거나 목 축이러 머물지도 않았다.
옛 관습을 발굴하는 사람
모두가 이렇게 확신하였다.

1888 발표

- 35행의 티러래크Tiraragh는 슬라이고 주의 옥스Ox 산맥 배경의 서해안 촌락.
- 36행의 밸리내패드Ballinafad는 슬라이고 주 남부의 소도시.
- 37행의 이니쉬머리Inishmurray는 슬라이고 주의 먼 바다에 있는 섬.(*NC* 16) 로시즈 곶Rosses 북방 8킬로미터 지점에 있다. 바이킹의 침략을 맨 먼저 받은 섬으로 지금은 무인도이다.
- 39-40행의 번역은 동사 'reprove'를 'convince'의 뜻으로 본 것이다.(역자)

The Ballad of Moll Magee

Come round me, little childer;
There, don't fling stones at me
Because I mutter as I go;
But pity Moll Magee.

My man was a poor fisher
With shore lines in the say;
My work was saltin' herrings
The whole of the long day.

And sometimes from the saltin' shed
I scarce could drag my feet,
Under the blessed moonlight,
Along the pebbly street.

I'd always been but weakly,
And my baby was just born;

- 17세 때 쓴 작품. 예이츠가 호스Howth의 어촌에 거주할 당시(1881-1883), 가톨릭교회에서 들은 강론에서 암시받고 썼다고 한다.(*NC* 16-17)
- 제목의 몰 머기Moll Magee는 가련한 여자의 이름. 'Magee'는 'Margaret'의 단축형. 'Maggie'라고도 쓴다.

몰 머기의 노래

꼬마들아, 나한테 가까이 와요.
자, 내가 가면서 중얼댄다고
나에게 돌을 던지진 말고,
몰 머기를 불쌍하게 여겨요.

내 남편은 해변에서 낚시하는
가난한 어부였고,
내가 하는 일은 하루 종일
청어를 소금에 절이는 것.

때로는 소금 절이는 헛간에서
좀처럼 발을 끌고 갈 수 없었어요,
축복받은 달빛 아래
자갈길을 따라서 말이에요.

나는 늘 골골거리기만 했는데,
내 아이가 갓 태어났지요.

- 줄거리plot보다는 주인공의 감정에 치중한 발라드이다.(Vendler 112)
- 5행의 해변에서는 원문 6행의 'in the say'의 번역. 'say'는 'sea'.

A neighbour minded her by day,
I minded her till morn.

I lay upon my baby;
Ye little childer dear,
I looked on my cold baby
When the morn grew frosty and clear.

A weary woman sleeps so hard!
My man grew red and pale,
And gave me money, and bade me go
To my own place, Kinsale.

He drove me out and shut the door,
And gave his curse to me;
I went away in silence,
No neighbour could I see.

The windows and the doors were shut,
One star shone faint and green
The little straws were turnin' round
Across the bare boreen.

• 24행의 킨세일Kinsale은 코크Cork 주의 어촌.(*NC* 17)

낮에는 이웃이 그녀를 돌봐 주고,
아침까진 내가 보살폈지요.

나는 아이를 깔고 누워 버렸어요,
귀여운 너희 꼬마들아.
나는 싸늘해진 아기를 지켜보았지요,
서리가 더해지고 아침이 밝아질 때.

지친 여인이 너무 깊이 잠든 거지요!
내 남편은 얼굴이 붉으락푸르락했고,
돈을 주고, 나의 고향
킨세일로 가라고 했어요.

그는 날 쫓아내 문을 쳐닫고,
내게 욕설을 해댔어요.
나는 말없이 사라졌고,
이웃사람 아무도 볼 수 없었어요.

창문과 문들이 모두 닫혀 있었고,
별 하나가 희미하게, 푸르게 빛났지요.
빈 골목길, 작은 지푸라기들이
빙빙 돌고 있었어요.

• 31행의 골목은 'boreen'의 번역. 이 말은 'lane'의 뜻이다.(Albright 426)

I went away in silence:
Beyond old Martin's byre
I saw a kindly neighbour
Blowin' her mornin' fire.

She drew from me my story—
My money's all used up,
And still, with pityin', scornin' eye,
She gives me bite and sup.

She says my man will surely come
And fetch me home agin;
But always, as I'm movin' round,
Without doors or within,

Pilin' the wood or pilin' the turf.
Or goin' to the well,
I'm thinkin' of my baby
And keenin' to mysel'.

And sometimes I am sure she knows

• 48행의 통곡은 'keen'의 번역. 원래의 뜻은 초상났을 때 대신 울어준다는 뜻이다.

나는 말없이 떠나갔어요.
나는 정겨운 마틴의 외양간 너머에
마음씨 고운 이웃이 아침 불 지피느라
후후 불고 있는 걸 보았어요.

그녀는 내 사연을 듣고 알았지요—
내가 가진 돈이 모두 바닥난 것을요.
그녀는 가여워하면서도 못마땅한 눈으로
그래도 먹을 것과 마실 걸 주었지요.

그녀는 내 남편이 틀림없이 찾아와서
나를 집으로 다시 데려갈 거라 말하지요.
그렇지만 내가, 문 밖이나 문 안에서,
빙빙 돌아다니고 있을 때,

장작을 쌓거나 토탄을 쌓거나,
우물터에 가거나,
항상 나는 내 아기를 생각하고
혼자 통곡한답니다.

그리고 이따금 나는 그 애가 알고 있다고 믿어요,

• 49행의 그 애는 원문의 'she'. 죽은 아기.(*NC* 17)

When, openin' wide His door,
God lights the stars, His candles,
And looks upon the poor.

So now, yet little childer,
Ye won't fling stones at me;
But gather with your shinin' looks
And pity Moll Magee.

하느님이 당신의 문을 활짝 열면서,
당신의 촛불인 별들을 밝히고,
불쌍한 이들을 굽어보실 때가 언제인가를.

그러니, 너희들 어린 꼬마들아,
이제 너희들 내게 돌 던지면 안 되지요.
그러지 말고 환한 얼굴로 모여 와,
몰 머기를 가엾게 생각해 줘요.

1889 발표

Down by the Salley Gardens

Down by the salley gardens my love and I did meet;
She passed the salley gardens with little snow-white feet.
She bid me take love easy, as the leaves grow on the tree;
But I, being young and foolish, with her would not agree.
In a field by the river my love and I did stand,
And on my leaning shoulder she laid her snow-white hand.
She bid me take life easy, as the grass grows on the weirs;
But I was young and foolish, and now am full of tears.

- 제목은 민중들의 속요 제목을 그대로 이용했다.(*NC* 13)
- 버드나무 유원지는 'salley gardens'의 번역. 강둑에 버드나무가 즐비한 지역을 말한다. 슬라이고 시에도 두 군데나 있다. 아일랜드에는 그런 장소가 많아서, 예이츠는 이런 곳을 자주 거닐었다.(Suzuki 190)

강변 버드나무 유원지로 내려가면서

강변 버드나무 유원지로 내려가면서 연인과 나는 만났다네.
그녀는 눈처럼 흰 작은 발로 강변 버드나무 유원지를 지나갔지.
그녀는 나무에 잎이 자라듯 사랑을 쉽게 생각하라고 그랬지,
하지만 난 어리고 멍청해서 그녀 말을 곧이듣지 않았지.
강변의 어느 한 들판에서 연인과 나는 서있었다네.
그녀는 내가 기댄 어깨 위에 눈 같은 흰 손을 얹었지.
그녀는 인생을 강둑에 풀이 자라듯 쉽게 생각하라고 그랬지,
하지만 그땐 어리고 멍청했고, 지금 나는 눈물로 가득하네.

1889 발표

• 슬라이고 주변의 어느 시골의 늙은 노파가 혼자 중얼거리는 것을 듣고 기억을 더듬어 그 일부를 활용한 작품.(*NC* 13; Albright 424) 그 노파를 이런 지역에서 만났을 것이다.

The Ballad of the Foxhunter

'Lay me in a cushioned chair;
Carry me, ye four,
With cushions here and cushions there,
To see the world once more.

'To stable and to kennel go;
Bring what is there to bring;
Lead my Lollard to and fro,
Or gently in a ring.

'Put the chair upon the grass:
Bring Rody and his hounds,
That I may contented pass
From these earthly bounds.'

His eyelids droop, his head falls low,
His old eyes cloud with dreams;

- 찰스 조지프 키캠C. J. Kickham(1828-1882)의 소설『녹너고』*Knocknagow*(1879)의 한 장면을 작품화한 것이다.(*NC* 17)
- 1행의 앉혀의 원문은 'lay.' 이 말은 '눕히다'의 뜻이지만, 실제로는 의자에 올려놓는 것을 의미한다. '의자'는 18행에 팔걸이의자로 나온다.(역자)

여우 사냥꾼의 노래

'나를 푹신한 의자에 앉혀라.
이쪽, 저쪽에 쿠션들을 끼워 넣고,
너희들 넷이서 나를 옮겨줘.
세상을 한 번 더 보게.

마구간으로 그리고 개집으로 가자.
데려갈 것은 다 데리고 가자.
내 말 롤러드를 이리저리,
혹은 빙빙 돌게 살살 몰고 가.

의자를 풀밭에 내려놓아라.
로디와 그의 사냥개들을 데리고 오너라.
내가 이런 지상의 경계선을 지나
만족스럽게 지나가도록.'

눈꺼풀이 처지고, 머리가 숙여지고,
늙은 눈은 꿈들이 구름처럼 덮여 있다.

- 7행의 내 말 롤러드는 주인공인 늙은 여우사냥꾼의 애마. 17행의 브라운 롤러드Brown Lollard.
- 11행의 지상의 경계선은 이승과 저승의 경계선.(역자)

The sun upon all things that grow
Falls in sleepy streams.

Brown Lollard treads upon the lawn,
And to the armchair goes,
And now the old man's dreams are gone,
He smooths the long brown nose.

And now moves many a pleasant tongue
Upon his wasted hands,
For leading aged hounds and young
The huntsman near him stands.

'Huntsman Rody, blow the horn,
Makes the hills reply.'
The huntsman loosens on the morn
A gay wandering cry.

Fire is in the old man's eyes,
His fingers move and sway,
And when the wandering music dies
They hear him feebly say,

- 25행의 사냥꾼 로디는 위의 소설에 나오는 인물 이름.(*NC* 17)

성장하는 만물 위의 태양은
졸리게 하는 빛을 떨어뜨린다.

브라운 롤러드는 잔디밭을 밟고 지나
팔걸이의자 쪽으로 향해 간다.
이제 그 노인의 꿈들은 사라진다.
그는 길쭉한 갈색 코를 매만진다.

그러자 기분 좋은 많은 혓바닥들이
그의 야윈 손들을 핥고,
사냥꾼이 늙은 사냥개와 어린 것들을 대신해
그분 가까이에 들어선다.

'사냥꾼 로디야, 뿔나팔을 불어,
산들이 응답하게 하여라.'
사냥꾼은 아침나절에
즐겁게 떠도는 소리를 풀어놓는다.

늙은 분의 눈에 불길이 일고,
그의 손가락들이 움직이다 떨린다.
유랑하는 가락 소리가 희미해질 때
그들은 그가 간신히 말하는 걸 듣는다.

• 29행의 불길은 'fire'의 번역. 당초에 붙인 부정관사를 빼고 무관사로 고쳐 쓴 것은 강렬한 의미를 더하기 위함이라는 해석(Parkinson, *Early* 143)에 따른 것이다.

'Huntsman Rody, blow the horn,
Make the hills reply.'
'I cannot blow upon my horn,
I can but weep and sigh.'

Servants round his cushioned place
Are with new sorrow wrung;
Hounds are gazing on his face,
Aged hounds and young.

One blind hound only lies apart
On the sun-smitten grass;
He holds deep commune with his heart:
The moments pass and pass;

The blind hound with a mournful din
Lifts slow his wintry head;
The servants bear the body in;
The hounds wail for the dead.

'사냥꾼 로디야, 뿔나팔을 불어,
산들이 응답하게 하여라.'
'저는 뿔나팔을 불 수 없을 지경이옵니다.
저는 울고 한숨을 쉴 수 있을 뿐입니다.'

하인들은 푹신한 그의 자리 주위에서
새로운 슬픔을 짜낸다.
사냥개들이 그분의 얼굴을 바라보고 있다,
늙은 사냥개들과 어린 것들이.

눈먼 사냥개 한 마리만
햇빛에 시든 풀 위에 따로 누워 있다.
그는 그분의 마음과 깊이 소통한다.
시시각각 시간은 지나간다.

슬픔의 신음소리 내는 눈먼 사냥개는
겨울철에 접어든 머리를 서서히 든다.
하인들은 그 육신을 안으로 들여놓는다.
사냥개들이 죽은 자를 위해 통곡한다.

1889. 11.

The Ballad of Father Gilligan

The old priest Peter Gilligan
Was weary night and day;
For half his flock were in their beds,
Or under green sods lay.

Once, while he nodded on a chair,
At the moth-hour of eve,
Another poor man sent for him,
And he began to grieve.

'I have no rest, nor joy, nor peace,
For people die and die';
And after cried he, 'God forgive!
My body spake, not I!'

He knelt, and leaning on the chair
He prayed and fell asleep;
And the moth-hour went from the fields,
And stars began to peep.

• 제목의 길리건 신부는 'Father Peter Gilligan'. 케리Kerry 주 캐슬아일랜드Castleisland 지방에 전해오는 옛날 이야기 속의 인물.(*NC* 38)

길리건 신부의 노래

늙은 피터 길리건 사제는
밤낮 몸이 지쳐 있었다.
왜냐하면 그의 신도들 절반은 병석에 누웠거나
푸른 잔디 밑에 누워 있었으니까.

한번은, 나방이 설쳐대는 저녁시간에
의자에서 꾸벅거릴 때,
불쌍한 또 한 사람의 기별이 와서
그는 꿍꿍거리기 시작했다.

'난 휴식도, 낙도, 평화도 없군.
사람들이 죽고 또 죽고 하니까.'
그가 큰 소리로 말한 다음, '하느님 용서하소서!
내 육신이 말했사오니, 저는 아니올시다!'

그는 무릎 꿇고, 의자에 기대어
기도하다 잠들었다.
나방이 들끓는 시간은 들판에서 사라지고,
별들이 내다보기 시작했다.

• 7행은 사람이 곧 죽어간다고 신부에게 기별하는 것을 말한다.(역자)

They slowly into millions grew,
And leaves shook in the wind;
And God covered the world with shade,
And whispered to mankind.

Upon the time of sparrow-chirp
When the moths came once more,
The old priest Peter Gilligan
Stood upright on the floor.

'Mavrone, mavrone! the man has died
While I slept on the chair';
He roused his horse out of its sleep,
And rode with little care.

He rode now as he never rode,
By rocky lane and fen;
The sick man's wife opened the door:
'Father! you come again!'

'And is the poor man dead?' he cried.

별들은 수백만으로 늘어나고
나뭇잎들은 바람에 흔들렸다.
그리고 하느님은 세상을 어둠으로 덮고,
인류에게 중얼거렸다.

나방들이 한 번 더 나타나
참새가 지저귀는 시간이 되자,
피터 길리건 사제는
마루에 벌떡 일어섰다.

'애고, 애고! 그 사람이 죽었군,
내가 의자에서 잠든 사이.'
그는 잠자는 말을 깨워
별다른 생각 없이 타고 갔다.

그는 말 타본 적 없는 듯 말을 타고 갔다,
바윗길과 습지로.
환자의 부인이 문을 열었다.
'신부님! 또 오셨군요!'

그는, '불쌍한 양반 죽었소?' 하고 큰 소리로 말했다.

- 25행의 애고, 애고!는 원문 'Mavrone, mavrone!'의 번역어. 이 말은 게일어의 감탄사로서 'cry of grief'(*NC* 38), 'My grief'의 뜻이다.(Albright 445)

'He died an hour ago.'
The old priest Peter Gilligan
In grief swayed to and fro.

'When you were gone, he turned and died
As merry as a bird.'
The old priest Peter Gilligan
He knelt him at that word.

'He Who hath made the night of stars
For souls who tire and bleed,
Sent one of His great angels down
To help me in my need.

'He Who is wrapped in purple robes,
With planets in His care,
Had pity on the least of things
Asleep upon a chair.'

• 37-38행의 부인의 말은 신부가 다녀간 환상을 본 것을 말한다.(역자)

‘한 시간 전에 죽었어요.’
늙은 피터 길리건 사제는
슬픔에 젖어 이리저리 요동쳤다.

‘신부님이 돌아갔을 때 그 양반은
새처럼 명랑하게 되더니 죽었어요.’
늙은 피터 길리건 사제,
그는 그 말 듣고 무릎을 꿇었다.

‘지치고 피 흘리는 영혼을 위해
별이 총총한 밤을 창조하신 그분께서는,
제가 필요로 할 때 저를 도와주러
위대한 천사 한 분을 내려보내 주셨어요.

행성들을 거느리시고 돌보시면서,
보랏빛 의상을 입고 계시는 그분께서는,
의자 위에 잠든 가장 보잘것없는 것들에게도
자비를 베풀어 주셨습니다.’

1890. 7. 5. 발표

• 41-48행은 신부가 자기 대신 천사가 다녀간 것이라고 생각하고 하는 말이다.(역자)

The Lake Isle of Innisfree

I will arise and go now, and go to Innisfree,
And a small cabin build there, of clay and wattles made:
Nine bean-rows will I have there, a hive for the honeybee,
And live alone in the bee-loud glade.

And I shall have some peace there, for peace comes dropping
slow,
Dropping from the veils of the morning to where the cricket
sings;
There midnight's all a glimmer, and noon a purple glow,
And evening full of the linnet's wings.

I will arise and go now, for always night and day
I hear lake water lapping with low sounds by the shore;
While I stand on the roadway, or on the pavements grey,
I hear it in the deep heart's core.

December 1888

• 런던에서 쓴 시. 예이츠는 당시 고향을 무척 그리워했다. 그는 당시 더블린 교외에서 태어났지만, 외가가 있는 슬라이고를 마음의 고향으로 간직했다. 따라서 슬라이고 근교의 호수(Lough Gill)에 있는 섬 중의 하나인 이니쉬프리Innisfree를 시 제목으로 택한 것이다. (*NC* 29-30) 이니쉬프리는 히스가 피어있는 섬(heathy island)이라는 뜻이다.(Conner 91) 이 섬의 정식 이름은 'Cat Island'라고 한다.(Suzuki 126)

호수의 섬 이니쉬프리

난 일어나 지금 가리라, 이니쉬프리로.
거기 진흙과 윗가지로 오두막집을 짓고,
아홉 이랑 콩밭 일구고 꿀벌 한 통 장만하여,
벌 소리 요란한 숲 속 빈터에서 혼자 살리라.

그리고 난 거기서 평화를 얻으리, 평화는 서서히 내려오니까.
평화는 아침 장막에서 귀뚜라미 우는 데로 내려온다.
거긴 한밤은 온통 훤하고, 한낮은 보랏빛으로 번쩍이며,
저녁은 홍방울새 날개 소리 가득하나니.

난 일어나 지금 가리라. 밤낮으로 내 귀엔 기슭에
호수 물이 나직이 철썩이는 소리 들려오니까.
내가 차도에서나 회색 인도에 서있을 때,
깊숙한 마음속에 그 소리 들리나니.

1890

- 1행의 난 일어나는 성서에서 탕아가 하는 말, 'I will arise and go to my father.'(*Luke* xv. 18)를 참조하라.(*NC* 31)
- 6행의 귀뚜라미 우는 데라는 것은 귀뚜라미가 우는 곳을 말하지만, 이 말은 저녁 시간을 암시한다.(역자)
- 7행의 보랏빛은 헤더heather의 꽃 색깔. 이니쉬프리는 'heather island'라는 뜻인데(*NC* 31), 헤더 꽃이 호수에 반사하는 데서 연유된 이름이다.(Albright 437)
- 9행의 밤낮으로는 더러운 영혼을 정화시키는 뜻의 성서 구절, 'And always, night and day, he was in the mountains.'(*Mark* v. 5)를 참조하라.(*NC* 31)

The Lamentation of the Old Pensioner

Although I shelter from the rain
Under a broken tree
My chair was nearest to the fire
In every company
That talked of love or politics,
Ere Time transfigured me.

Though lads are making pikes again
For some conspiracy,
And crazy rascals rage their fill
At human tyranny,
My contemplations are of Time
That has transfigured me.

There's not a woman turns her face
Upon a broken tree,

- 당초의 제목은 'The Old Pensioner'이다. 발표 당시의 것은 위클로Wicklow의 한 노인의 말을 거의 그대로 옮겨 놓은 것이었다.(*NC* 37)
- 1925년에 원작을 대폭 수정하여 완전히 다른 작품으로 개작한 것이다.(Parkinson, *Early* 173)
- 인간과 시간 사이의 영원한 갈등 관계에 대한 관심이 드러나 있다.(Parkinson, *Early* 174)

늙은이의 하소연

비록 내가 지금은 부러진 나무 밑에서
비를 피하고 있지만,
사랑이나 정치 얘기했던
동료들 속에서
'시간'이 나를 바꾸어 놓기 전에는
내 자리가 난롯불에 가장 가까웠다.

젊은이들은 무슨 음모를 꾸미려
다시 창槍을 만들고 있고,
열렬한 녀석들은 인간의 횡포에
속을 부글부글 끓이지만,
내가 곰곰이 생각하는 건
날 바꾸어 놓을 '시간'에 관한 것.

부러진 나무를 보고
얼굴을 향하는 여자는 없다.

- 1연(1-6행)은 유명했던 과거와 대조적인 현재의 상황을 표현했다.(Parkinson, *Early* 173)
- 1행의 부러진 나무는 예이츠가 즐겨 쓰는 수목의 은유 중 하나이다.(Albright 445)
- 5행의 '시간'이 나를 바꾸어 놓은 것은 시간이 파괴한 것도 있지만 자신을 영광스럽게도 했다는 것이다.(Parkinson, *Early* 174)
- 2연(7-12행)은 일시적인, 덧없는 것들을 위해 날뛰는 일에 대한 경멸감과 자신을 바꾸어 놓는 시간에 대한 관심을 표명했다.(Parkinson, *Early* 174)

And yet the beauties that I loved
Are in my memory;
I spit into the face of Time
That has transfigured me.

하지만 내가 사랑했던 아리따운 여인들은
내 기억 속에 남아 있다.
나는 날 바꾸어 놓은
'시간'의 얼굴에다 침을 뱉는다.

1890. 11. 15. 발표, 나중에 대폭 수정

- 3연(13-18행)은 자신을 지탱하고 있는 것은 시간의 파괴성에도 불구하고 그것을 버텨내는 기억과 시간에 서항하는 일임을 말하고 있다.(Parkinson, *Early* 174)

The Man Who Dreamed of Faeryland

He stood among a crows at Dromahair;
His heart hung all upon a silken dress,
And he had known at last some tenderness,
Before earth took him to her stony care;
But when a man poured fish into a pile,
It seemed they raised their little silver heads,
And sang what gold morning or evening sheds
Upon a woven world-forgotten isle
Where people love beside the ravelled seas;
That Time can never mar a lover's vows
Under that woven changeless roof of boughs:
The singing shook him out of his new ease.

- 제목의 요정의 나라는 영원한 여성원리. 꿈꾼 사나이는 연인으로서, 돈을 버는 사람으로서, 폭력의 행사자로서 성인의 문턱에 선 남자. 부계중심 질서에도 적응하지 못하고 모성적인 낙원에 대한 욕구도 실현할 수 없는 사람이다.(Cullingford 17)
- 일시적인 세계와 영원한 세계를 대비시켜 영원한 세계의 우위를 거론하는 구조의 시이다.(Parkinson, *Early* 16)
- 경험적인 세계와 이상적인 세계를 대비시켰다.(Rosenthal 22)
- 인간의 간절한 네 가지 소망의 성취 여부를 검토하는 내용이다.(Albright 442)
- 1연(1-12행)은 사랑의 추구.
- 1-4행은 시간과 관련된 지상의 상황.(Parkinson, *Early* 146)

요정의 나라를 꿈꾼 사나이

그는 드러매헤어르에서 사람들 무리 속에 서있었다.
그의 마음은 어떤 비단 옷 위에 온통 매달려 있었다.
대지大地가 그를 데려가 냉혹하게 돌봐 주기 전에,
그는 마침내 얼마간 훈훈한 사랑을 맛보았다.
그러나 한 사내가 물고기를 수북이 쏟아부었을 때,
물고기들은 작은 은빛 머리를 쳐들고는 노래하는 것 같았다,
파도가 뒤얽힌 해변에서 사람들이 세상사를 잊어버리고
사랑을 나누도록 잘 짜인 어떤 섬에서는
아침이나 저녁이 어떤 황금빛을 던지는가를,
그리고 잘 짜인 상록 나뭇가지 지붕 아래서의
연인의 맹서를 '시간'이 방해할 수 없다는 것을.
그 노래는 새로운 안락으로부터 그를 떨쳐 버렸다.

- 1행의 드러매헤어르Dromahair는 리트림Leitrim 주에 있는 한 마을이다. 길 호수로 흘러가는 한 강변에 있다.(*NC* 34) 'Drumahair'로도 쓴다.(*PR* 43)
- 2행은 마음에 드는 아가씨에게 비단 옷을 사주었다는 말.
- 5-6행은 인간에게 노래하는 생명체.(Parkinson, *Early* 146)
- 7-11행의 물고기들 노래 내용은 이상적인 요정의 나라 비전.
- 7-8행의 세상사를 잊어버리고 … 잘 짜인 어떤 섬은 니아브Niamh가 오쉰Oisin을 데리고 간 네 낙원 중의 첫째 것과 유사하다. 예이츠의 장시『오쉰의 방랑기』*The Wanderings of Oisin* 참조.(*NC* 34)
- 12행은 인간에게 들려준 노래의 결과를 말한다. 즉, 지상의 일시적인 애정은 불완전하다는 것을 깨달음.(Parkinson, *Early* 146)

He wandered by the sands of Lissadell;
His mind ran all on money cares and fears,
And he had known at last some prudent years
Before they heaped his grave under the hill;
But while he passed before a plashy place,
A lug-worm with its grey and muddy mouth
Sang that somewhere to north or west or south
There dwelt a gay, exulting, gentle race
Under the golden or the silver skies;
That if a dancer stayed his hungry foot
It seemed the sun and moon were in the fruit:
And at that singing he was no more wise.

He mused beside the well of Scanavin,
He mused upon his mockers: without fail
His sudden vengeance were a country tale,

- 2연(13-24행)은 돈의 추구.
- 13-16행은 경제적으로 이로운 삶을 궁리하는 내용이다.(Parkinson, *Early* 146)
- 13행의 리서델 해변Lissadell은 불벤 산Ben Bulben과 슬라이고 북쪽 사이에 있는 전망 좋은 해변이다. 리서델은 18세기 이래로 고어부스Gore-Booth 가문의 터전이었다.(*NC* 35)
- 14행의 돈 걱정과 두려움은 젊은 시절 예이츠가 궁핍했을 때 여름철에 슬라이고의 외가 신세를 진 것과 연관된다. 당시에 리서델의 고어부스 가문의 저택에 출입하면서 돈에 대한 생각을 했다.(*NC* 35)
- 15행의 언덕은 럭너골Lugnagall 구릉을 말한다.(*NC* 35) 37행 참조. 예이츠의 말과는 달리 실제로는 저지대이다.

그는 리서델 해변의 모래사장을 돌아다녔다.
그의 마음을 온통 돈 걱정과 두려움에 빼앗겼던 것이다.
사람들이 언덕 밑에 무덤을 마련해 주기 전,
그는 마침내 다소 신중하게 몇 해를 보냈다.
그러나 그가 한 습지 앞을 지나갈 때,
입이 회색빛 흙투성이인 갯지렁이가 노래하기를,
북쪽인가 서쪽인가 남쪽 어딘가에
황금빛이나 은빛 하늘 아래,
명랑하고 의기양양한, 서글서글한 종족이 있다고 하고,
춤추는 사람이 그의 굶주린 발길을 멈추게 되면,
해와 달이 결합되는 거나 다름없다고 했다.
그 노래를 듣자 그는 현명해지지 못했구나 싶었다.

그는 스캐내빈 우물가에서 곰곰이 생각해 보았다.
자기를 조롱하는 자들도 생각해 보았다.
지상의 밤이 그의 육신을 들이켜고 나면,

- 18행의 갯지렁이나 29행의 마디풀 같은 보잘것없는 것들이 초자연적인 모습을 슬쩍 보이면서 꿈꾸는 자에게 겁을 준다.(Albright 443)
- 19-23행은 풍요로운 요정의 나라 비전.(Parkinson, *Early* 146)
- 20행의 황금빛과 은빛은 23행의 해와 달과 일치한다. 양자는 음양의 원리를 나타내며, 양자의 융합은 연금술적인 완전성의 표상이다.(*NC* 35)
- 22행의 춤추는 사람a dancer은 요정의 나라의 축복을 말한다.(*NC* 35) 무절제한 많은 춤은 16행의 신중함과 대조적이다.(Albright 443)
- 24행은 갯지렁이의 노래가 인간에게 끼친 결과다.(Parkinson, *Early* 147)

When earthy night had drunk his body in;
But one small knot-grass growing by the pool
Sang where—unnecessary cruel voice—
Old silence bids its chosen race rejoice,
Whatever ravelled water rise and fall
Or stormy silver fret the gold of day,
And midnight there enfold them like a fleece
And lover there by lover be at peace.
The tale drove his fine angry mood away.

He slept under the hill of Lugnagall;
And might have known at last unhaunted sleep
Under that cold and vapour-turbaned steep,
Now that the earth had taken man and all:
Did not the worms that spired about his bones
Proclaim with that unwearied, reedy cry
That God has laid His fingers on the sky,
That from those fingers glittering summer runs
Upon the dancer by the dreamless wave.

- 3연(25-36행)은 폭력과 보복의 추구.
- 25-28행은 현실세계에 다시 말려들어 보복을 도모하고 있다.(Parkinson, *Early* 147)
- 25행의 스캐내빈Scanavin은 슬라이고 남쪽의 한 마을이다.(*NC* 35)
- 31-35행은 평화와 정적에 대한 마디풀의 노래이다.(Parkinson, *Early* 147)
- 33행의 폭풍의 은빛 구름은 'stormy silver'의 번역. 이는 'stormy clouds'의 뜻이다.(Parkinson, *Early* 152). 구름이 황금 낮을 애태우게 하고는 20행 참조.

그가 행한 갑작스런 보복은 분명 시골의 얘깃거리가 된다.
그러나 웅덩이 옆에 자라나는 작은 마디풀 하나가
오랜 정적이 선택된 종족에게 기뻐하라고 명하는 곳에서
—필요 이상의 날카로운 목소리로 노래하기를—
무슨 물결이건 신이 나면 올라갔다 내려갔다 하거나
폭풍의 은빛 구름이 황금 낯을 애태우게 하고
그리고 그곳의 한밤은 그들을 양털처럼 감싸 주면서,
거기서는 연인끼리 평화롭게 지낸다고 했나.
그 노래는 날이 선 그의 분노의 감정을 몰아내었다.

그는 럭너골 산 밑에서 잠을 잤다. 그리고 이제
땅이 인간과 모든 걸 차지했으니까, 냉기 돌고 안개 휘감긴
가파른 비탈 아래에서, 꿈자리 사납지 않은 수면이
어떤 것인지 마침내 알았을지 모르리라,
만약 그의 뼈 주변에 꾸불꾸불 기어다니는 지렁이들이
지칠 줄 모르는 갈대피리 같은 소리로,
신이 하늘에 손가락을 갖다 놓고,
찬란한 여름철이 그 손가락으로부터 춤추는 자 위에
꿈이 없는 물결로 흘러내린다고 선언하지 않는다면 말이다.

- 4연(37-48행)은 편안한 죽음.
- 37행의 럭너골Lugnagall은 드럼클리프 동쪽, 글렌캐르Glen-Car 계곡의 글렌캐르 호수 남쪽에 동서로 뻗은 구릉이다. 디어르마드Diarmuid와 그로니Grania가 숨어 살았던 흔적이 있는 글렌캐르 호수를 굽어보는 짙은 회색 절벽이 있다.
- 41행의 지렁이들의 노래는 인간이 죽어서도 편치 못하게 한다. 지렁이는 마지막 비전을 가지고 인간을 계속 들쑤시기 때문이다.(Parkinson, *Early* 147)

Why should those lovers that no lovers miss
Dream, until God burn Nature with a kiss?
The man has found no comfort in the grave.

- 43-47행은 요정 나라의 마지막 비전 내용이다.(Parkinson, *Early* 147)
- 43행의 신은 'God'. 이는 기독교적인 의미가 아닌 절대자의 개념이다.(역자)
- 45행의 꿈이 없는 물결이라는 말은 요정의 나라에서는 꿈이 모두 실현되기 때문에 꿈은 불필요하다는 말이다.(Albright 443)

신이 키스 한 번으로 '자연'을 불태울 때까지,

그런 연인들은 왜 서운함이 없는 연인들의 꿈을 꿔야 하는가?

그 사내는 무덤 속에서 안락함을 발견하지 못했다.

1891. 2. 7. 발표

- 46행의 신이 … '자연'을 불태운다는 것은 시간을 태운다는 말과 같다.(*NC* 36)
- 48행은 인간의 절대적인 불행을 말한다.(Parkinson, *Early* 147) 인간이 사후에도 편안할 수 없는 것은 이상적인 세계란 실현되지 못하기 때문이다.(Rosenthal 22)

A Faery Song

Sung by the people of Faery over Diarmuid and Crania,
in their bridal sleep under a Cromlech.

We who are old, old and gay,
O so old!
Thousands of years, thousands of years,
If all were told:

Give to these children, new from the world,
Silence and love;
And the long dew-dropping hours of the night,
And the stars above:

Give to these children, new from the world,

- 크롬렉Cromlech은 돌멘dolmen이라고도 하는 고인돌이다. 영국의 스톤헨지Stonehenge처럼 똑바로 세운 돌기둥 위에 가로로 큰 돌을 얹어놓은 형상으로서 아일랜드 사람들이 '디어르마드와 그로니의 침대'라고 부르는 거석 구조물이다.(*NC* 29)
- 디어르마드Diarmuid와 그로니Grania는 비극적인 연인들이다.(Albright 436)

요정의 노래

크롬렉 아래에서 신혼 잠자리를 같이하는 디어르마드와
그로니를 내려다보고 노래하는 요정 나라 사람들의 노래.

늙고, 늙어 항시 즐거운,
오 이렇게나 늙은!
통틀어 말하면,
수천 살, 수천 살 된 우리는

세상에서 처음 여기 나타난 이 아이들에게
침묵과 사랑을 준다.
그리고 이슬 내리는 긴 밤을,
그리고 저 위의 별들을 준다.

세상에서 처음 여기 나타난 이 아이들에게

• 디어르마드는 피아나Fianna(피니언) 기사단원으로 '젊음의 화신'이라고 불리는 아가씨와 하룻밤을 지낸 뒤에 이마에 'love-spot'이 찍혔는데, 그것을 본 여자는 그를 사랑하지 않을 수 없었다. 그로니는 코맥 매카트Cormac MacArt의 딸. 핀 왕의 약혼자였지만, 아버지보다 나이 많은 왕이 싫어서 결혼 하루 전, 핀의 아들 오쉰Oisin에게 구원을 청했지만 거부당하자, 눈에 띈 디어르마드에게 접근, 그와 함께 도주하였다. 그들은 그로니와의 결혼을 포기하지 않은 핀 왕에게 16년 동안 쫓겨다녔다. 그러다가 디어르마드의 양부인 엥거스Aengus의 중재로 화해가 이루어졌으나, 몇 해 뒤 핀 왕은 불벤 산Ben Bulben 자락에 디어르마드를 유인하여, 털 없는 멧돼지the Boar without bristles의 희생물이 되게 하였다. 디어르마드가 죽은 뒤, 그로니는 핀에게 복수하려 했으나 결국 왕의 구애를 받아들였다.(Conner 47, 74-75; Suzuki 58, 92)

Rest far from men.
Is anything better, anything better?
Tell us it then:

Us who are old, old and gay,
O so old!
Thousands of years, thousands of years,
If all were told.

인간 세상과 동떨어진 휴식을 준다.
이 이상 더 나은 게 있는가, 더 나은 게?
그렇다면 우리에게 말해 봐요.

늙고 늙어 항시 즐거운,
오 이렇게나 늙은 우리에게 말해 봐요!
통틀어 말하면
수천 살, 수천 살이 된 우리에게.

1891. 9. 12. 발표

Fergus and the Druid

Fergus. This whole day have I followed in the rocks,
　And you have changed and flowed from shape to shape,
　First as a raven on whose ancient wings
　Scarcely a feather lingered, then you seemed
　A weasel moving on from stone to stone,
　And now at last you wear a human shape,
　A thin grey man half lost in gathering night.

Druid. What would you, king of the proud Red Branch
　　kings?

- '붉은 가지 궁'The Red Branch의 대왕High King인 퍼거스Fergus가 아내 네새Nessa의 아들인 '코너르'Conchubar에게 왕위를 내주고, '드루이드'Druid와 함께 주연과 사냥으로 평화로운 삶을 즐기는 대화 장면이다.
- 퍼거스는 북아일랜드 지역인 얼러Uladh(Ulster의 옛 이름) 왕의 이복동생. 형이 죽은 뒤 왕위를 이어받아 '붉은 가지 궁'의 상왕이 됨. 그는 이복형 왕의 부인인 네새가 드루이드와 밀통하여 얻은 코너르(10행)에게 1년간 왕위를 내주는 조건으로 결혼하였다. 그러나 그 기간이 지나도 코너르가 왕위를 돌려주지 않아 퍼거스는 유랑생활을 즐기는 시인이 되었다. 왕위보다는 예지를 구한 인물로 간주되고 있다. 드루이드는 기독교 전파 이전의 고대 아일랜드의 켈트족 승려. 제사장 또는 신관, 현자, 예언자. 샤먼이면서 정치나 재판에 발언권이 컸다. 켈트족의 족장들은 모두 드루이드 한 사람을 대동했다. 드루이드는 고도로 조직화된 체계를 익히기 위하여 20년 정도의 교육을 받았다. 문자에 의한 기록은 죄악시되기 때문에, 운문에 의한 구전을 원칙으로 하였다. 영혼의 윤회를 신봉한 드루이드 문화는 아일랜드에 깊이 뿌리박고 있어서, 성 패트릭이 아일랜드에 포교한 기독교문화도 그 영향을 받아, 아일랜드 특유의 기독교로 발전하였다. 19세기에는 드루이드에 대한 관심이 전 유럽에 확산되었다.

퍼거스와 드루이드

퍼거스. 오늘 하루 종일 바윗덩이 사이로 따라다녔소.
그런데 당신은 모습을 자꾸 바꾸어 왔소.
처음엔 큰 까마귀. 늙은 날개에는 깃털 하나도
거의 붙어있지 않았소. 그러자 당신은
바윗덩이에서 바윗덩이로 나다니는 족제비 같았소.
그런데 지금은 마침내 사람 모습을 하고 있군요.
어둠이 짙어지자 절반쯤 보이지 않는 여윈 백발노인이군요.

드루이드. 무슨 일이시오, '붉은 가지 궁'의 왕 중의 왕이시여?

- 주인공 퍼거스 왕의 행동적인 측면과 명상적인 측면의 내면 갈등을 소재로 한 작품이다. 그 어느 것도 비애로부터 자유롭게 하지 못하고 순수한 꿈의 세계로의 접근에 해결점을 찾았다.(Parkinson, *Early* 137)
- 무운시blank verse로 쓴 대화 시.(Vendler 247)
- 8행의 붉은 가지 궁은 고대 얼스터Ulster 지역의 중심지 에번Emain에 있었던 큰 건물 이름이다. 현재의 내반Navan 근처이다. 붉은 가지 기사단이라고도 한다. / 왕 중의 왕은 '붉은 가지 궁'에 소속된 여러 장수, 영웅(왕)들을 통괄하는 왕으로, 대왕 또는 상왕High King이라고도 한다. 퇴위 전의 퍼거스, 그 뒤를 이은 코너르Conchubar, 먼스터Munster 지방의 '피니언 기사단'(Fenians의 핀Finn), 더블린 북동부 해안에서 바이킹을 격퇴한 브린 보루Brian Boru가 대왕의 반열에 속하고, 쿠훌린Cuchulain이나 오쉰Oisin은 왕에 속한다.

Fergus. This would I say, most wise of living souls:
Young subtle Conchubar sat close by me
When I gave judgment, and his words were wise,
And what to me was burden without end,
To him seemed easy, so I laid the crown
Upon his head to cast away my sorrow.

Druid. What would you, king of the proud Red Branch
kings?

Fergus. A king and proud! and that is my despair.
I feast amid my people on the hill,
And pace the woods, and drive my chariot-wheels
In the white border of the murmuring sea;
And still I feel the crown upon my head.

Druid. What would you, Fergus?

Fergus. Be no more a king,
But learn the dreaming wisdom that is yours.

- 16행의 그게 질색이오는 'that is my despair'의 번역. 왕관을 버렸는데도 불구하고 계속 과거의 신분이 따라다니니까 왕의 신분과 관계 없는 독립된 자신의 정체를 상상할 수가 없는 일이 절망적이라는 것이다.(Vendler 247)

퍼거스. 이런 얘기지요, 살아 있는 영혼 중 가장 현명하신
분이시여.
내가 결단을 내릴 때, 젊고 아주 영리한 코너르가
가까이 앉아 있었는데, 그의 말은 현명했어요.
나에게는 한없는 짐이었는데, 그에겐 가벼운 것 같았지요.
그래서 그의 머리에 왕관을 씌워 주고,
내 슬픔을 훌훌 털어버렸던 거지요.

드루이드. 당신은 무얼 하고 싶소, 위풍당당하신 '붉은 가지
궁'의 왕 중 왕이시여?

퍼거스. 왕으로서 위세가 당당하다니! 그게 질색이오.
나는 언덕 위에 백성들을 모아놓고 잔치를 벌여 놓고,
숲 속을 거닐기도 하고, 파도가 중얼대는
바닷가 하얀 해안에서 전차를 몰아요.
그런데 아직도 내 머리 위에 왕관이 얹힌 걸 느낀다오.

드루이드. 무엇이 소원이오, 퍼거스 왕?

퍼거스. 더는 왕이 아니기를,
그리고 당신의 꿈꾸는 지혜를 배웠으면 하오.

Druid. Look on my thin grey hair and hollow cheeks
And on these hands that may not lift the sword,
This body trembling like a wind-blown reed.
No woman's loved me, no man sought my help.

Fergus. A king is but a foolish labourer
Who wastes his blood to be another's dream.

Druid. Take, if you must, this little bag of dreams;
Unloose the cord, and they will wrap you round.

Fergus. I see my life go drifting like a river
From change to change; I have been many things—
A green drop in the surge, a gleam of light
Upon a sword, a fir-tree on a hill,
An old slave grinding at a heavy quern,
A king sitting upon a chair of gold—
And all these things were wonderful and great;
But now I have grown nothing, knowing all.

드루이드. 성긴 흰머리와 푹 꺼진 두 볼을 보세요.
　그리고 칼도 들 수 없는 이 두 손을 보세요.
　이 몸뚱이는 바람에 나부끼는 갈대처럼 흔들린다오.
　날 사랑하는 여자 없었고, 내 도움 청하는 남자 없었소.

퍼거스. 왕이란 어리석은 일꾼일 따름이지요.
　자기 피를 허비하여 남의 꿈을 실현하는 사람.

드루이드. 꼭 그러시다면 이 자그마한 꿈 주머니를 받으시오.
　끈을 풀면 꿈이 당신을 감싸줄 거요.

퍼거스. 나는 내 삶이 강물처럼 이리저리 변하면서
　흘러가는 것을 보고 있소. 나는 여러 가지로 변해 왔군요—
　파도 속의 초록 물방울, 칼에 번득이는 한 줄기 빛,
　언덕 위의 한 그루 전나무,
　육중한 맷돌을 돌리는 늙은 노예,
　황금 옥좌에 앉아 있는 왕—
　그리고 이 모든 일들은 놀랍고 굉장했군요.
　그러나 지금은 모르는 게 없으니까 아무것도 아니군요.

• 33-36행은 퍼거스의 과거 삶의 몽타주.(Vendler 248)

Ah! Druid, Druid, how great webs of sorrow
Lay hidden in the small slate-coloured thing!

- 39-40행은 퍼거스가 자신의 다양한 과거의 정체들에 대한 비전 사이에서 분화되어 왕의 신분에 한정된 과거의 신분에서 느꼈던 것보다 더 큰 슬픔을 맛보았다는 것이다. (Vendler 248)

아! 드루이드, 드루이드여, 얼마나 큰 비애의 그물망이
그 자그마한 회색빛 주머니 속에 숨겨 있었는지요!

1892. 5. 21. 이전

- 40행의 회색빛 주머니는 29행의 꿈 주머니를 말한다.(*NC* 25)

Cuchulain's Fight with the Sea

A man came slowly from the setting sun,
To Emer, raddling raiment in her dun,
And said, 'I am that swineherd whom you bid
Go watch the road between the wood and tide,
But now I have no need to watch it more.'

Then Emer cast the web upon the floor,
And raising arms all raddled with the dye,
Parted her lips with a loud sudden cry.
That swineherd stared upon her face and said,
'No man alive, no man among the dead,
Has won the gold his cars of battle bring.'

'But if your master comes home triumphing

- 제목의 쿠흘린은 코너르Conchubar 상왕 휘하의 '붉은 가지 기사단'the Red Branch의 최고 영웅인 왕이다. 출생에 관한 전설은 다양하다. 일설에 의하면 다난Danaan족의 태양신(Lugh)을 아버지로 하는, 초자연적인 능력을 가진 반신반인이다. 코너르의 누이의 아들이라고도 하고, 니셔Naoise의 사촌이라고도 한다. 얼스터Ulster를 지키기 위해서 최후까지 용감하게 싸운 왕으로 무수한 무용담이 있다.
- 쿠흘린은 고결한 이상시대를 대표하는 국민적 영웅이다. 1916년 부활절 봉기의 영도자 패트릭 피어스Patrick Pearse가 숭배한 인물이기도 하다. 독립전쟁을 승리로 이끄는 영웅의 상징으로서, 아일랜드 정부가 더블린 중앙우체국에 그의 조각상을 세웠다.
- 그가 사랑한 여자들은 이퍼Aoife, 에버르Emer, 팬드Fand 등이 있다.

쿠흘린의 바다와의 싸움

한 사내가 해가 넘어가는 쪽에서 천천히 와서
요새에서 옷감을 붉게 물들이는 에버르에게 말했다.
'저는 숲과 바닷물 사이의 길을 지키라고
당신이 명령한 바로 그 돼지치기입니다.
하지만 지금은 제가 더는 지킬 필요가 없습니다.'

그러자 에버르는 마루에다 옷감을 집어던지고,
물감으로 온통 벌겋게 된 팔을 치켜들고,
입술을 벌리고 버럭 고함을 질렀다.
그 돼지치기는 그녀 얼굴을 노려보고 말했다.
'살아 있는 자나 죽은 자들 중에 아무도
그분의 전차가 싣고 오는 만큼의 금을 획득한 일이 없습니다.'

'그렇지만 네 주인 양반이 의기양양하게 돌아오신다면

- 이 작품은 쿠흘린이 자기 자식인 줄 모르고 아들과 결투하여 그를 죽이고 난 뒤, 그 사실을 알게 되자 바다의 파도와 싸우는 이야기이다.(Albright 432)
- 쿠흘린은 예이츠가 자신의 인격을 투영한 대상, 그의 마스크mask이다.
- 2행의 요새dun는 언덕 위에 축조된 소규모의 성으로 장수나 왕이 소유하였다. 쿠흘린의 것은 'Dun Dealgan'이다. / 에버르Emer는 '에머르'라고도 발음한다. 정절을 지킨 쿠흘린의 부인이다. 바느질과 길쌈에 능했고 쿠흘린보다 연상이었다. 쿠흘린의 애인 팬드와 싸운 일이 있지만, 끝까지 요새를 지킨 재색 겸비한 여성이다. 쿠흘린이 태양을 상징하는 반면 그녀는 여명을 상징한다고 하였다. 고문헌에 의하면 부인으로 선택받은 것은 강한 완력과 큼직한 방광 때문이라고 한다.

Why must you blench and shake from foot to crown?'

Thereon he shook the more and cast him down
Upon the web-heaped floor, and cried his word:
'With him is one sweet-throated like a bird.'

'You dare me to my face,' and thereupon
She smote with raddled fist, and where her son
Herded the cattle came with stumbling feet,
And cried with angry voice, 'It is not meet
To idle life away, a common herd.'

'I have long waited, mother, for that word:
But wherefore now?'
'There is a man to die;
You have the heaviest arm under the sky.'

'Whether under its daylight or its stars
My father stands amid his battle-cars.'

'But you have grown to be the taller man.'

• 16행의 새처럼 아름다운 목소리를 가진 분은 쿠훌린의 젊은 정부(Eithne Inguba).(*NC* 26)

왜 너는 발에서 머리까지 파랗게 질려 벌벌 떨고 있느냐?'

그 말이 떨어지자 그는 더욱 부들부들 떨면서
옷감이 쌓인 마루에 엎드리고서 말을 했다.
'새처럼 아름다운 목소리를 가진 분이 그분과 함께 있었습니다.'

'감히 네가 내 앞에서,' 하고 말하기가 무섭게 그녀는
붉게 물든 주먹으로 내리쳤다. 그러고는
비틀거리는 걸음으로 아들이 소를 치는 데로 찾아가서
성난 목소리로 말했다. '평범한 목동 신분으로 한가하게
시간을 보내는 것은 옳지 않아.'

'어머니, 저는 그 말을 들으려고 오래 기다려 왔어요.
하지만 왜 하필 지금 그러세요?'
'죽어야 할 사람이 있어.
너는 하늘 아래 가장 묵직한 팔을 가지고 있지.'

'한낮이건 별빛 아래서건
우리 아버지는 전투마차 사이에 버티고 계셔요.'

'그렇지만 넌 이제 성장하여 더 키 큰 사람이 되었어.'

- 19행의 아들은 68행의 진술자와 동일한 인물, 즉 쿠훌린의 아들이다. 그러나 보통 전설에는 쿠훌린과 이퍼Aoife 사이에 태어난 자식이라고 하였다.

'Yet somewhere under starlight or the sun
My father stands.'
'Aged, worn out with wars
On foot, on horseback or in battle-cars.'

'I only ask what way my journey lies,
For He who made you bitter made you wise.'

'The Red Branch camp in a great company
Between wood's rim and the horses of the sea.
Go there, and light a camp-fire at wood's rim;
But tell your name and lineage to him
Whose blade compels, and wait till they have found
Some feasting man that the same oath has bound.'

Among those feasting men Cuchulain dwelt,
And his young sweetheart close beside him knelt,
Stared on the mournful wonder of his eyes,
Even as Spring upon the ancient skies,
And pondered on the glory of his days;

- 32행의 그분은 아버지.(역자)
- 33행의 기병 같은 사나운 파도는 'horses of the sea'의 번역. 파도의 은유(Albright 433)를 풀어서 번역한 것이다.

'하지만 별빛 아래서건 태양 아래서건 어딘가에
아버지가 버티고 계셔요.'
'이젠 늙었어, 도보로 전쟁하고,
말 타고, 전차 타고 전쟁하느라 지쳤어.'

'저는 제 갈 길이 무엇인지 물어볼 따름입니다.
당신에게 고통을 주신 '그분'은 당신을 지혜롭게
해주었으니까요.'
'숲 언저리와 기병 같은 사나운 파도 사이에
'붉은 가지 기사단'이 엄청난 군사로 진을 치고 있어.
거기 가서 숲가에 모닥불을 놓아라.
그러나 칼로 덤비는 자가 나서면 그에게
네 이름과 족보를 대고, 연회 참가자 중
같은 서약을 하는 어떤 분을 찾아낼 때까지 기다려라.'

연회 참가자들 사이에는 쿠홀린이 앉아 있었다.
그리고 바로 옆에 그의 젊은 연인이 무릎 꿇고서
마치 '봄의 여신'이 옛 하늘을 바라보듯
슬픔에 젖은 듯한 경이로운 그의 눈을 지켜보고,
그의 일생의 영광에 대하여 조용히 생각에 잠겼다.

- 34행의 붉은 가지 기사단The Red Branch은 쿠홀린과 그의 부대를 말한다.(*NC* 26)
- 40행의 젊은 연인은 16행에 언급된 사람과 같은 사람이다. 다음 72행에도 등장한다.

And all around the harp-string told his praise,
And Conchubar, the Red Branch king of kings,
With his own fingers touched the brazen strings.

At last Cuchulain spake, 'Some man has made
His evening fire amid the leafy shade.
I have often heard him singing to and fro,
I have often heard the sweet sound of his bow.
Seek out what man he is.'
                One went and came.
'He bade me let all know he gives his name
At the sword-point, and waits till we have found
Some feasting man that the same oath has bound.'

Cuchulain cried, 'I am the only man
Of all this host so bound from childhood on.'

After short fighting in the leafy shade,
He spake to the young man, 'Is there no maid
Who loves you, no white arms to wrap you round,
Or do you long for the dim sleepy ground,

그리고 하프 주변의 사람들은 모두 그를 찬양했다.
'붉은 가지 기사단'의 왕 중 왕인 코너르는
자기 손가락으로 청동 하프의 현을 손수 퉁겼다.

마침내 쿠훌린은 입을 열었다. '어떤 놈이
잎이 무성한 그늘 속에 저녁 모닥불을 피웠군.
그놈이 왔다갔다 노래하는 게 자주 들리네.
그의 이름다운 활 소리가 자주 들리네.
그놈이 누군지 찾아보게.'
한 사람이 나갔다가 들어왔다.
'그자가 칼끝에다 이름을 건다고 알려 달라 하고,
연회장에 있는 사람 중 같은 서약을 하는 사람이
나설 때까지 기다리겠다고 했습니다.'

쿠훌린이 큰 소리로 말했다. '나는 이 많은 사람들 중에
어릴 때부터 그런 일에 발 벗고 나서는 유일한 사람이다.'

무성한 나뭇잎 속에서 잠깐 싸운 뒤,
그는 젊은이에게 말했다.
'좋아하는 사람 없나? 자네를 휘감아줄 흰 팔 말이네.
아니면 컴컴한, 잠들 땅이 그리운가?

- 45행의 왕 중 왕king of kings은 기독교에서는 예수를 가리키지만, 고대 아일랜드의 경우에는 왕king을 통괄하는 대왕 또는 상왕High King이다. 「퍼거스와 드루이드」의 주 참조.

That you have come and dared me to my face?'

'The dooms of men are in God's hidden place.'

'Your head a while seemed like a woman's head
That I loved once.'
Again the fighting sped,
But now the war-rage in Cuchulain woke,
And through that new blade's guard the old blade broke,
And pierced him.
'speak before your breath is done.'

'Cuchulain I, mighty Cuchulain's son.'

'I put you from your pain. I can no more.'

While day its burden on to evening bore,
With head bowed on his knees Cuchulain stayed;
Then Conchubar sent that sweet-throated maid,
And she, to win him, his grey hair caressed;
In vain her arms, in vain her soft white breast.
Then Conchubar, the subtlest of all men,
Ranking his Druids round him ten by ten,
Spake thus: 'Cuchulain will dwell there and brood
For three days more in dreadful quietude,

제 발로 찾아와서 감히 내 앞에 서다니.'

'인간의 운명은 보이지 않는 신의 처소에 있소.'

'얼핏 보니 자네 머리는 한때 내가 사랑했던
여인의 머리같이 보였어.'
다시 싸움의 속도가 더해졌다.
그러나 이제 쿠흘린의 전쟁 열기가 깨어났다.
그리고 헌 칼이 새 칼의 방어 속을 뚫고 들어가,
그를 찔렀다.
'숨이 끊어지기 전에 말을 해.'

'난 쿠흘린이오, 용맹한 쿠흘린의 아들 말이오.'

'고통에서 벗어나게 해주마. 다른 방도는 없어.'

낮이 무거운 짐을 저녁으로 넘겨 주는 동안
쿠흘린은 그의 무릎에다 머리를 얹고 그 자리에 머물러 있었다.
그때 코너르는 아름다운 목소리의 그 아가씨를 보냈다.
그녀는 그의 환심을 사려고 그의 흰머리를 애무했다.
그녀의 팔도 소용없었고, 부드러운 흰 젖가슴도 소용없었다.
그러자 모든 사람 중에 가장 영리한 코너르는
주위에다 드루이드 열 사람씩 줄을 지어 세우고는
이렇게 말했다. '쿠흘린은 거기서 사흘 더
무시무시한 정적 속에 깊은 생각에 잠길 거요.

And then arise, and raving slay us all.
Chaunt in his ear delusions magical,
That he may fight the horses of the sea.'
The Druids took them to their mystery,
And chaunted for three days.
                                        Cuchulain stirred,
Stared on the horses of the sea, and heard
The cars of battle and his own name cried;
And fought with the invulnerable tide.

November 1891 - April 1892

그러다가 털고 일어나, 미친 듯이 우릴 모두 베어 버릴 거요.
그의 귀에다 마술적인 환상의 노래를 불러 주어
바다의 파도들과 싸우도록 하시오.'
드루이드들은 신비의식으로 마술을 부리고
사흘 동안 노래했다.
쿠홀린이 꿈틀했다.
그는 바다의 기병들을 응시하고, 전차들의 소리와
그의 이름을 부르는 소리를 들었다.
그리하여 난공불락의 파도와 싸웠다.

1892. 6. 11. 이전, 그 후 여러 번 수정

- 84행의 바다의 기병들은 파도를 말한다.(역자)

The Fiddler of Dooney

When I play on my fiddle in Dooney,
Folk dance like a wave of the sea;
My cousin is priest in Kilvarnet,
My brother in Mocharabuiee.

I passed my brother and cousin:
They read in their books of prayer;
I read in my book of songs
I bought at the Sligo fair.

When we come at the end of time
To Peter sitting in state,
He will smile on the three old spirits,
But call me first through the gate;

For the good are always the merry,

- 제목 중의 두니Dooney는 슬라이고 주, 길 호수(Lough Gill)의 남쪽 기슭. 큰 암반Dooney Rock이 있다. 고지에 올라가면 길 호가 내려다보이고 길게 뻗어 있는 불벤 산이 멀리 보인다. 예이츠의 시대에는 주일 저녁에 장님 바이올린 연주자가 찾아와 연주하면 사람들은 시골의 민속춤을 즐겼다. 예이츠 만년에도 자주 꿈에 보였다고 한다.(Conner 49; Suzuki 60)
- 3행의 킬배르닛Kilvarnet은 슬라이고 주 콜루니Colooney 남서쪽에 있던 소도시. 옛 교회의 흔적이 있다.

두니의 바이올린 연주자

내가 두니에서 바이올린을 연주할 때,
사람들이 바다의 파도처럼 춤을 추지요.
내 사촌은 킬배르넛의 사제,
내 형님은 모크래뷔의 사제예요.

나는 내 형님과 사촌 사이를 지나쳤어요.
그들은 기도서를 낭독하고,
나는 슬라이고 장날에 구입한
악보 책을 보거든요.

주어진 시간의 종말에 이르러
우리가 위엄 있게 앉아 있는 베드로에게 가면,
그분은 반가운 망령 셋에게 미소 지을 거예요.
하지만 대문 안으로 날 먼저 부를 거예요.

왜냐하면 착한 사람들은 항상 명랑하니까,

- 4행의 모크래뷔는 예이츠의 요청에 따른 발음 표기이다. 그는 이 작품 말미에다 이 말의 발음을 'Mockrabwee'로 해줄 것을 명기해 놓았다. 원래의 발음은 '모크허래뷔'Mocharabuiee. 슬라이고 남서쪽의 촌락으로 '노란 들판'yellow plain이란 뜻이다. 외조부의 집이 가까이에 있어서 어린 시절에 자주 그들과 함께 머물렀다.(Conner 126)
- 10행의 베드로는 예수의 수제자. 예수에게서 천국 문의 열쇠를 받았다.

Save by an evil chance,
And the merry love the fiddle,
And the merry love to dance:

And when the folk there spy me,
They will all come up to me,
With 'Here is the fiddler of Dooney!'
And dance like a wave of the sea.

November 1892

어쩌다 운 나쁜 경우만 제외하게 되면.
그리고 명랑한 사람들은 바이올린을 좋아하고,
명랑한 사람들은 춤추길 좋아하니까.

그리고 거기 사람들이 날 알아보면,
그들은 모두 나한테 바짝 다가와,
'두니의 바이올린 연주자가 여기 오셨군!' 하고
바다의 파도처럼 춤출 거예요.

1892. 12. 발표

Who Goes with Fergus?

Who will go drive with Fergus now,
And pierce the deep wood's woven shade,
And dance upon the level shore?
Young man, lift up your russet brow,
And lift your tender eyelids, maid,
And brood on hopes and fear no more.

And no more turn aside and brood
Upon love's bitter mystery;
For Fergus rules the brazen cars,
And rules the shadows of the wood,
And the white breast of the dim sea
And all dishevelled wandering stars.

- 연극『캐슬린 백작부인』*Countess Cathleen*의 제2장에 나오는 서정시이다.(*NC* 34)
- 제목의 퍼거스Fergus는 '붉은 가지 궁'의 상왕에서 물러난 사람이다.「퍼거스와 드루이드」Fergus and the Druid 주 참조.

누가 퍼거스와 함께 가는가?

누가 지금 퍼거스와 말을 함께 타고 달려가,
깊은 숲 속, 얽힌 나뭇가지들을 뚫고 나가,
평평한 바닷가에서 춤을 추는가?
젊은이여, 너의 붉은 이마를 쳐들고,
아가씨여, 너의 부드러운 눈썹을 치켜세워,
희망을 가슴에 안고 이제 공포를 버려라.

그리고 더는 돌아서서
사랑의 비통한 신비를 곱씹지 마라.
퍼거스가 청동 마차들을 다스리고,
숲 속의 그늘진 곳과
희끄무레한 바다의 흰 가슴팍과,
온갖 헝클어진 떠돌이별들을 다스리니까.

1892 발표

- 9행의 청동 마차들을 다스리고는 퍼거스가 전투용 마차를 이용하여 숲 속의 안전을 유지함을 말한다.
- 10행의 숲 속은 세상의 잡다한 근심에서 벗어날 수 있는 곳이다.(*NC* 34)

To the Rose upon the Rood of Time

Red Rose, proud Rose, sad Rose of all my days!
Come near me, while I sing the ancient ways:
Cuchulain battling with the bitter tide;
The Druid, grey, wood-nurtured, quiet-eyed,
Who cast round Fergus dreams, and ruin untold;
And thine own sadness, whereof stars, grown old
In dancing silver-sandalled on the sea,
Sing in their high and lonely melody.
Come near, that no more blinded by man's fate,
I find under the boughs of love and hate,
In all poor foolish things that live a day,
Eternal beauty wandering on her way.

Come near, come near, come near—Ah, leave me still

- 제목은 영원한 장미가 시간의 십자가에 처형된 이미지.(Albright 428)
- 둘째 시집『장미』*The Rose*(1893)의 서시. 이 시집의 주된 주제들과 지배적인 분위기에 대한 서설이다.(Parkinson, *Early* 9)
- 1행은 고대 아일랜드의 슬픔과 장미 자체의 슬픔을 이야기하겠다는 시인의 뜻이 이루어지게끔 도움을 요청하는 말이다.(Parkinson, *Early* 9) / 붉은 장미는 영원한 미의 의인화이지만, 모드 곤Maud Gonne의 상징이기도 하다. 나아가서는 그녀를 통한 아일랜드의 상징으로 확장되어 겹쳐진다.(*NC* 23)
- 3행의 쿠훌린Cuchulain은「쿠훌린의 바다와의 싸움」Cuchulain's Fight with the Sea의 주 참조.

시간의 십자가에 매달린 장미에게

'붉은 장미', 의젓한 '장미', 내 일생의 슬픈 '장미'여!
내가 옛 가락을 노래할 동안에 가까이 와주오.
사나운 파도와 싸우는 쿠훌린 얘기와,
퍼거스에게 꿈과 엄청난 파멸을 안겨 주었던,
숲에서 길러진 조용한 시선의 머리 흰 '드루이드',
그리고 은빛 샌들을 신고 바다 위에서 춤추느라
늙어버린 하늘의 별들이 높고 고독한 가락으로
당신의 슬픔을 노래하는 동안에 말이에요.
가까이 와요, 내가 더는 인간의 운명 때문에 눈멀지 않고,
사랑과 증오의 나뭇가지 아래
하루살이에 불과한 온갖 어리석은 것들 속에서,
영원한 미가 자신의 길 위에 방황하는 걸 발견하도록.

가까이 와요, 가까이, 가까이 와요—아, 하지만 내게

- 4행의 퍼거스Fergus는「퍼거스와 드루이드」Fergus and the Druid의 주 참조.
- 6행의 은빛 샌들을 신고는 바닷물에 반사된 별들을 말한다.(Albright 429)
- 13-14행에서 어느 정도 거리를 두려는 것은 적절한 거리를 발견하기가 어렵다는 것을 말한다. 1연에서 셸리Shelley적인 비전의 지혜를 갈망하다가 2연에 가서는 디킨스Dickens적인 사실주의에 호감을 가지게 되는 것과 관련된다.(Albright 430) / 영원한 미를 가까이 하면서 동시에 현상계와의 접촉을 유지하겠다는 말. 즉, 자연계와 정신계 양자에 다 같이 충실하겠다는 이원적인 생각을 피력하고 있다.(Parkinson, *Early* 10)

A little space for the rose-breath to fill!
Lest I no more hear common things that crave;
The weak worm hiding down in its small cave,
The field-mouse running by me in the grass,
And heavy mortal hopes that toil and pass;
But seek alone to hear the strange things said
By God to the bright hearts of those long dead,
And learn to chaunt a tongue men do not know
Come near; I would, before my time to go,
Sing of old Eire and the ancient ways:
Red Rose, proud Rose, sad Rose of all my days.

- 18행의 인간의 무거운 희망heavy mortal hopes은 죽음을 말한다.(역자)

약간의 공간은 남겨 둬요, 장미 숨결이 채워지도록!
아옹다옹하는 세속의 소리가 내 귀에 더는 들리지 않게.
작은 굴속에 숨느라 땅속으로 기어드는 나약한 지렁이,
내 곁을 지나 풀 속으로 달려가는 들쥐, 그리고
바득바득 애쓰지만 지나쳐버리는 인간의 무거운 희망.
하지만 죽은 지 오래된 사람들의 밝은 가슴에다 하신
신의 신기한 말씀을 혼자 들어보도록 해봐요.
그리고 인간이 알지 못하는 언어를 노래하도록 해봐요.
가까이 와요. 나에게 주어진 시간이 다 가기 전에,
내가 옛 에이레 노래와 옛 삶의 방식을 노래하려 하나니,
'붉은 장미', 의젓한 '장미', 내 일생의 슬픈 '장미'여.

1892 발표

• 20행의 신은 'God'의 번역. 기독교적인 개념의 '하나님'과는 다르다.

The Hosting of the Sidhe

The host is riding from Knocknarea
And over the grave of Clooth-na-Bare;
Caoilte tossing his burning hair,
And Niamh calling *Away, come away*:
Empty your heart of its mortal dream.

- 제목의 요정들은 'sidhe'(쉬)의 번역이다.
- 쉬the Sidhe는 엄밀하게는 '요정이 사는 언덕'이라는 뜻이지만, 예이츠의 경우 요정족을 지칭하기도 한다. 이들은 '바람'의 요정들과 달리 선의의 요정들이다. 게일어로는 '바람'이라는 뜻도 있다. 따라서 시골 노인들은 나뭇잎이 길바닥에 굴러다니는 것을 보고 '쉬'가 돌아다닌다고 믿기도 한다.
- 쉬는 아일랜드 신화의 신들. 여신 다나Dana의 종족인 다난Danaan 족의 신화에 포함된 요정들이다. 전설에 의하면 다난 족은 나중에 들어온 밀레시우스Milesius 족에 밀려나 구릉지대의 숲 속이나 굴에 살면서, 여러 가지 모습으로 변신, 인간 세상에 출몰하여 신부를 납치하기도 하고, 받은 것을 배로 갚기도 하는데, 이런 일로 혼란을 일으키는 바람에 다난 족을 '쉬 족'이라고 지칭하게 되었다. 이 작품에서는 다난 족이 아닌 킬처(3행)와 니아브(4행)를 요정으로 다루고 있다.
- 바람은 아일랜드의 경우, 동부지역보다는 서부지역과 관련이 깊고, 바람의 세기 역시 지리적인 위치로 보아 서부지역과 관련된다. 아일랜드의 신화가 비교적 서북부지역에 집중되어 있는 것도 지리적인 특징과 관련이 있다. 그중에서도 예이츠의 마음의 고향인 슬라이고 주변 지역은 신화 보존에 가장 알맞은 지역이다.(역자)
- 바람은 막연한 욕망과 희망의 상징이다.(Unterecker 89)
- 바람이 부는 광경을 요정의 전설과 연관시켜 쓴 시이다.
- 현상계와 대비되는 상상의 세계를 그리고 있다.(Parkinson, *Early* 53)

무리 지어 달리는 요정들

요정들의 무리는 녹내리에서
클루너바르의 무덤 너머로 말을 달린다.
킬처는 불꽃처럼 머리를 펄럭이고,
니아브는 호통친다, *저리 가, 저리.*
네 마음에서 인간의 꿈을 비워라.

- 1행의 녹내리Knocknarea는 왕의 산King's Mountain이라고도 일컬어지는 산이다. 슬라이고 시 남서쪽 벌판 가운데에 있는 약 328미터 높이의 평퍼짐한 산으로 슬라이고 시가 내려다보인다. 평평한 산정에 깊은 호수가 있고 산꼭대기에는 직경 60미터, 높이 10미터가량의 거대한 돌무더기가 있는데, 메브Maeve 여왕의 돌무덤cairn이라고 전해진다. 이 산은 북쪽의 불벤 산Ben Bulben과 함께 슬라이고 만을 지키는 산으로 쌍벽을 이룬다.
- 2행의 무덤은 산 정상에 있는 돌무덤을 가리킨다. 청동기 시대의 것으로 메브 여왕의 석총. / 클루너바르Clooth-na-Bare는 요정 '쉬 족' 중의 하나로서 '바르Bare 산의 노파'라는 뜻이지만, 그 산을 말하기도 한다. 그 연유는 이 요정이 요정생활에 싫증나서, 자신의 요정생활을 빠뜨려버릴 수 있을 만한 깊은 호수를 찾으려고 이 산 저 산 헤매다가, 마침내 슬라이고 주의 한 구릉Bare(bird의 뜻)의 정상에서 작은 호수(Lough Ia)를 발견하고, 그것이 세상에서 가장 깊은 호수라고 여겼던 데서 기인한다.
- 3행의 킬처Caoilte는 피아나Fianna 왕국의 핀Finn 왕의 동료, 또는 조카, '피니언 기사단'Fenians의 출중한 전사이며 시인이다. 오쉰Oisin(핀 왕의 아들)과 절친한 친구 사이이다. 그는 3월에 부는 바람을 추월할 수 있는 준족의 소유자로서, 달릴 때는 붉은 머리가 뒤로 나부껴 불꽃이 되었다. 가우래Gabhra 전투에서는 다른 전사들은 다 죽고 오쉰과 단둘만 살아남았다. 화가 나서 다난 신들을 요새에서 추방하였다.
- 4행의 니아브Niamh는 바다 저쪽의 '청춘의 나라'the Country of the Young 왕의 딸이다. 다난 족에 속한 금발의 미녀, 또는 요정. 그녀의 이름은 '빛, 반짝임, 미'를 의미한다. 예이츠는 엥거스와 에이딘Edain(당초에는 요정 나라의 왕의 아내)의 딸로 취급하였다. 그녀는 오쉰을 사모해 고향인 바다 저쪽으로 유인, 말을 타고 바다를 건너 300년간 머물렀다. 그러나 여기서는 카오스의 여신a goddess of chaos으로 등장하였다.(Albright 453)

The winds awaken, the leaves whirl round,
Our cheeks are pale, our hair is unbound,
Our breasts are heaving, our eyes are agleam,
Our arms are waving, our lips are apart;
And if any gaze on our rushing band,
We come between him and the deed of his hand,
We come between him and the hope of his heart.
The host is rushing 'twixt night and day,
And where is there hope or deed as fair?
Caoilte tossing his burning hair,
And Niamh calling *Away, come away.*

바람 일고, 나뭇잎들 휘날린다.
뺨은 파래지고, 머리는 흐트러지고,
젖가슴은 부풀고, 눈엔 불이 켜지고,
팔은 흔들거리고, 입술은 벌어진다.
돌진하는 우리 무리 보는 자 있으면,
우리는 그놈과 그의 손짓 사이를 빠져나가고,
그놈과 그놈 가슴의 희망 사이를 빠져나간다.
무리들이 밤과 낮 사이에 돌진하고 있으니,
이만큼 멋진 희망이나 행위가 어디 있는가?
킬처는 불꽃처럼 머리를 펄럭이고,
니아브는 호통친다, 저리 가, 저리 가 하고.

1893. 8. 29.

The Host of the Air

O'Driscoll drove with a song
The wild duck and the drake
From the tall and the tufted reeds
Of the drear Hart Lake.

And he saw how the reeds grew dark
At the coming of night-tide,
And dreamed of the long dim hair
Of Bridget his bride.

He heard while he sang and dreamed
A piper piping away,
And never was piping so sad,
And never was piping so gay.

And he saw young men and young girls

- 제목의 바람의 요정들은 게일어로 '바람의 한 종족'sluagh Gaoith: the folk of the air을 의미한다. 이들은 악의의 요정들이다. 구름, 안개 속이나 바위 많은 곳에 거주하면서 인간을 증오하고 괴롭힌다. 반면에 '언덕에 사는 요정들'sluogh Sidhe: the host of the Sidhe은 선의의 요정들이다.
- 예이츠가 슬라이고 근린(Balesodare)의 한 노파에게 들은 게일어 민요와 그녀가 번역해서 설명해준 것을 바탕으로 한 작품이다.(*NC* 48)

바람의 요정들

오드리스콜이 노래를 부르면서
황량한 해르트 호수의
키가 큰 빽빽한 갈대밭에서
야생 오리 암수 한 쌍을 몰아내었다.

그리고 그는 밤의 물결이 밀려들면
갈대들이 얼마나 시커메지는지 눈으로 보고,
그의 신부 브리짓의
희미한 긴 머리를 상상했다.

노래하고 상상하는 동안
그는 피리 부는 사람의 피리 소리를 들었다.
피리 소리가 그렇게나 슬플 수가 없었고,
또 그렇게나 기쁠 수가 없었다.

그리고 그는 평평한 데서 춤추는

- 발표 당시의 제목은「도난당한 신부」The Stolen Bride이다.
- 1행의 오드리스콜O'Driscoll은 가공인물. 코크Cork 주에 많이 있는 성이다.
- 2행의 해르트 호수Hart Lake는 슬라이고 남서쪽의 옥스 산Ox Mountain에 있는 호수이다. (*NC* 48)
- 7행의 브리짓Bridget은 가공인물. 흔한 여자 이름이다.

Who danced on a level place,
And Bridget his bride among them,
With a sad and a gay face.

The dancers crowded about him
And many a sweet thing said,
And a young man brought him red wine
And a young girl white bread.

But Bridget drew him by the sleeve
Away from the merry bands,
To old men playing at cards
With a twinkling of ancient hands.

The bread and the wine had a doom,
For these were the host of the air;
He sat and played in a dream
Of her long dim hair.

He played with the merry old men
And thought not of evil chance,
Until one bore Bridget his bride

젊은 남녀들을 보았다. 그리고 그들 사이에
슬프고 기쁜 표정을 짓고 있는
그의 신부 브리짓도 보았다.

춤추는 자들이 몰려와 그를 둘러싸고
여러 좋은 이야기를 했다.
한 젊은이는 그에게 붉은 포도주를,
한 젊은 아가씨는 흰 빵을 갖다주었다.

그렇지만 브리짓은 그의 소매를 잡고
흥에 겨운 그 무리에서 데리고 나와
늙은 손으로 재빠르게 카드를 치는
노인들에게 갔다.

빵과 포도주는 액운을 가지고 있었다.
왜냐하면 이들은 바람의 요정들이니까.
그는 자리에 앉아 카드를 쳤다,
그녀의 긴, 희미한 머리를 꿈꾸면서.

그는 흥겨운 노인들과 카드를 치고
액운에 대해서는 생각하지 않았다.
한 놈이 그의 신부 브리짓을

• 19-20행의 포도주와 빵은 최후의 만찬을 연상시키는 이교도의 성찬을 의미한다. (Albright 456)

Away from the merry dance.

He bore her away in his arms,
The handsomest young man there,
And his neck and his breast and his arms
Were drowned in her long dim hair.

O'Driscoll scattered the cards
And out of his dream awoke:
Old men and young men and young girls
Were gone like a drifting smoke;

But he heard high up in the air
A piper piping away,
And never was piping so sad,
And never was piping so gay.

흥겨운 무대에서 빼내가기까지는.

그놈은 팔에 그녀를 안고 갔다.
거기서 가장 잘생긴 젊은 남자.
그리고 그의 목과 그의 가슴과 그의 팔은
그녀의 길고 희미한 머릿결에 파묻혔다.

오드리스콜은 카드를 흩어버리고
그의 꿈에서 깨어났다.
노인들과 젊은 사내들과 젊은 아가씨들은
떠도는 연기처럼 사라졌다.

그렇지만 그는 하늘 높은 곳에서
피리 소리가 나는 것을 들었다.
피리 소리가 그렇게나 슬플 수가 없었고,
또 그렇게나 기쁠 수가 없었다.

1893. 10. 1.

The Song of the Old Mother

I rise in the dawn, and I kneel and blow
Till the seed of the fire flicker and glow;
And then I must scrub and bake and sweep
Till stars are beginning to blink and peep;
And the young lie long and dream in their bed
Of the matching of ribbons for bosom and head,
And their day goes over in idleness,
And they sigh if the wind but lift a tress:
While I must work because I am old,
And the seed of the fire gets feeble and cold.

늙은 어미의 노래

나는 새벽에 일어나 무릎 꿇고 불을 지핀다.
불씨가 일다가 벌겋게 달아오를 때까지 훅훅 분다.
그러고는 문질러 닦고 빵을 굽고 집안을 청소한다,
별이 깜박이고 기웃기웃 들여다볼 때까지.
그런데 젊은 것들은 침대에 늘어져 누워
가슴과 머리에 어울리는 리본 생각이나 하고,
그들의 하루를 빈둥거리다 보내면서,
긴 머리 한 올이라도 바람이 건드리면 한숨 쉰다.
그러나 나는 늙었으니 일을 해야 하고,
불씨는 사그라지고 차가워진다.

1894. 4. 발표

- 2행의 불씨는 불기가 있는 토탄이나 재를 뜻하는 아일랜드 말이다.(*NC* 54) / 성냥이 없던 시절에, 아침 일찍 일어나 밥을 짓거나 저녁에 군불을 지필 때, 사용할 불씨를 부엌 아궁이에 잘 간수하는 것이 며느리나 주부로서의 중요한 일과 중 하나였다. 불씨를 꺼트려 이웃집에 빌린다는 것은 보통 일이 아니었다. 여자가 아침 일찍 남의 집에 찾아간다는 것은 상상할 수 없는 일이었기 때문이다. 따라서 담 너머로 몰래 이웃 아낙네에게 신호를 보낼 수밖에 없었다.(역자)

Red Hanrahan's Song about Ireland

The old brown thorn-trees break in two high over Cummen
    Strand,
Under a bitter black wind that blows from the left hand;
Our courage breaks like an old tree in a black wind and dies,
But we have hidden in our hearts the flame out of the eyes
Of Cathleen, the daughter of Houlihan.

The wind has bundled up the clouds high over Knocknarea,
And thrown the thunder on the stones for all that Maeve can say.
Angers that are like noisy clouds have set our hearts abeat;
But we have all bent low and low and kissed the quiet feet
Of Cathleen, the daughter of Houlihan.

- 제목의 붉은 머리 핸러핸Red Hanrahan은『붉은 머리 핸러핸의 이야기』*Stories of Red Hanrahan*(1897)의 주인공으로 예이츠가 창조한 인물이다.(*PR* 634) 예이츠는 자서전에서 붉은 머리 핸러핸이 역사적인 인물인 것처럼 전설화되기를 희망했다. 소설 속의 붉은 머리 핸러핸은 가톨릭 탄압시대Penal times(1695-1727)에 노천학교hedge school의 교사였다. 여자관계로 여러 학교로 전전하는 인물이다.
- 모드 곤Maud Gonne이 가장 좋아했다는 시이다.(Cullingford 71)
- 1행의 왼쪽은 아일랜드 전통에서는 운수 사나운 것을 의미한다.
- 2행의 산사나무들은 'thorn-trees'의 번역. '가시나무'는 가시가 있는 온갖 나무들의 의미가 될 것이다. 영시에서 'thorn'은 보통 'hawthorn'을 가리킨다.(역자) / 쿠민 해변Cummen Strand은 슬라이고의 북서쪽에 있다. 슬라이고 만으로 흘러드는 강어귀의 남쪽 해변이다.
- 4행의 훌러핸의 딸 코흘린Cathleen, the daughter of Houlihan은 아일랜드를 상징하는 여인이다. 아일랜드의 의인화이다.(*PR* 634)

아일랜드에 관한 붉은 머리 핸러핸의 노래

왼쪽에서 불어오는 지독하게 시커먼 바람 아래
늙은 갈색 산사나무들, 쿠민 해변 위로 치솟아 두 토막으로 부러진다.
우리들의 용기도 시커먼 바람 속의 늙은 나무처럼 꺾이고 죽는다.
하지만 우리는 훌러핸의 딸 코흘린의 두 눈에서 나온
그 불꽃을 우리 마음속에 감추어 놓았다.

바람은 녹내리의 하늘 높이 구름들을 뭉쳐 놓았고,
메브가 호소했음에도 돌무덤에다 벼락을 쳤다.
소란한 구름떼 같은 분노가 우리 마음을 두근거리게 했다.
하지만 우리는 납작 엎드릴 대로 엎드려
훌러핸의 딸 코흘린의 조용한 발에다 입맞춤했다.

- 6행의 녹내리Knocknarea는 왕의 산King's Mountain이라고도 불리는 산으로, 「무리 지어 달리는 요정들」The Hosting of the Sidhe의 주 참조.
- 7행의 메브Maeve는 고대 아일랜드의 전설적인 여왕. 그녀는 아일랜드의 상왕High King 중 한 사람의 딸로서, 아일랜드 서부지역Connacht의 여왕이 되었다. 전남편(Conchubar)과 이혼하고 재혼한 남편(Ailell)과 함께 통틀어 88년간 통치하였다. 슬하에 같은 이름(Maine)의 아들 아홉 형제를 두었다. 아일랜드 민담에는 쉬 요정 족의 여왕이기도 하다. 그녀의 무덤은 녹내리 산정에 있는 돌무덤이라고 전해진다.
- 8행의 두근거리게 했다는 'set ... abeat'의 번역. 'abeat'는 접두사 'a'와 'beat'가 결합된 말이다.(역자)

The yellow pool has overflowed high up on Clooth-na-Bare,
For the wet winds are blowing out of the clinging air;
Like heavy flooded waters our bodies and our blood;
But purer than a tall candle before the Holy Rood
Is Cathleen, the daughter of Houlihan.

누런 호수 물이 클루너바르 위로 높이 넘쳐흘렀다.
땅에 달라붙은 하늘에서 습기 찬 바람들이 불어왔기 때문이다.
우리 육신과 우리 피는 홍수의 무거운 물결 같다.
하지만 '거룩한 십자가 고상' 앞의 키 큰 촛불보다
더 순결한 것은 훌러핸의 딸 코츨린이다.

1894. 8. 4.

• 11행의 클루너바르Clooth-na-Bare는 「무리 지어 달리는 요정들」The Hosting of the Sidhe의 주 참조. / 클루너바르 위로라는 것은 '호수 위'를 말하는지 '산 위'를 말하는지 분명하지 않다.(Albright 488) / 여기서 클루너바르는 산을 지칭할 것이다.(*PR* 634)

The Everlasting Voices

O sweet everlasting Voices, be still;
Go to the guards of the heavenly fold
And bid them wander obeying your will,
Flame under flame, till Time be no more;
Have you not heard that our hearts are old,
That you call in birds, in wind on the hill,
In shaken boughs, in tide on the shore?
O sweet everlasting Voices, be still.

- 천사들은 천상의 문제만 다루고 지상의 문제는 입에 올리지 말라는 내용이다. 그러나 영원한 목소리들은 이 말에 아랑곳하지 않는 것 같다.(Albright 454)

영원한 목소리들

오 아름다운 영원한 '목소리들'이여, 잠자코 계셔요.
천국의 울타리를 지키는 파수꾼들에게 가서,
당신 뜻에 복종하면서 횃불을 잔뜩 밝혀 놓고
'시간'이 없어질 때까지 배회하라고만 그래요.
당신네들은 우리 마음이 늙었다는 말을 들어본 일 없어요?
새들과, 산 위의 바람, 흔들리는 나뭇가지, 해안의 조수,
그 속에서 당신들이 부르짖는다는 말 들어본 일 없어요?
오 아름다운 영원한 '목소리들'이여, 잠자코 계셔요.

1895. 8. 29.

- 1행과 8행은 후렴. 따라서 그 목소리가 되풀이되고 있다.(Vendler 105)

The Valley of the Black Pig

The dews drop slowly and dreams gather: unknown spears
Suddenly hurtle before my dream-awakened eyes,
And then the clash of fallen horsemen and the cries
Of unknown perishing armies beat about my ears.
We who still labour by the cromlech on the shore,
The grey cairn on the hill, when day sinks drowned in dew,
Being weary of the world's empires, bow down to you,
Master of the still stars and of the flaming door.

- 제목은 아일랜드 농민들이 여러 세대에 걸쳐 상상해온 큰 전쟁이 벌어질 계곡을 말한다.(*NC* 59)
- 제목의 검은 돼지는 다른 작품에 등장하는 털 없는 수퇘지와 동일하다.
- 골짜기는 신비스러운 골짜기. 아일랜드 농부들은 이 골짜기에서 큰 전투가 벌어지지만, 결국에는 적을 무찌른다는 환상을 가지고, 불행한 처지에서도 자신들을 위로해 왔다고 한다.(*NC* 59)

검은 돼지 골짜기

이슬방울이 서서히 떨어지고 꿈들이 모여든다.
갑자기 정체불명의 창들이 휙 날아간다, 꿈에서 깨어난 눈앞에.
그러자 말에서 떨어진 기병들의 쿵 하는 소리와
이름 모를 죽어가는 병사들의 울부짖음이 귓전을 때린다.
해안의 고인돌과 산 위의 회색 돌무덤 가에서
여전히 낑낑대는 우리는 한낮이 이슬에 젖어 잠길 때,
이 세상의 제국들에 진저리나서,
고요한 별들과 불타는 문을 다스리는 당신에게 허리 숙인다.

1896. 4. 발표

- 묵시론적인 시. 상징적인 전망을 펼쳐 보이는 작품이다.(Whitaker 42, 57)
- 신비주의적인 위안을 추구하는 시이다.(Bloom 129)
- 5행의 고인돌은 'cromlech'의 번역. 고대 무덤이라는 뜻이다.(O'Neill 109) / 회색 돌무덤은 메브Maeve 여왕의 무덤으로 알려진 녹내리Knocknarea의 석총cairn일 것이다.(*NC* 61)
  돌을 쌓아둔 것을 말하지만, 흔히 신석기시대의 무덤을 지칭한다.(Albright 465)

The Unappeasable Host

The Danaan children laugh, in cradles of wrought gold,
And clap their hands together, and half close their eyes,
For they will ride the North when the ger-eagle flies,
With heavy whitening wings, and a heart fallen cold:
I kiss my wailing child and press it to my breast,
And hear the narrow graves calling my child and me.
Desolate winds that cry over the wandering sea;
Desolate winds that hover in the flaming West;
Desolate winds that beat the doors of Heaven, and beat
The doors of Hell and blow there many a whimpering ghost;
O heart the winds have shaken, the unappeasable host
Is comelier than candles at Mother Mary's feet.

- 1행의 다난 족 아이들은 고대 아일랜드 신들의 어머니인 다나Dana 여신의 자손들. 이들은 요정들로 상상된다.(*NC* 51)
- 3행의 독수리의 원문은 'ger-eagle'. 이는 흠정성서에서 'gier-eagle'로 사용된 'geier-eagle'을 말한다. 일종의 독수리vulture. 구약성서『레위기』11장 13-19절에 언급된 혐오스러운 조류 중의 하나이다. 'ger-eagle'은 18절의 끝에 나온다. 또『신명기』14장 17절에도 나온다.(*NC* 51) 한국 성서에는 '물수리' 또는 '흰 독수리'로도 번역하였다.
- 4행의 북풍은 'the North'의 번역. 바람의 뜻으로 쓰인 것이다.(*NC* 51)

분방한 요정의 무리

다난 족 아이들은 황금으로 도금한 요람 속에서 웃는다.
그리고 함께 손뼉을 치고 눈을 지그시 반쯤 감는다.
왜냐하면 독수리가 희끗해진 무거운 날개와
차가워진 심장을 가지고 날아갈 때, 그들은 북풍을 타고 갈
　테니까.
나는 우는 아이에게 입맞추고 품에 꼭 껴안는다.
그리고 좁은 무덤들이 내 아이와 나를 부르는 소릴 듣는다.
떠도는 바닷물 위에 울부짖는 황량한 바람들.
석양에 불타는 서쪽 하늘에 떠있는 황량한 바람들.
천국의 문들을 두들기고, 지옥의 문들을 두들겨,
흐느끼는 많은 혼령을 거기로 실어 보내는 황량한 바람들.
오 바람에 흔들리는 심장이여,
분방한 요정의 무리가 마리아 발치의 촛불보다 매력이 있네.

1896. 11. 발표

- 7-11행의 바람은 요정 쉬Sidhe와 연관될 뿐만 아니라 막연한 이상주의와 실현 불가능한 희망을 상징한다.(Albright 457)
- 8행의 석양에 불타는 서쪽 하늘은 'the flaming West'의 번역. 예이츠는 해가 지는 서쪽을 사라져서 꿈이 되는 사물과 연결시켰다.(*NC* 51)
- 12행의 마리아는 성모 마리아. 화자는 경건한 가톨릭 신자 같으나 기독교는 이교의 신들과 비교하여 허약하다고 느끼고 있다.(Albright 457)

The Blessed

Cumhal called out, bending his head,
Till Dathi came and stood,
With a blink in his eyes, at the cave-mouth,
Between the wind and the wood.

And Cumhal said, bending his knees,
'I have come by the windy way
To gather the half of your blessedness
And learn to pray when you pray.

'I can bring you salmon out of the streams
And heron out of the skies.'
But Dathi folded his hands and smiled
With the secrets of God in his eyes.

And Cumhal saw like a drifting smoke

- 제목의 복자들the Blessed은 가톨릭교회에서 선정한 성인Saint 다음으로 공경받는 사람들을 지칭한다.
- 행동적인 인간과 성스러운 인간 사이의 대화이다.(Albright 467)
- 1행의 쿠얼Cumhal은 거인. 피니언 기사단원 영주 중의 한 사람으로서 핀Finn의 아버지이며 오쉰Oisin의 조부이다. 게일어로 하늘이라는 뜻. 다리를 이쪽저쪽 산에 걸쳐놓고 계곡의 물을 마셨다고 한다. 그는 왕의 신분이었다.(Albright 468)

복자福者들

쿠얼이 머리를 굽히고 큰 소리로 불러 대자
다키가 눈을 한 번 껌벅이며,
바람과 숲 사이,
동굴 입구에 나와 섰다.

그러자 쿠얼이 무릎을 굽히며 말했다.
'나는 당신의 축복의 절반을 얻고,
당신이 기도할 때 기도하는 법을 배우러
바람 길을 따라 찾아왔소.

나는 당신에게 냇물에서 연어를, 그리고
하늘에서 왜가리를 잡아가지고 올 수 있소.'
그러나 다키는 두 손을 깍지 끼고
하느님의 비밀을 눈에 담아 빙긋 웃었다.

그리고 쿠얼은 떠다니는 연기 같은

• 2행의 다키Dathi는 5세기경의 드루이드 시대(이교도시대) 말기의 왕. 기독교를 받아들여 해외원정을 나섰다가, 428년 고대 로마의 영토였던 골Gaul을 기습했을 때 알프스산맥 자락에서 낙뢰로 사망했다. 병사들이 아일랜드로 운구하여 매장했다. 이 작품에 등장하는 다키는 그의 망령인 복자 다키Dathi the Blessed이다. / 다키는 은자이다.(Vendler 113)

All manner of blessed souls,
Women and children, young men with books,
And old men with croziers and stoles.

'Praise God and God's Mother,' Dathi said,
'For God and God's Mother have sent
The blessedest souls that walk in the world
To fill your heart with content.'

'And which is the blessedest,' Cumhal said,
'Where all are comely and good?
Is it these that with golden thuribles
Are singing about the wood?'

'My eyes are blinking,' Dathi said,
'With the secrets of God half blind,
But I can see where the wind goes
And follow the way of the wind;

'And blessedness goes where the wind goes,
And when it is gone we are dead;
I see the blessedest soul in the world

- 16행의 홀장은 주교가 공식적인 행사에 가지고 나오는 긴 지팡이. 스톨라는 성직자의 긴 제의.

축복받은 영혼들의 온갖 모습을 보았다,
여인들과 아이들, 책을 든 젊은이들,
그리고 홀장에다 스톨라를 입은 늙은이들을.

'하느님과 성모님을 찬미하세요.' 다키가 말했다.
'하느님과 성모님은 당신 마음을 만족으로 채우려고
이 세상에 걸어다니는
가상 축복받은 영혼들을 보냈으니까요.'

'그렇다면 모두가 어여쁘고 착한 이런 곳에서
누가 가장 축복받은 사람인지요?
황금 향로를 가지고 나무에 대해 노래하는
이 사람들인가요?' 하고 쿠얼이 물었다.

'나는 절반밖에 보이지 않아 하느님의 비밀들을
똑똑히 보지 못합니다.' 하고 다키가 말했다.
'그렇지만 나는 바람의 행방을 볼 수 있고
바람의 길을 따라갑니다.

그리고 축복은 바람의 행방을 따라가고,
그리고 그것이 사라지면 우리는 죽습니다.
세상에서 가장 축복받은 자들이 내 눈에 보입니다.

- 23행의 나무는 십자가.(역자)
- 27행의 바람은 성령.(역자)

And he nods a drunken head.

'O blessedness comes in the night and the day
And whither the wise heart knows;
And one has seen in the redness of wine
The Incorruptible Rose,

'That drowsily drops faint leaves on him
And the sweetness of desire,
While time and the world are ebbing away
In twilights of dew and of fire.'

- 32행은 술도 축복으로 가는 멋진 길임을 말하고 있다. 즉 이교도적인 희열과 성스러운 지혜가 일치된다는 것이다.(Albright 468)

그런데 그는 술 취한 머리를 끄덕이는군요.

오 축복은 밤에도, 낮에도 옵니다.
그리고 현명한 마음은 어느 쪽인지 압니다.
그리고 인간은 포도주 붉은 빛깔 속에서
'썩지 않는 장미'를 보아 왔는데,

그것이 연한 꽃잎들을 그와
아름다운 욕망에다 사르르 떨어뜨리네요,
이슬과 불의 박명薄明 속에서
시간과 세상이 퇴조하는 동안에.'

1897. 4. 발표

• 36행의 썩지 않는 장미는 예이츠가 최고의 정신적인 이상의 상징으로 보는 것이다.(*NC* 65)

The Song of Wandering Aengus

I went out to the hazel wood,
Because a fire was in my head,
And cut and peeled a hazel wand,
And hooked a berry to a thread;
And when white moths were on the wing,
And moth-like stars were flickering out,
I dropped the berry in a stream
And caught a little silver trout.

When I had laid it on the floor
I went to blow the fire aflame,
But something rustled on the floor,
And some one called me by my name:
It had become a glimmering girl

- 제목의 엥거스Aengus는 음기, 사랑, 휴식의 켈트 신이다.(Albright 458) 다난 족의 대왕 다그다Dagda의 세 아들 중 하나로, 어머니는 보인 강the Boyne의 여신 보앤드Boand이다. '청춘의 나라'the Country of the Young를 다스리는 젊음과 미와 시의 신이자 사랑의 주관자이다. 요정 나라 왕의 후처인 에이딘Edain이 전처의 질투로 마술에 걸려 파리가 되어 추방된 것을 구출해주고, 그들의 사랑의 결실로 니아브Niamh가 탄생하였다. 그러나 이 시에서는 엥거스를 인간으로 다루고 있다. / 엥거스는 예이츠가 연인들의 신으로 삼은 사람이다.(Bloom 126) 그는 아일랜드의 아폴로, 시의 신, 여신의 상대가 되는 선택된 사람이다.(Vendler 105)

유랑하는 엥거스의 노래

머릿속에 불길이 일어,
나는 개암나무 숲으로 나갔다.
가지를 꺾어 껍질을 벗기고,
실에다 딸기 하나 꿰었다.
흰 나방들이 날고,
나방 같은 별들이 반짝이고 나올 때,
나는 냇물에 딸기를 드리워,
작은 은빛 송어 한 마리 낚았다.

내가 마루에다 그걸 놔두고
불을 지피러 갔다.
하지만 무언가 부스럭거리더니,
누군가가 내 이름을 불렀다.
그게 반들거리는 아가씨가 되어

- 초기의 4보격 시 중에서 가장 아름다운 시이다.(Vendler 210)
- 물고기가 여인으로 변신하여 사라지는 이야기이다.(Albright 458)
- 사랑의 시이면서 민족적인 우화의 시이다.(Cullingford 60)
- 2행의 개암나무는 아일랜드의 '생명의 나무', 혹은 '지식의 나무', '천국의 나무'이기도 하다.(*NC* 53) 고대 아일랜드에서는 사과나무와 함께 거룩한 나무로 알려졌다.
- 3행의 가지는 원문의 개암나무 지팡이hazel wand의 의역. 이것을 가진 자는 '사랑의 스승'Master of Love이 되었다. 개암나무 가지는 변화의 힘을 지닌 마술적인 도구이다.(Albright 458)
- 13행의 반들거리는 아가씨는 예이츠에게는 사과꽃과 연결되는 모드 곤의 이미지이다.(*NC* 53)

With apple blossom in her hair
Who called me by my name and ran
And faded through the brightening air.

Though I am old with wandering
Through hollow lands and hilly lands,
I will find out where she has gone,
And kiss her lips and take her hands;
And walk among long dappled grass,
And pluck till time and times are done
The silver apples of the moon,
The golden apples of the sun.

- 14행의 사과꽃은 모드 곤을 연상시키는 말이다.(Albright 458)
- 예이츠의 연인 모드 곤과 아일랜드의 이미지가 겹쳐져서 언급되었다.(Cullingford 59)

머리에다 사과꽃을 꽂고
내 이름을 부르며 달려가
환한 대기 속으로 사라졌다.

빈 들판과 언덕배기를
떠돌아다니느라 늙었지만,
나는 그녀가 어디 갔는지 찾아내어,
입술에 입맞춤하고 손을 잡아,
얼룩덜룩한 키 큰 풀 사이를 거닐며,
시간과 세월이 다할 때까지,
달의 은빛 사과를,
해의 금빛 사과를 따야겠다.

1897. 8. 4. 발표

- 22행의 시간의 종말은 계시.(O'Neill 107)
- 23-24행의 달과 해의 병치는 음과 양의 원리를 말한다.(역자)

He Thinks of His Past Greatness When a Part of the Constellations of Heaven

I have drunk ale from the Country of the Young
And weep because I know all things now:
I have been a hazel-tree, and they hung
The Pilot Star and the Crooked Plough
Among my leaves in times out of mind:
I became a rush that horses tread:
I became a man, a hater of the wind,
Knowing one, out of all things, alone, that his head
May not lie on the breast nor his lips on the hair
Of the woman that he loves, until he dies.
O beast of the wilderness, bird of the air,
Must I endure your amorous cries?

- 1행의 나는 제목의 'He'.(역자) / 청춘의 나라는 켈트의 시에 나오는 것으로 신들의 나라, 행복하게 죽은 자들의 나라를 말한다.(*NC* 71)
- 2행의 모든 걸 알고 나니는 주인공인 내(제목의 '그')가 과거를 기억하는 마법사임을 말한다.(Albright 475)

별자리의 일부였던 자신의 과거의 위대함을 생각함

나는 '청춘의 나라'에서 가지고 온 술을 마셨다.
이제 모든 걸 알고 나니 눈물이 난다.
나는 개암나무였고, 그들은 알 수 없는 아득한 시절에
'항해 안내 별'과 '굽은 쟁기별들'을
내 잎사귀 사이에다 걸어놓았다.
나는 말이 짓밟는 골풀이 되었다.
죽을 때까지 모든 것 중에서 나 홀로,
사랑하는 여인의 가슴에 머리를 대거나
머리에다 입술을 대지 못할지 모르는 한 사람을 알고 나서,
나는 한 남자, 바람을 증오하는 한 사람이 되었다.
오 황야의 짐승이여, 공중의 새여,
너희의 애정 어린 울음소리를 참아 내야 하는가?

1898. 10. 발표

- 3행의 개암나무는 아일랜드의 '생명의 나무', '지식의 나무'이며, '천국의 나무'.(*NC* 53)
- 4행의 항해 안내 별과 굽은 쟁기별들은 북극성과 북두칠성의 게일어 명칭(*NC* 71)의 번역이다.

The Withering of the Boughs

I cried when the moon was murmuring to the birds:
'Let peewit call and curlew cry where they will,
I long for your merry and tender and pitiful words,
For the roads are unending, and there is no place to my mind.'
The honey-pale moon lay low on the sleepy hill,
And I fell asleep upon lonely Echtge of streams.
No boughs have withered because of the wintry wind;
The boughs have withered because I have told them my dreams.

I know of the leafy paths that the witches take
Who come with their crowns of pearl and their spindles of wool,
And their secret smile, out of the depths of the lake;
I know where a dim moon drifts, where the Danaan kind

- 이 시의 처음 제목은 'Echtge of Streams'이다.(*NC* 81)
- 우울한 심정을 노래한 시이다. 당시의 다른 작품에서처럼 이를 특정한 사람과의 관계에서 비롯된 것으로 노래하지 않고 자신에게 모든 책임이 있음을 말하고 있다.(Rosenthal 33)
- 요정의 나라는 이 세상과는 정반대. 그곳은 꿈과 전설의 고장이기 때문에 우리의 꿈을 풍요롭고 정교하고 아름답게 만들지만, 그 대신 이 세상에서는 그 반대의 현상이 벌어지게 된다.(Albright 486)
- 현실세계와 요정(즉 꿈) 세계의 상반된 현상은『켈트적 박명』*The Celtic Twilight*(1893) 중의 「왕비와 바보」The Queen and the Fool에 서술되어 있다.(*Mythologies* 116)

나뭇가지들의 시듦

나는 큰 소리로 말했다, 달이 새들에게 중얼거리고 있을 때.
'푸른 도요가 불러 대고 마도요가 울게 하라, 어디서든 내키는 대로.
나는 그립다, 명랑하고 유순하고 정이 많은 너희 언어가.
길은 끝 간 데 없고, 마음에 차는 곳은 어디에도 없으니까.'
졸고 있는 언덕 위 나직이 꿀 빛 창백한 달이 얹혀 있었고,
나는 잠이 들었네, 시냇물들 흘러내리는 적적한 에흐트겨 산골에서.
나뭇가지들이 시들어버린 것은 겨울바람 탓이 아니야,
내가 꿈 얘기 해주었기 때문에 시들어버린 것이지.

나는 알고 있다, 마녀들이 호수의 심연에서 나와서는
진주 왕관에다 실타래 거머쥐고
은밀한 미소 띠우고 거니는 나뭇잎 우거진 길을,
나는 알고 있다, 흐릿한 달이 어디에 떠다니는가를,

- 4행의 마음에 차는 곳은 어디에도 없으니까라는 말은 이승에 없는 것은 요정의 세계가 주므로 그곳을 그리워한다는 것이다.(Albright 486)
- 6행의 에흐트겨Echtge는 골웨이Galway 주와 클레어Clare 주 사이의 산맥. 이 지명은 다난 족의 여신 에흐트겨가 결혼 지참품으로 차지한 데서 유래한다.(*NC* 77)
- 7-8행의 후렴은 자신의 내면의 감정을 감추지 못하고 거기에 굴복한 데 대한 자책감을 표현한 것이다.(Rosenthal 33)

Wind and unwind their dances when the light grows cool
On the island lawns, their feet where the pale foam gleams.
No boughs have withered because of the wintry wind;
The boughs have withered because I have told them my dreams.

I know of the sleepy country, where swans fly round
Coupled with golden chains, and sing as they fly.
A king and a queen are wandering there, and the sound
Has made them so happy and hopeless, so deaf and so blind
With wisdom, they wander till all the years have gone by;
I know, and the curlew and peewit on Echtge of streams.
No boughs have withered because of the wintry wind;
The boughs have withered because I have told them my dreams.

- 14행의 원무는 'wind and unwind their dances'의 번역. *PR*에는 'their dances'를 'dancing'으로 고쳐놓았다.(*PR* 79)
- 17행의 고장은 'country'의 번역이다.
- 17-18행의 백조들이 날아가는 모습은 19행에 나오는 왕과 왕비가 죽어서 한 쌍의 백조가 된 것을 암시한다.(*NC* 77)
- 19행의 왕과 왕비는 볼려Baile와 올린Aillinn. 아일랜드 신화에서 가장 불행했던 연인들. '붉은 가지 기사단'의 이름 있는 용사 중의 한 사람인 볼려가 렌스터Leinster 지방 왕의 딸인 올린을 만나러 약속 장소인 해변에 가까이 갔을 때, '어떤 분'이 그 여자가 죽었다고 전하는 바람에 볼려는 상심해서 죽었다. 이 소식을 들은 올린도 뒤따라 죽었다. '어떤 분'이란 바로 엥거스Aengus. 그는 사랑의 주관자Master of Love로서, 죽은 자들의 나라인 자신의 땅에 와서 행복하게 살도록 하기 위해 그들을 죽게 한 것이다. 그들이 죽었을 때, 그들은 황금 고리로 연결된 백조의 모습으로 변신하였다.(*NC* 77)

섬 풀밭에 달빛이 차가워질 때, 다난 족이 어디서 어울려,
창백한 빛을 내는 거품을 발에 묻히고 원무를 추는가를.
나뭇가지들이 시들어버린 것은 겨울바람 탓이 아니야,
내가 꿈 얘기 해주었기 때문에 시들어버린 것이지.

나는 졸고 있는 듯한 고장을 알고 있다. 거기에는 백조들이
원을 그리다 짝을 이루고, 황금 고리들을 지어 날아가며 노래한다.
거기에는 왕과 왕비가 유랑하고, 그 소리는 그들을 무척 행복하게도
절망하게도 만들었고, 지혜로 아주 귀먹게도 눈멀게도 만들어,
모든 세월이 가버릴 때까지 그들은 끝없이 유랑한다.
나는 알고 있다, 에흐트겨 시냇물 위의 마도요와 푸른 도요도.
나뭇가지들이 시들어버린 것은 겨울바람 탓이 아니야,
내가 꿈 얘기 해주었기 때문에 시들어버린 것이지.

1900 발표

- 19-20행의 행복과 절망은 저승(요정의 나라)과 이승의 대조이다.(역자)
- 20행의 지혜로 아주 귀먹게도 눈멀게도 만든다는 것은 지혜를 터득해 이승에 대한 미련을 버린다는 것을 의미한다. 이는 이 시의 후렴과도 연관된다. 즉, 나뭇잎은 현세적인 것이다. 그것이 시들어 떨어진다는 것은 지혜로워진다는 것(저세상)을 암시한다.(역자)
- 21행의 끝없이 유랑한다는 것은 영원한 행복을 뜻한다.(역자)

Under the Moon

I have no happiness in dreaming of Brycelinde,
Nor Avalon the grass-green hollow, nor Joyous Isle,
Where one found Lancelot crazed and hid him for a while;
Nor Uladh, when Naoise had thrown a sail upon the wind;
Nor lands that seem too dim to be burdens on the heart:
Land-under-Wave, where out of the moon's light and the sun's
Seven old sisters wind the threads of the long-lived ones,
Land-of-the-Tower, where Aengus has thrown the gates apart,
And Wood-of-Wonders, where one kills an ox at dawn,

- 고대의 전설 및 초인적인 미모와 강렬한 정서에 대한 꿈을 현실도피적인 것으로 사용했던 데서 벗어나, 현실의 고통의 표현으로 활용한 작품이다.(Albright 489)
- 1행의 브로셀리앙드 숲Brycelinde은 프랑스 북서부의 브르타뉴Bretagne 지방에 있는 컴컴한 숲. 아서 왕King Arthur의 마술사 멀린Merlin이 살던 곳이다. 늘그막에 애인 비비안Vivien의 마법에 걸려 영원한 혼미 상태에 빠졌다.(*NC* 81) 이 숲의 한쪽에 그의 무덤이 있고 나무 십자가가 세워져 있다.
- 2행의 아발론Avalon은 신비스러운 섬. 아서 왕의 누나가 다스린 섬이다. 격전에서 치명상을 입은 아서 왕이 마법의 배에 실려 여기에 묻혔다. 덕을 쌓은 사람들만이 사후에 갈 수 있는 축복받은 섬이다. 서방의 낙원.(*NC* 81)
- 3행의 란슬럿Lancelot은 아서 왕의 원탁기사 중의 한 사람. 가웨인Gawain과 함께 가장 용맹했던 기사이다. 호수 요정의 손에 양육되어 호수의 기사라고도 알려져 있다. 아서 왕의 사후 왕비와의 염문도 있었다. / 즐거운 섬Joyous Isle은 극락의 섬. 란슬럿의 연인 일레인Elayne이 아서 왕의 왕비의 질투를 받아 궁전에서 추방되자, 란슬럿은 비탄에 빠진 나머지 미치게 되었다. 몇 년 뒤 회복된 그가 일레인과 함께 이 섬에 와서 행복하게 살게 되었다.

달빛 아래에서

나는 브로셀리앙드 숲을 꿈꾸는 데서 행복감을 얻지 못한다.
또한 풀이 연중 내내 새파란, 우묵한 땅 아발론 섬도,
누군가 란슬럿이 미친 걸 보고 잠시 숨겨 주었던 '즐거운
  섬'도 마찬가지.
또한 니셔가 바람에 돛을 활짝 펴고 떠났던 때의 얼러도
  마찬가지다.
또한 너무 희미해서 심적 부담이 되지 않는 고장들도
  마찬가지.
이를테면 일곱 늙은 누이들이 햇빛과 달빛으로부터 벗어나
오래 사는 사람들의 실을 감는 '파도 밑의 나라'라든가,
엥거스가 대문들을 활짝 열어 놓은 '탑의 나라'라든가,
새벽에 도끼로 죽인 황소가 밤이 되자

- 4행의 니셔Naoise는 우슈내Usna의 아들. 코너르Conchubar 왕이 아내로 삼으려는 미녀인 데어드라Deirdre와 스코틀랜드에 장기간 도피, 나중에 퍼거스Fergus의 중재에 의해 귀국했으나 코너르 왕의 흉계에 의해 암살되었다.(*NC* 81) 데어드라는 이내 상심하여 죽었다.
- 4행의 얼러Uladh는 아일랜드의 북부. 현재의 북아일랜드에 해당하는 얼스터Ulster의 옛 이름.
- 6행의 일곱 늙은 누이들은 눈에 보이는 혹성이거나 큰곰자리 별Ursa Major을 가리킬 것이다.(Albright 489)
- 7행의 '파도 밑의 나라'Land-Under-Wave는 켈트 신화의 해저 낙원.(*NC* 81; Albright 489)
- 8행의 '탑의 나라'Land-of-the-Tower는 미상. 엥거스가 에이딘Edain을 데리고 있었던 '청춘의 나라'The Country of the Young의 유리탑을 가리키는 듯하다.(Albright 489) / '탑의 나라'는 도니골Donegal 주의 먼 바다에 위치한 암반의 섬Tory Island.(*NC* 81)

To find it when night falls laid on a golden bier.
Therein are many queens like Branwen and Guinevere;
And Niamh and Laban and Fand, who could change to an
otter or fawn,
And the wood-woman, whose lover was changed to a blue-eyed
hawk;
And whether I go in my dreams by woodland, or dun, or shore,
Or on the unpeopled waves with kings to pull at the oar,
I hear the harp-string praise them, or hear their mournful talk.

Because of something told under the famished horn
Of the hunter's moon, that hung between the night and the day,
To dream of women whose beauty was folded in dismay,
Even in an old story, is a burden not to be borne.

- 10행의 '기적의 숲'Wood-of-Wonders은 출처불명. 예이츠가 상상한 숲인 듯하다. 더글러스 하이드Douglas Hyde의 작품 무대인 기적의 숲(Albright 489).
- 11행의 브랜웬Branwen은 웨일스Wales의 해신 리르Llyr의 딸. 영국과 아일랜드가 영구적인 동맹을 맺도록 하기 위하여, 아일랜드 왕에게 시집가 왕비가 되지만, 이국에서 슬픈 나날을 보내다가 상심 끝에 죽었다. / 귀니비어Guinevere는 아서 왕의 비. 란슬럿과의 염문이 있으나 본질적으로는 정절을 지킨 여인. 여자수도원에서 일생을 마감했고, 아서 왕 옆에 묻혔다.
- 12행의 니아브Niamh는 다난Danaan 족에 속하는 금발의 미녀 또는 요정. 오쉰Oisin을 유인하여 '젊은이의 나라'로 말을 타고 바다 위로 건너갔다. / 래밴Laban과 팬드Fand는 자매. 새, 짐승, 물고기로 자유자재로 변신할 수 있었다. 래밴은 매내넌Manannan의 부인이다. (Albright 490)

황금 관棺에 누워 있는 '기적의 숲' 말이다.
그 속에는 브랜웬과 귀니비어 같은 왕비들이 있다.
그리고 니아브, 수달이나 새끼사슴으로 변신할 수 있었던
　래밴과 팬드,
그리고 연인이 푸른 눈의 매로 변신했다는 숲의 여인.
그리고 내가 꿈속에서 숲이나 요새나 해변이나,
혹은 사람이라곤 찾아볼 수 없는 파도 치는 바다에 왕들과
　함께 노를 저으러 가건 간에,
나는 하프의 현이 그들을 찬양하는 소리를 듣고, 혹은
　그들의 애통한 말을 듣는다.

아름다움이 절망 속에 접치어버린 여인들에 대한 꿈을
　꾼다는 것은,
밤과 낮 사이에 걸려 있는 사냥꾼 달의
굶주린 뿔 아래에서 들은 것 때문에,
옛 이야기일망정 견디어낼 수 없는 짐이다.

1901. 6. 15. 발표

- 13행의 숲의 여인은 미상. 연인이 매로 변했으니까 다른 여인이나 여신과 마찬가지로 고통을 받았다. 더글러스 하이드의 작품에 나오는 숲속의 여인이다. 그녀의 애인은 파란 눈을 가진 매로 변신했다.(Albright 490)
- 18행의 사냥꾼 달은 사냥의 여신이며 달의 여신인 디아나Diana를 가리킬 것이다.
- 19행의 굶주린 뿔famished horn은 희미한 그믐달. 성적인 암시.(역자)
- 20행의 견디어낼 수 없는 짐은 모드 곤의 생애의 비애와 관련된 듯하다.(Albright 490)

The Happy Townland

There's many a strong farmer
Whose heart would break in two,
If he could see the townland
That we are riding to;
Boughs have their fruit and blossom
At all times of the year;
Rivers are running over
With red beer and brown beer.
An old man plays the bagpipes
In a golden and silver wood;
Queens, their eyes blue like the ice,
Are dancing in a crowd.

The little fox he murmured,
'O what of the world's bane?'
The sun was laughing sweetly,

- 1932년 라디오 대담에서 예이츠가 불가능한 이상을 뒤쫓아 가는 것을 상징하는 시라고 규정하였다.(*NC* 83)
- 가시적인 현상 이면에 숨어있는 지상의 낙원을 찾는 데 전적으로 매달린 사람들에 대한 아일랜드 민요에 근거한 작품이다.(*NC* 83) 제목의 번역은 이에 준하여 시도한 것이다.

행복한 지상낙원

많은 건장한 농부들이
우리가 말 타고 가는 나라를
구경할 수 있다면,
그들의 심장은 둘로 갈라지리라.
사시사철 나뭇가지들이
열매를 매달고, 꽃을 피우고,
강물은 붉은 맥주 갈색 맥주로
넘쳐 흘러가고 있다.
금빛 은빛 숲 속에서는
한 노인이 백파이프를 연주한다.
얼음처럼 파란 눈의 여왕들이
무리 속에 섞여 춤추고 있다.

작은 여우 그가 중얼거렸다.
'오, 세상의 독이 된들 어때?'
태양은 감미롭게 웃고 있었고,

- 9행의 금빛과 은빛은 해와 달, 양과 음, 낮과 밤의 대비와 조화로운 관계를 이룬다. 「요정의 나라를 꿈꾼 사나이」The Man Who Dreamed of Faeryland의 20행의 주(*NC* 35) 참조.
- 14행의 세상의 독은 윌리엄 블레이크William Blake의 「예루살렘」Jerusalem에서 말하는 '내가 사랑하는 지구상에 있는 모든 해독'을 연상시킨다.(*NC* 64)

The moon plucked at my rein;
But the little red fox murmured,
'O do not pluck at his rein,
He is riding to the townland
That is the world's bane.'

When their hearts are so high
That they would come to blows,
They unhook their heavy swords
From golden and silver boughs;
But all that are killed in battle
Awaken to life again.
It is lucky that their story
Is not known among men,
For O, the strong farmers
That would let the spade lie,
Their hearts would be like a cup
That somebody had drunk dry.

The little fox he murmured,
'O what of the world's bane?'
The sun was laughing sweetly,

달은 내 고삐를 잡아챘다.
그러나 작은 붉은여우가 중얼댔다.
'오, 고삐를 잡아채지 마요,
이 세상에게는 독이 되는 나라로
그분이 타고 가는 중이에요.'

마음이 부글부글 끓어올라
싸우고 싶으면
그들은 황금빛 은빛 나뭇가지에 걸어둔
묵직한 칼을 들고 나온다.
하지만 싸움에서 죽는 자는
모두 되살아난다.
그들 얘기가 세상 사람들 사이에
알려지지 않은 것은 다행이다.
오, 삽을 내던져버리고 싶은
건장한 농부들,
그들 마음은 빈 술잔,
누군가 남김없이 마셔버린 술잔 같을 테니까.

작은 여우 그가 중얼거렸다.
'오, 세상의 독이 된들 어때?'
태양은 감미롭게 웃고 있었고,

• 16행의 달은 내 고삐를 잡아챘다는 말은 시인의 초자연으로의 여행을 막아 보려는 자연의 행위이다.(Albright 492)

The moon plucked at nay rein;
But the little red fox murmured,
'O do not pluck at his rein,
He is riding to the townland
That is the world's bane.'

Michael will unhook his trumpet
From a bough overhead,
And blow a little noise
When the supper has been spread.
Gabriel will come from the water
With a fish-tail, and talk
Of wonders that have happened
On wet roads where men walk,
And lift up an old horn
Of hammered silver, and drink
Till he has fallen asleep
Upon the starry brink.

The little fox he murmured,

- 42행의 미카엘Michael은 대천사. 트럼펫을 담당했다. 미카엘이 최후의 심판의 트럼펫을 저녁식사 시간을 알리는 것으로 사용한 것은 희화적이다.(Albright 493)
- 45행의 가브리엘Gabriel도 대천사. 예이츠는 카발라Cabala에서는 가브리엘이 달의 천사라고 하고 위급할 때는 물을 지배한다고 하였다.(*NC* 84)

달은 내 고삐를 잡아챘다.
그러나 작은 붉은여우는 중얼댔다.
'오, 고삐를 잡아채지 마요.
이 세상에게는 독이 되는 나라로
그분이 타고 가는 중이에요.'

저녁 식탁이 차려졌을 때
미카엘은 머리 위 나뭇가시에 걸어둔
그의 트럼펫을 들고 나와,
소리를 적게 해서 불어젖히리라.
가브리엘은 물고기의 꼬리를 잡고
물에서 나와,
사람들이 나다니는 젖은 길에서 일어난
신기한 일들에 대해 이야기하리라.
그리고는 은을 두들겨 만든
오래된 뿔 술잔을 집어 들고
별이 깜박거려 잠이 올 때까지
술을 마시리라.

작은 여우 그가 중얼거렸다.

- 50행의 오래된 뿔 술잔은 더블린 박물관에 소장된 뿔horn 모양의 은제 술잔을 말한다.(*NC* 84)
- 51행에서 말하는 잠(수면)은 12행의 춤과 25행의 싸움과 함께 『오쉰의 방랑기』*The Wanderings of Oisin*의 무대인 세 섬의 주제의 상징과 일치한다.(Albright 493)

'O what of the world's bane?'
The sun was laughing sweetly,
The moon plucked at my rein;
But the little red fox murmured,
'O do not pluck at his rein,
He is riding to the townland
That is the world's bane.'

'오, 세상의 독이 된들 어때?'
태양은 감미롭게 웃고 있었고,
달은 내 고삐를 잡아챘다.
그러나 작은 붉은여우는 중얼댔다.
'오, 고삐를 잡아채지 마요.
이 세상에게는 독이 되는 나라로
그분이 타고 가는 중이에요.'

1903. 6. 4. 발표

Alternative Song for the Severed Head in *The King of the Great Clock Tower*

Saddle and ride, I heard a man say,
Out of Ben Bulben and Knocknarea,
What says the Clock in the Great Clock Tower?
All those tragic characters ride
But turn from Rosses' crawling tide,
The meet's upon the mountain-side.
A slow low note and an iron bell.

What brought them there so far from their home,

- 제목의 『큰 시계탑의 왕』*The King of the Great Tower*은 1933년에 쓴 예이츠의 희곡이다. 큰 시계탑의 종이 한 해의 종언을 알릴 때, 왕비가 떠돌이 예인의 효수된 머리에 입을 맞추면 대이변이 일어난다는 줄거리이다.
- 참수된 머리는 왕비에게 사랑을 호소하다가 참수당한 비천한 신분의 돼지치기의 머리. 참수된 뒤에도 계속 사랑노래를 불러, 이 사실을 알게 된 왕비가 감동하여 그 머리를 껴안고 빙빙 돌며 춤을 추었다.
- 예이츠가 태어났을 때, 외숙의 소유였던 샌디마운트Sandymount 성에 큰 시계탑이 있었다.(Conner 102)
- 1935년에 수정된 것이다. 『어느 삼월의 보름』*A Full Moon in March*에 수록, 출판되었다.
- 1행의 불벤 산Ben Bulben과 녹내리Knocknarea는 슬라이고를 사이에 두고 서로 마주보는 두 산. 두 산은 고대 아일랜드 전설의 보고이다. / 불벤 산은 슬라이고의 북쪽에 길게 뻗어 있는 기이하게 생긴 산이다. 대서양 쪽 머리 부분의 산자락에 예이츠 증조부의 교회가 있고, 그 교회 내 묘지에 예이츠가 영면하고 있다.(역자) / 녹내리는 슬라이고 남서쪽의 외딴 산. 산 위에는 호수가 있고 정상에는 메브 여왕의 석총이라고 전해지는 돌무더기가 있다. 「아일랜드에 관한 붉은 머리 핸러핸의 노래」Red Hanrahan's Song about Ireland의 6행 주 참조.

『큰 시계탑의 왕』에 나오는 참수된 머리를 위한 대안의 노래

나는 들었네, 불벤 산과 녹내리에서
말안장에 올라앉아 달려 나온 사람이 말하는 걸.
'큰 시계탑' '시계'가 뭐라고 하던가?
저 비극적인 인물들 모두 말 다고 가다가
파도가 굴러오는 로시즈 해변에서 말머리를 돌리고,
산자락에는 대회가 벌어지네.
느릿한 낮은 가락과 쇠종 소리.

왜 그들은 그들 고장에서 멀리 거기까지 왔는가,

- 3행의 후렴은 옛 전설적인 영웅들이 요즘 사람들에게 영웅 자신들을 어떻게 생각하는가를 물어보는 말이다. 큰 시계탑은 현대의 상징물이다.(역자)
- 4행의 비극적인 인물들은 말 타고 나온 사람들. 이들은 아일랜드와 모든 역사의 비극적인 영웅들을 암시한다.(Whitaker 258)
- 5행의 로시즈 해변Rosses은 슬라이고 북서부 8킬로미터쯤에 있는 넓고 긴 곳. 「도난당한 아이」The Stolen Child의 주 참조.
- 6행의 산자락은 불벤 산의 남쪽 기슭. 거기에는 자그마한 사각형의 흰 석회암이 있는데, 요정나라의 출입문이다. 자정이 되면 그 문이 열리고, 거기에서 지상에 없는 군사들이 쏟아져 나온다.(Albright 755)
- 7행은 자정의 종소리. 혼령들이 등장하는 시간이다.(Albright 755)

Cuchulain that fought night long with the foam,
What says the Clock in the Great Clock Tower?
Niamh that rode on it; lad and lass
That sat so still and played at the chess?
What but heroic wantonness?
A slow low note and an iron bell.

Aleel, his Countess; Hanrahan
That seemed but a wild wenching man;
What says the Clock in the Great Clock Tower?
And all alone comes riding there
The King that could make his people stare,

- 9행의 쿠흘린Cuchulain은 '붉은 가지 기사단'The Red Branch의 최고 영웅이다. 「쿠흘린의 바다와의 싸움」Cuchulain's Fight with the Sea 주 참조.
- 11행의 니아브Niamh는 다난Danaan 족의 금발의 미녀 또는 요정. 오쉰을 바다 건너 '청춘의 나라'로 유인한 요정이다.
- 12행의 젊은 남녀는 니셔Naoise와 데어드라Deirdre. 그들은 태연하게 체스를 두면서 코너르가 그들을 죽이려고 오는 것을 기다렸다. 체스 게임은 죽음 혹은 사후의 생과 연관된다.(Albright 756) / 이들은 아일랜드 신화 중 가장 유명한 비련을 다룬 예이츠의 희곡『데어드라』*Deidre*의 주인공들. 니셔는 쿠흘린의 사촌으로, 코너르 대왕 휘하의 젊은 장수였고, 데어드라는 아버지가 코너르 대왕을 위하여 주연을 베풀었을 때 태어난 아이였다. 그녀가 태어날 때 드루이드가 예언하기를 장차 미녀로 성장하여 왕비가 되겠지만, 나라에 재앙을 가져올 것이라고 했다. 코너르 대왕이 장차 왕비로 삼으려고 사람을 시켜 양육했으나, 아버지 또래의 늙은 왕이 싫은데다 니셔를 보자 그에게 매혹되어, 그와 그의 동생 둘과 함께 스코틀랜드로 도피하였다. 그후 이들은 퍼거스의 주선으로 아일랜드로 돌아오지만, 코너르에 의하여 니셔는 암살되고, 데어드라는 스스로 목숨을 끊었다.

밤새도록 파도와 싸운 쿠훌린.
'큰 시계탑' '시계'가 뭐라고 하던가?
파도를 타고 온 니아브.
젊은 남녀가 그렇게나 차분히 앉아 체스를 두다니?
영웅적인 호방한 기개 외에 무엇이겠는가?
느릿한 낮은 가락과 쇠종 소리.

앨릴, 그의 상진 백작부인,
오로지 여색을 탐하는 것 같던 핸러핸.
'큰 시계탑' '시계'가 뭐라고 하던가?
그리고 머리 대신 새의 깃털로
백성들 눈을 휘둥그렇게 할 수도 있었던 왕이

- 15행의 앨릴Aleel은『캐슬린 백작부인』*The Countess Cathleen*(1892)에 등장하는 시인. 백작부인을 시중 들다가 그녀를 연모하게 되었다. 그는 아일랜드의 신화와 민담에 나오는 인물이지만, 여기서는 단순히 그 이름만 빌렸다.
- 16행의 핸러핸Hanrahan은 예이츠의『붉은 머리 핸러핸 이야기』*Stories of Red Hanrahan*(1906)의 주인공. 종잡을 수 없는 상상력의 열정적인 단순한 인물이다.「아일랜드에 관한 붉은 머리 핸러핸의 노래」Red Hanrahan's Song about Ireland의 주 참조.
- 18-20행에 등장하는 왕은 매의 피를 가진 왕.(Albright 756) / 예이츠의『은밀한 장미』*The Secret Rose* 중의「왕의 지혜」The Wisdom of the King에 묘사되어 있다. 늙은 회색 매 암컷들이 아일랜드 대왕의 왕비를 방문, 그중 하나가 어린 왕자의 입술에다 슬쩍 피 한 방울을 떨어뜨렸는데, 나중에 왕자의 머리가 매의 깃털로 뒤덮이게 되었다. 그런 일이 있은 뒤 대왕은 모든 사람의 머리에 깃털이 난 것처럼 하라고 명령했고 왕자는 장성하여 현명한 왕이 되었으나, 자신의 신체적인 결함을 알게 되자 왕좌를 물려주고 잠적하였다.(*NC* 348)

Because he had feathers instead of hair.

A slow low note and an iron bell.

Tune by Arthur Duff

단신으로 거기에 말을 타고 오네.
느릿한 낮은 가락과 쇠종 소리.

(아서 더프 작곡의 가락)

1934

2

문화운동 시편

The Dedication to a Book of Stories Selected from the Irish Novelists

There was a green branch hung with many a bell
When her own people ruled this tragic Eire;
And from its murmuring greenness, calm of Faery,
A Druid kindness, on all hearers fell.

It charmed away the merchant from his guile,
And turned the farmer's memory from his cattle,
And hushed in sleep the roaring ranks of battle:
And all grew friendly for a little while.

Ah, Exiles wandering over lands and seas,
And planning, plotting always that some morrow
May set a stone upon ancestral Sorrow!
I also bear a bell-branch full of ease.

I tore it from green boughs winds tore and tossed

- 제목의 소설 선집은 *Representative Irish Tales*(1891).(Albright 444)
- 2행의 종이 잔뜩 달린 초록 나뭇가지는 'a green branch hung with many a bell'(1행)의 번역으로, 이는 'bell-branch'를 말한다. 'bell-branch'는 『오쉰의 방랑기』*The Wanderings of Oisin* 제3부 53, 67행에 나온다. 오쉰과 니아브Niamh가 '수면의 섬'에 갔을 때 이 나뭇가지가 흔들려 종소리가 나는 바람에 잠이 들어 100년간 깊은 잠에 빠지게 되었다.(73-77행)

아일랜드 작가들의 소설 선집에 대한 헌사

이 비극적인 에이레를 동족이 다스렸을 때는
종이 잔뜩 달린 초록 나뭇가지가 있었다.
그리고 중얼대는 푸른 가지로부터 요정의 평온함이,
드루이드의 다정함이 듣는 이들 모두에게 내리왔다.

그것은 장사치에게 간교함을 물리쳐 주었고,
가축들로부터 농부의 기억을 돌려놓았다.
시끄러운 전투 행렬을 잠잠하게 해주었고,
모두가 잠시 동안 친구처럼 다정하게 해주었다.

아! 어느 날 아침 조상의 '슬픈 운명'을 종식시킬
무덤 돌을 얹어놓을 양으로, 늘 계획하고 궁리하면서,
육지와 바다로 떠돌아다니는 '망명객들'!
나 또한 마음 편하게 해주는 종 달린 나뭇가지를 간직하고
    있다.

바람이 부러뜨려 여름철 수액이 다할 때까지 흔들거린

- 아일랜드의 민간전설에 의하면 코맥Cormac의 마술적인 나뭇가지가 흔들리면 그 소리를 들은 사람은 모두 잠이 들었다는 얘기가 있다.(Albright 444)

Until the sap of summer had grown weary!
I tore it from the barren boughs of Eire,
That country where a man can be so crossed;

Can be so battered, badgered and destroyed
That he's a loveless man: gay bells bring laughter
That shakes a mouldering cobweb from the rafter;
And yet the saddest chimes are best enjoyed.

Gay bells or sad, they bring you memories
Of half-forgotten innocent old places:
We and our bitterness have left no traces
On Munster grass and Connemara skies.

푸른 나뭇가지들로부터 나는 그것을 꺾었다!
사람이 서로 그렇게나 어긋날 수 있는 그 나라,
나는 그 에이레의 메마른 나뭇가지에서 꺾은 것이다.

사랑 없는 인간이 될 만큼, 그렇게나 찌그러지고,
시달리고, 망가질 수 있을까. 즐거운 종소리는 웃음을 가져와
서까래에서 드리워진 썩은 거미줄을 흔든다.
하지만 가장 슬픈 화음의 종소리가 가장 즐겁게 해주느니라.

즐거운 종소리든 슬픈 종소리든, 그들은 당신에게
반쯤 잊어버린 순박했던 옛 고장의 추억을 갖다준다.
먼스터의 풀 위에나 코니마라의 하늘에는
우리와 우리의 비통함이 흔적 남기지 않았거든.

1891

- 23행의 먼스터Munster는 남서부에 위치한 고대 아일랜드의 네 지역 중 하나. 나머지 세 지역은 얼스터Ulster, 코넛Connacht, 렌스터Leinster이다. 현재의 먼스터는 6주로 되어있고 중심도시는 코크Cork이다. 먼스터는 12세기에 먼스터 왕인 코맥 매카시Cormac MacArthy가 캐셜 바위 산Rock of Cashel에다 예배당을 세웠다.(Jeffares 683) / 코니마라Connemara는 골웨이Galway 주의 구릉지대. 대서양과 두 개의 큰 호수에 둘러싸인 바위투성이의 황량한 지역으로 경작도 어렵다. 그러나 이 지역은 지금도 고대 아일랜드어를 쓰고, 고대의 사회문화적인 전통을 간직하고 있다.

To Ireland in the Coming Times

Know, that I would accounted be
True brother of a company
That sang, to sweeten Ireland's wrong,
Ballad and story, rann and song;
Nor be I any less of them,
Because the red-rose-bordered hem
Of her, whose history began
Before God made the angelic clan,
Trails all about the written page.
When Time began to rant and rage
The measure of her flying feet
Made Ireland's heart begin to beat;
And Time bade all his candles flare
To light a measure here and there;

- 둘째 시집『장미』*The Rose*의 발문epilogue으로 활용된 작품이다.
- 상징적인 예술적 작시법은 아일랜드의 정치 현실에 관한 시에 적절하지 못하다는 데 대한 반박이다.(Albright 449)
- 부분적으로는 모드 곤Maud Gonne에 대한 연가이다.(*NC* 40)
- 1-4행은 정치색을 띤 남성적인 작가로 자리를 잡겠다는 의도를 보여 주는 대목이다.(Cullingford 16)
- 2행의 시는 'rann'의 번역. 이 말은 게일어의 시(의 1절)를 뜻한다.(*NC* 40) 보통 7음절 4행 연의 시형이다.

미래의 아일랜드에게

아일랜드가 잘못되지 않게
민요와 민담과 시와 노래를 부른
사람들의 진정한 친구로
대접받고 싶은 내 마음을 알아주오.
나는 누구에게도 뒤지고 싶지 않소.
신이 천사들의 무리를 창조하기 전,
이미 역사가 시작된 그녀의
붉은 장미 장식의 옷자락이
책장의 글을 온통 휩쓸고 있으니까요.
'시간'이 울부짖기 시작했을 때,
그녀의 비상飛翔하는 발걸음의 가락이
아일랜드의 심장을 뛰게 했고,
'시간'이 그의 모든 촛불 너울거리게 하여
여기저기 가락에다 불붙여 주었지요.

- 5-9행은 이전의 많은 시인과 마찬가지로 애국적인 시를 여성으로 위장한 대목이다.(Cullingford 16)
- 7행의 그녀her는 아일랜드를 지칭한다. 'her'는 'rose'를 가리키고, 'rose'는 모드 곤(낭만적인 사랑), 영원한 미, 아일랜드의 정치적인 이념을 암시하는 상징이다.(O'Neill 109-110)
- 8행의 붉은 장미 장식의 옷자락은 'red-rose-bordered hem'의 번역. 29행과 47행에도 나온다. 'hem'은 보통 옷의 가장자리edge를 지칭하지만, 특히 옷자락을 말할 때 쓰인다.
- 13행은 마치 어지러운 정치가 모드 곤의 마음을 온통 사로잡는 구실에 지나지 않은 것 같다는 뜻이다.(Albright 450)

And may the thoughts of Ireland brood
Upon a measured quietude.

Nor may I less be counted one
With Davis, Mangan, Ferguson,
Because, to him who ponders well,
My rhymes more than their rhyming tell
Of things discovered in the deep,
Where only body's laid asleep.
For the elemental creatures go
About my table to and fro,
That hurry from unmeasured mind
To rant and rage in flood and wind;
Yet he who treads in measured ways
May surely barter gaze for gaze.
Man ever journeys on with them
After the red-rose-bordered hem.
Ah, faeries, dancing under the moon,
A Druid land, a Druid tune!

- 17행의 데이비스는 토머스 데이비스Thomas Davis(1814-1845). 시인. 1842년에『더 네이션』*The Nation*을 창간한 민족주의 문학운동 제창자이자 '청년 아일랜드 당'Young Ireland Party의 지도자이다. / 맹건은 제임스 맹건James Mangan(1803-1849). 낭만적 시인이자 수필가. / 퍼거슨은 새뮤얼 퍼거슨 경Sir Samuel Ferguson(1810-1886). 아일랜드 신화를 주제로 하여 시를 쓴 가장 위대한 인물로, 게일어의 전설을 번역하였다.

그러니까 아일랜드의 사상들이 나래 펴고
평온한 가락 위에 알을 품게 되는 거지요.

또한 나는 데이비스, 맹건, 퍼거슨보다
뒤떨어지는 사람이 되지는 않으리.
왜냐하면 생각을 잘하는 분에게는
내 운율이 그들의 것보다 더 많이
심연에서 발견되는 것들을 말하고 있으니까요.
거기에는 오직 육신의 것이 잠들어 있지요.
왜냐하면 가락이 잡히지 않은 마음에서
원초적인 것들이 서둘러 나와
내 테이블 주위로 이리저리 돌아다니고
홍수와 바람 속에서 고래고래 아우성치고 있으니까요.
하지만 가락에 맞추어 활보하는 사람은
어김없이 주시하는 눈길을 주고받으리라.
인간은 붉은 장미 장식의 옷자락 따라
그들 가락에 맞추어 늘 따라다니는 거죠.
아, 달빛 아래 춤추는 요정들이시여,
드루이드의 나라, 드루이드의 곡조여!

- 24행의 원초적인 것들은 네 원소.(Albright 450)
- 28행은 시인은 감당할 수 없는 에너지를 운율 형식으로 표현하려 할 때 가능한 한 영원함과 타협하지 않으면 안 된다는 것이다.(Albright 451)
- 32행의 드루이드는 예이츠가 아일랜드 사람들의 뿌리라고 믿는 사람이다.(O'Neill 103)

While still I may, I write for you
The love I lived, the dream I knew.
From our birthday, until we die,
Is but the winking of an eye;
And we, our singing and our love,
What measurer Time has lit above,
And all benighted things that go
About my table to and fro,
Are passing on to where may be,
In truth's consuming ecstasy,
No place for love and dream at all;
For God goes by with white footfall.
I cast my heart into my rhymes,
That you, in the dim coming times,
May know how my heart went with them
After the red-rose-bordered hem.

- 33행의 당신은 요정들faries로 보인다.(O'Neill 103). / 당신은 아일랜드.(Albright 451)
- 38행은 별들을 가리킨다.(Albright 451)

내가 아직 할 수 있는 동안, 당신을 위해
내가 사랑했던 것, 내가 꿈꾸었던 것을 써요.
우리가 태어난 날로부터 죽을 때까지는
눈 깜박할 사이에 지나지 않지요.
그런데 우리와, 우리 노래, 우리들의 사랑과
측정자測定者인 '시간'이 높은 데서 밝혀 놓은 것들,
그리고 내 테이블 주변을 이리저리 돌아다니는
온갖 갈 길 저문 것들은
진리를 온통 먹고 사는 황홀감에 젖어
사랑과 꿈을 위한 곳은 결코 되지 않을
그런 곳으로 가고 있군요.
왜냐하면 신이 흰 발자국 소리 내며 지나가니까요.
나는 내 시의 운율에다 내 마음을 집어넣어요.
희미하게 다가오는 시대에 내 마음이
그들과 함께 붉은 장미 장식 옷자락을 따라
어떻게 갔는가를 당신이 알게 하려고요.

1892 발표

- 42-43행의 사랑과 꿈을 위한 곳은 결코 되지 않을 그런 곳은 완전한 축복의 경지에 도달하면 비전이 필요 없게 됨을 말한다.(Albright 451)
- 48행의 당신은 예이츠의 미래의 독자를 가리킨다.(O'Neill 103) 이는 곧 아일랜드.(역자)

Into the Twilight

Out-worn heart, in a time out-worn,
Come clear of the nets of wrong and right;
Laugh, heart, again in the grey twilight,
Sigh, heart, again in the dew of the morn.

Your mother Eire is al ways young,
Dew ever shining and twilight grey;
Though hope fall from you and love decay,
Burning in fires of a slanderous tongue.

Come, heart, where hill is heaped upon hill:
For there the mystical brotherhood
Of sun and moon and hollow and wood
And river and stream work out their will;

And God stands winding His lonely horn,
And time and the world are ever in flight;

- 발표 당시(1893. 7. 29.)의 제목은 「켈트적 박명」The Celtic Twilight이다.(*NC* 52)
- 아일랜드의 은밀한 곳에 사람들이 젊어질 수 있는 에너지가 저장되어 있음을 말하는 작품이다.(Albright 457)

어스름 빛 속으로

지쳐 버린 시대에 지쳐 버린 심장이여,
깨끗이 벗어나세요, 악과 선의 그물로부터.
심장이여, 웃어 보렴, 다시 어스름 회색빛 속에서
심장이여, 한숨지어 보렴, 아침 이슬 속에서 다시.

그대 어머니 에이레는 언제나 젊어요.
언제나 영롱한 이슬이요, 박명의 잿빛.
비록 독설의 화염 속에 불타면서
희망은 꺾이고 사랑은 시들지만.

오라, 심장이여, 언덕 위에 언덕이 올라앉은 곳으로.
거긴 해와 달과 골짜기와 숲,
그리고 강물과 시냇물의 신비로운 형제가
그들의 뜻을 펼치는 곳이니까.

그리고 신이 외로운 뿔피리를 불며 서있고,
시간과 세상이 늘 비상飛翔하는 곳,

- 2행의 악과 선의 그물은 타성적인 가톨릭의 도덕성을 의미한다.(Albright 457)
- 5행의 그대 어머니 에이레는 아일랜드를 여인으로 의인화한 것이다. 늙게 보이지만 젊고 아름다운 여인이다. 아일랜드 사람들에게 희생을 당부하고 영광을 쟁취하라고 요청한다.(Albright 457)

And love is less kind than the grey twilight,
And hope is less dear than the dew of the morn.

사랑도 잿빛 박명보다 정답지 못하고,
희망도 아침 이슬보다 값지지 못한 곳이니까.

1893? 6. 31.

To Some I Have Talked with by the Fire

While I wrought out these fitful Danaan rhymes,
My heart would brim with dreams about the times
When we bent down above the fading coals
And talked of the dark folk who live in souls
Of passionate men, like bats in the dead trees;
And of the wayward twilight companies
Who sigh with mingled sorrow and content,
Because their blossoming dreams have never bent
Under the fruit of evil and of good:
And of the embattled flaming multitude
Who rise, wing above wing, flame above flame,
And, like a storm, cry the Ineffable Name,
And with the clashing of their sword-blades make

- 1행의 다난 족은 'Danaan'의 표기로 요정fairy을 뜻한다. 다난은 여신 다나Dana의 종족인 신족神族이다. 거인족을 물리치고 아일랜드에 꿈과 지혜와 결실을 가져다주었다. 나중에 침입한 인간족人間族에게 정복되어, 요정의 동굴이나 바다 너머로 추방되었지만, 지상에 나타나 초자연적인 능력을 발휘하여, 인간의 공포와 숭배의 대상이 되었다. 거인족을 물리치고 빛과 생명과 따뜻함을 가져다주었지만, 거기에 상응하는 대접을 받지 못하고, 인간의 상상 속의 작은 존재로 축소되어 남아 있을 뿐이다.
- 5행의 거뭇한 사람들dark folk은 밤에 활동하는 요정을 가리킨다.(역자)
- 6행 이하는 대화내용이다.(역자)

난롯가에서 대화를 나눈 어느 분에게

내가 이런 격정적인 다난 족의 노래를 짓는 동안,
내 가슴은 그 시절의 꿈으로 벅차오르곤 했다.
사그라지는 석탄 불 위에 몸을 숙이고,
죽은 나무 속 박쥐처럼, 열정적인 사람들의 영혼 속에
살아 있는 거뭇한 사람들 얘기 주고받았던 그 시절.
그들이 꽃피우는 꿈들은
선악의 과일과는 전혀 상관없으니까
비애와 만족이 혼합된 한숨을 쉬는
종잡을 수 없는 박명의 무리에 관한 얘기.
그리고 전의에 불타는 무리에 관한 얘기,
그들은 날개 위에 날개, 불길 위에 불길로 일어서서
'감히 부를 수 없는 이름'을 폭풍처럼 외치고
칼날을 부딪치며 열광적인 노래를 불러댄다,

- 7행은 요정이란 선악의 관념을 초월하는 존재라서 도덕적인 결과에는 아랑곳하지 않는다는 것이다.(Albright 448)
- 9행의 종잡을 수 없는 박명의 무리 wayward twilight companies는 요정들을 말한다. 박명이라는 표현은 요정이 된 다난 족은 밤에 활동하기 때문이다. 요정은 물속에서는 물고기가 되고, 낮에는 눈 같은 흰 새가 되기도 한다.(Suzuki 54)
- 10행의 전의에 불타는 무리는 천사들을 가리킨다. 이교적인 요정의 주제에서 기독교적인 천사로 상승하였다.(Albright 448)
- 12행의 감히 부를 수 없는 이름은 'Ineffable Name'의 번역으로, 즉 신의 이름이다.(Unterecker 77)

A rapturous music, till the morning break
And the white hush end all but the loud beat
Of their long wings, the flash of their white feet.

동이 트고 환한 침묵이 강요하여
그들의 긴 날개들의 요란한 펄럭임과
흰 발의 섬광을 거의 종결시키기까지.

1895. 5. 발표

• 14행의 환한 침묵이 강요하여는 'white hush'의 번역. 날이 훤해지자 천사들의 삼엄한 경비태세가 해제됨을 말한다.(역자)

The Players Ask for a Blessing on the Psalteries and on Themselves

Three Voices [together]. Hurry to bless the hands that play,
The mouths that speak, the notes and strings,
O masters of the glittering town!
O! lay the shrilly trumpet down,
Though drunken with the flags that sway
Over the ramparts and the towers,
And with the waving of your wings.

First Voice. Maybe they linger by the way.
One gathers up his purple gown;
One leans and mutters by the wall—
He dreads the weight of mortal hours.

Second Voice. O no, O no! they hurry down
Like plovers that have heard the call.

- 제목의 프살테리움Psaltery은 고대의 현악기. 아놀드 돌메치Arnold Dolmetsch가 예이츠와 여배우 플로렌스 파르Florence Farr(Emery라고도 함. 1917년 작고)에게 만들어 준 절반 하프, 절반 프살테리움. 파르가 이 악기로 반주하면서 예이츠의 시를 대중 앞에서 읊었다.(Albright 491)
- 파르에 관해서는「만령절의 밤」All Souls's Night 5-6연 참조.

연주자들이 프살테리움과 자신에게 축복을 간구하다

세 목소리들(함께). 서둘러 축복해 주세요.
연주하는 손에다, 말하는 입에다, 곡조와 현에다,
오 빛나는 도시의 스승들이여!
오! 날카로운 소리 나는 트럼펫을 내려놓으세요,
비록 성벽과 탑 위에 펄럭이는
깃발에 취해 있고, 그리고
그대들의 날개의 흔듦에 도취되어 있지만.

첫째 목소리. 아마 그들은 오다가 머뭇거릴 거요.
하나는 그의 자색 가운을 추어올리고,
하나는 담벼락에 기대어 중얼거리고 있군—
그는 인간 시간의 무게를 두려워하네요.

둘째 목소리. 오 아니에요, 아니에요! 서둘러 내려오네요,
호출 소리를 들은 물떼새들처럼, 그들은.

- 3행의 스승들은 일곱 대천사들. 그들은 14행의 삼위일체인 혈족들.
- 4행의 트럼펫을 내려놓으세요라고 하는 것은 조용한 프살테리움이 적격이라는 말이다. (Albright 491)
- 7행의 그대들은 천사이기 때문에 날개가 있다.(역자)

Third Voice. O kinsmen of the Three in One,
O kinsmen, bless the hands that play.
The notes they waken shall live on
When all this heavy history's done;
Our hands, our hands must ebb away.

Three Voices [together]. The proud and careless notes live on,
But bless our hands that ebb away.

June 1902

셋째 목소리. 오 삼위일체인 혈족들이여,
오 혈족들이여, 연주하는 손을 축복해 주세요.
그들이 일깨우는 가락들은
이 모든 무거운 역사가 다할 때에도 계속 살아 있을 거예요.
우리 손은, 우리 손은 힘이 빠지고 말아도요.

세 목소리들〔함께〕. 늠름하고 자유 분방한 가락들은 죽지 않아요.
하지만 힘 빠지는 우리 손을 축복해 주세요.

1903 발표

- 14-18행은 플로렌스 파르(에머리)에 대한 찬사. 15행의 연주하는 손은 그녀의 손이다.(Hassett 47)

All Things Can Tempt Me

All things can tempt me from this craft of verse:
One time it was a woman's face, or worse—
The seeming needs of my fool-driven land;
Now nothing but comes readier to the hand
Than this accustomed toil. When I was young,
I had not given a penny for a song
Did not the poet sing it with such airs
That one believed he had a sword upstairs;
Yet would be now, could I but have my wish,
Colder and dumber and deafer than a fish.

- 고독한 삶과 소란스러운 공적인 삶 사이의 적절한 중도적인 공간을 발견하는 것을 다룬 작품이다.(Albright 516)
- 1행의 유혹은 예이츠가 애비 극장 일을 맡았을 때(1904-1910) 시를 거의 쓰지 못했음을 말한다.(*NC* 97)
- 2행의 여인의 얼굴은 모드 곤Maud Gonne을 말한다.(*NC* 97)

나를 유혹하는 것들

온갖 것들이 날 유혹하여 시를 쓰지 못하게 한다.
한번은 그것이 여인의 얼굴이었다. 그보다는—
얼간이에 떠밀려가는 내 나라가 필요로 할 것 같은 그런 것들.
지금은 이렇게 몸에 밴 고역보다 더 쉽게 손에 잡히는 것은 없다.
내가 젊었을 때는, 시인은 위층에 칼을 가지고 있다고
사람들이 믿을 정도의,
그런 자세로 노래하지 않으면,
나는 노래 한 곡에 한 푼도 던져 주지 않았다.
하지만 지금 내가 소망을 가질 수 있기라도 하면,
물고기보다 더 차갑고 말 없고 귀먹으면 좋겠다.

1908 여름, 1909. 2. 발표

- 3행은 정치적인 언급이라기보다는 시와 극장에 관련되는 언급이라는 예이츠 자신의 해명이 있다.(Albright 516)
- 4행의 몸에 밴 고역은 극장 일.(역자)
- 5-6행은 과거에는 시인을 현실참여의 영웅으로 생각했다는 것이다.(Albright 516)
- 10행은 공적인 일에서 물러나 귀먹고, 침묵하고 냉담해야 한다는 말이다.(Albright 516)

To a Poet, Who Would Have Me Praise Certain Bad Poets, Imitators of His and Mine

You say, as I have often given tongue
In praise of what another's said or sung,
'Twere politic to do the like by these;
But was there ever dog that praised his fleas?

1910

• 원래 제목은「… AE에게」로 되어 있었다. AE는 예이츠의 미술학교 동기동창이자 시인, 화가인 조지 러셀George Russell(1867-1935)의 필명이다. 그는 휘하에 많은 시인을 거느리고 있었다.(*NC* 92)

저질 시인들을 찬양하기를 바라는 어느 시인에게

자네는 말한다, 내가 다른 사람의 말이나 노래를
찬양하는 말을 자주 했으니,
비슷하게 그렇게 해주면 여러 모로 좋을 거라고.
그렇지만 대관절 제 몸의 벼룩들을 찬양한 개가 있던가?

1909. 4. 23 - 26.

- 1행의 자네는 조지 러셀.(*NC* 92)

An Appointment

Being out of heart with government
I took a broken root to fling
Where the proud, wayward squirrel went,
Taking delight that he could spring;
And he, with that low whinnying sound
That is like laughter, sprang again
And so to the other tree at a bound.
Nor the tame will, nor timid brain,
Nor heavy knitting of the brow
Bred that fierce tooth and cleanly limb
And threw him up to laugh on the bough;
No government appointed him.

1909

- 쿨 파크Coole Park에서 쓴 작품이다.(*NC* 125) 숲 속을 거닐다가 다람쥐를 목격하였다. 쿨 파크는 그레고리 여사Lady Gregory 소유의 장원이다.「일곱 숲 속에서」In the Seven Woods의 주 참조.
- 공적인 주제의 최초의 작품이다.(Albright 543)
- 1행의 정부 운운은 휴 레인Hugh Lane에게 아일랜드 국립 미술관National Gallery of Dublin의 관장직Directorship, Curator을 주지 않은 당시의 임명권자들인 애버딘 경Lord Aberdeen과 비렐 씨Mr. Birrell를 지칭한다. 그들은 플렁킷 백작Count Plunkett을 관장으로 임명하였다.(*NC* 125)

한 건의 임용

나는 정부가 마음에 들지 않아
멋대로 뽐내는 다람쥐가 가는 곳에
부러진 나무뿌리를 집어던졌다,
그가 폴짝폴짝 뛰어오르는 게 재미있어서.
그랬더니 그놈이 웃음소리 같은 저음의
힝힝거리는 소리를 내고 다시 뛰어오르고서는
또 그렇게 다른 나무로 단번에 폴짝 옮겨 갔다.
길들여진 의지나, 소심한 두뇌나,
근엄하게 이맛살을 찌푸리는 그 어떤 것도
저런 날카로운 이빨과 깔끔한 사지를 양육하지 못했고,
높은 나뭇가지 위에 올라가 웃지 못했다.
어떤 정부도 그런 사람을 임명하지 않았던 것이다.

1907 혹은 1908

- 휴 레인은 그레고리 여사 언니의 아들이다. 「시민들이 그림을 원한다는 사실이 입증되면 더블린 시립 미술관에 또다시 헌금할 것을 약속한 어느 부유한 분에게」To a Wealthy Man ...의 주 참조.
- 2행의 다람쥐는 'squirrel.' 이 말을 활용한 것은 'Birrell'과 각운이 맞는 말이라, 그를 다람쥐에다 빗대어 공격하는 데 적절하기 때문이다.(Albright 544)
- 8행은 순종형의 소심한 관료출신인 사람이 임명된 것을 말한다.(*NC* 125)

On Those That Hated *The Playboy of the Western World*, 1907

Once, when midnight smote the air,
Eunuchs ran through Hell and met
On every crowded street to stare
Upon great Juan riding by:
Even like these to rail and sweat
Staring upon his sinewy thigh.

- 1907년 애비 극장Abbey Theatre에서 존 싱J. M. Synge(1871-1909)의『서역의 인기인』의 두 번째 공연기간 일주일 내내 공연 도중 혹은 노상에서 벌어진 소동에 대한 논평의 시이다.(*NC* 120)
- 경찰의 보호를 받아 공연하다가 마지막 날에는 극장 안에 70명, 거리에는 500명의 경찰이 동원되어 치안을 유지했다고 한다.(Albright 533)
- 이 연극의 주인공 성격을 단순히 '난봉꾼'이라고 규정하기에는 거리가 멀다고 생각된다. 'Playboy'를 '인기 있는 사나이'라고 번역하는 것도 좋을 듯하다.(역자)
- 제목에 증오한 자들이라고 쓴 것은 당시의 선동자들이 인간의 증오심을 조장했기 때문이다.

1907년의 『서역의 인기인』을 증오한 자들에 대하여

지나간 어느 날, 자정이 대기를 덮쳤을 때,
내시들이 '지옥'을 뛰어다니면서
거리마다 운집한 군중과 마주치고,
위대한 돈 후안이 말 타고 가는 걸 훔쳐보았다.
이들과 꼭 마찬가지로 욕하느라 땀 흘렸다,
그의 근육질 넓적다리를 훔쳐보면서.

1909. 5. 5. 작, 1911.12. 발표

- 2행의 내시들은 배후인물인 아서 그리피스Arthur Griffith(1872-1922)와 정치적인 동조자들의 집단을 가리킨다. 그리피스는 자기 신문에서 문학은 정치에 종속되어야 한다고 주장했다.(Albright 533) 이들은 욕망을 억압하면서 질시하는 사람들이다. / 내시들과 '지옥'을 연결시킨 것은 찰스 리케츠Charles Ricketts의 그림에 토대를 둔 것이다. 돈후안이 백마를 타고 거리를 지나갈 때 군중 속의 내시들은 한편으로 욕하면서도, 또 한편으로는 창조적인 에너지를 시기했다.(Albright 533)

The Fascination of What's Difficult

The fascination of what's difficult
Has dried the sap out of my veins, and rent
Spontaneous joy and natural content
Out of my heart. There's something ails our colt
That must, as if it had not holy blood
Nor on Olympus leaped from cloud to cloud,
Shiver under the lash, strain, sweat and jolt
As though it dragged road-metal. My curse on plays
That have to be set up in fifty ways,
On the day's war with every knave and dolt,
Theatre business, management of men.
I swear before the dawn comes round again
I'll find the stable and pull out the bolt.

September 1909 - March 1910

- 극장 업무와 인사관리에 대한 고충을 담은 작품이다.(Bloom 170)
- 예이츠는 어려운 일을 마다하지 않은 사람이다.
- 소네트 형식에서 마지막 한 행이 빠진 13행의 시.(Vendler 162, 164)

힘든 일의 매혹

힘든 일의 매혹이 혈관에서 피를 말리게 했고,
절로 우러나는 희열과 자연스런 만족감을
마음에서 몰아내게 했다.
우리의 망아지는 무언가 괴롭히는 것이 있어,
성스러운 피를 갖지 못한 듯,
올림포스 산의 구름 사이를 뛰어다니지 못하고,
포장용 자갈을 끌고 가듯,
채찍과 긴장과 땀과 충격으로 벌벌 떨어야 하네.
쉰 가지 방식으로 연출해야 하는 연극들과,
악한, 멍청이 하나하나, 극장 일, 인사관리 등의
나날의 전쟁에 퍼붓는 나의 저주.
나는 새벽이 다시 찾아오기 전 다짐하나니,
마구간에 찾아가 빗장을 끄르리라.

1910 발표

- 4행의 우리의 망아지는 천마. 메두사Medusa의 피에서 태어나 하늘로 날아갔다. 천마가 헬리콘Helicon 산에서 발굽을 차서 히포크레네Hippocrene 샘물이 솟게 하여 뮤즈들Muses이 그를 좋아했다.(*NC* 90) / 천마는 숭고하고 자유분방한 상상력의 상징이다.(Albright 509)
- 6행의 올림포스Olympus는 그리스 신화에서 신들의 주거지로 간주되는 산 이름. 그리스에서 가장 높은 산.(*NC* 90)
- 7행의 포장용 자갈은 'road-metal'의 번역. 사전에는 'road metal'로 나온다.

At the Abbey Theatre

(Imitated from Ronsard)

Dear Craoibhin Aoibhin, look into our case.
When we are high and airy hundreds say
That if we hold that flight they'll leave the place,
While those same hundreds mock another day
Because we have made our art of common things,
So bitterly, you'd dream they longed to look
All their lives through into some drift of wings.
You've dandled them and fed them from the book
And know them to the bone; impart to us—
We'll keep the secret—a new trick to please.
Is there a bridle for this Proteus

- 부제의 롱사르는 피에르 드 롱사르Piere de Ronsard(1524-1585). 프랑스의 국민시인이며, 고전주의적인 취향을 회복시키려는 모임의 지도자이다. 연극 관객 취향의 기준을 세워보려는 예이츠와 상통하는 인물이다.(Albright 514)
- 47세가 되어서 처음으로 셰익스피어 식 소네트 형식으로 쓴 시이다. 예이츠가 오랫동안 진정한 셰익스피어 식 소네트 쓰기를 기피한 것은 의도적이었다. 아일랜드에 대한 본격적인 식민정책이 시행된 것은 엘리자베스 시대부터여서, 특히 엘리자베스 시대의 궁정시 형식으로 활용된 영국식 소네트와는 무관한 것을 추구하려는 민족주의적인 소망의 발로로 보인다.(Vendler 148)

애비 극장에서

(롱사르를 모방하여)

친애하는 크리빈 이빈 씨, 우리 경우를 살펴보세요.
우리가 높이 하늘에 떠있을 때, 수백 명이 말하기를
그런 고도비행을 한다면, 그들은 극장을 떠날 거라고요.
그런가 하면 다른 날에는 같은 수백 명의 사람들이
일상적인 것들을 우리 예술로 만들었다고 조롱하는데,
하도 지독하게 구니까, 당신은 그들이 일생 내내
날개들의 의미가 무엇인지 알고 싶어했다고 생각할 거예요.
당신은 책에서 그들을 어르고, 그들을 먹이고 길러서,
그들을 속속들이 알고 있지요. 우리에게 알려 주세요—
비밀을 지킬 테니—즐겁게 해주는 재치를.
항시 바람이 일렁이는 바다처럼 자유자재로 변신하는

- 1행의 크리빈 이빈Craoibhin Aoibhin은 더글라스 하이드Douglas Hyde(1860-1949)의 게일어 필명. '즐거운 작은 가지'Little Pleasant Branch라는 뜻이다.(*NC* 94) 그는 나중에 아일랜드 초대 대통령(1939-1946)이 되었다.(Conner 88)
- 2행의 높이 하늘에 떠있을 때는 애비 극장의 무대에 올린 영웅극을 가리킨다. 많은 관객을 끌어들이지는 못했다.(*NC* 95)
- 5행의 일상적인 것들은 사실적인 연극과 '농촌 희극'cottage comedy을 말한다. 그러나 농촌생활을 다룬 싱의 희극은 관객들의 분노를 샀다.(*NC* 95)
- 7행의 날개들wings은 2-3행과 관련된다.(역자)
- 8행은 고대어를 당시의 영어로 번역한 사실에 대한 언급일 것이다.(Albright 514)

That turns and changes like his draughty seas?
Or is there none, most popular of men,
But when they mock us, that we mock again?

프로테우스 같은 이런 사람들에게 굴레가 있는지요?
아니면, 사람들 중에 가장 인기 있는 분이시여,
그들이 우릴 조롱할 때, 우리 또한 조롱할 수밖에 없는지요?

1911. 5. 창작, 1912 발표

- 12행의 프로테우스Proteus는 그리스 신화에서 포세이돈Poseidon의 양떼들을 돌보는 바다의 노인. 예언 능력이 대단하나 자유자재로 변신하기 때문에 물어보기 어렵다.(*NC* 95)

On Hearing That the Students of Our New University Have Joined the Agitation against Immoral Literature

Where, where but here have Pride and Truth,

That long to give themselves for wage,

To shake their wicked sides at youth

Restraining reckless middle-age?

- 제목의 새로 설립된 대학교New University는 1854년에 설립된 가톨릭 대학교Catholic University를 모태로 하여 1908년에 더블린에 설립된 '아일랜드 왕립 대학교'Royal University of Ireland를 말한다. 이를 'New University'라고 한 것은 '트리니티대학'Trinity College(Dublin)과 구별하기 위해서이다. 트리니티는 1591년에 엘리자베스 1세가 세운 학교이다.(*NC* 92) / 이 대학은 나중에 아일랜드의 4개 도시에 신설됨에 따라 이들을 합쳐 '아일랜드 국립 대학교'National University of Ireland로 개칭하게 되었다. 제임스 조이스James Joyce가 이 학교 출신이다.(Albright 511)

새로 설립된 대학교의 학생들이 외설 문학 반대 운동에 참여했다는 소식을 듣고

어느 곳에서, 여기 이외의 어디서
'긍지'와 '진리'가 돈을 받고 자신을 팔아넘기고자
경박한 중년층을 견제하는 청년들에게
엿구리 흔들며 악의적인 웃음을 터뜨려야 하겠나?

1912. 4. 3.

- 2행의 돈을 받고는 매음행위를 말한다.(Albright 511)

To a Wealthy Man Who Promised a Second Subscription to the Dublin Municipal Gallery If It Were Proved the People Wanted Pictures

You gave, but will not give again
Until enough of Paudeen's pence
By Biddy's halfpennies have lain
To be 'some sort of evidence',
Before you'll put your guineas down,
That things it were a pride to give
Are what the blind and ignorant town
Imagines best to make it thrive.
What cared Duke Ercole, that bid

- 1912-1913년에 있었던 소위 '레인 논쟁'Lane controversy을 배경으로 한 작품이다. 휴 퍼시 레인 경Sir Hugh Percy Lane(1875-1915)은 그레고리 여사Lady Gregory 언니의 아들이다. 그는 더블린 시립 미술관이 건립되면, 자기가 수집 보존하고 있는 프랑스 인상파의 작품들을 몽땅 기증하겠다고 하고, 루티엔스 경Sir Edwin Lutyens이 설계한 더블린의 리피 강을 가로지르는 다리 형태의 미술관 건립을 주장했으나, 시민들은 냉담한 반응을 보였다.(Jeffares 169)
- 이 작품은 처음에 돈을 기부한 사람이 두 번째로 요청받았을 때, 시민의 호응이 없으면 재차 돈을 내지는 않겠다고 말한 아딜라운 경Lord Ardilaun을 염두에 둔 것이다.(Unterecker 117) / 따라서 제목 중의 어느 부유한 분은 아딜라운 경일 것이다.(*NC* 107) 그는 남작인 기네스 경Sir Arthur Guinness(1840-1915)으로, 아일랜드를 대표하는 기네스 맥주회사 창업주의 손자이자, 그 회사의 수장이다. 실제로 그는 박애주의자였으며, 많은 기부를 하였다. 예이츠가 공격 대상으로 삼은 것은 저속한 대중이다.
- 이탈리아 르네상스 시대의 후원자들을 예로 들어 시민의 여론과는 관계없이 부유한 사람이 망설이지 않고 후원에 앞장설 것을 권고하는 내용의 시이다.(Vendler 214)

시민들이 그림을 원한다는 사실이 입증되면 더블린 시립 미술관에 또다시 헌금할 것을 약속한 어느 부유한 분에게

당신은 기부했지만 재차 금화들을 갖다 놓기 전에,
'하녀'의 반 푼짜리로
'시중 사람들'의 상당한 푼돈들이 모이고,
시의 번영에 최선이 되는 것은
기부하면 자랑스러운 일이라고
눈먼 무지한 시민들이 생각한다는
'어떤 증거'가 나타나기까지는
당신은 재차 기부하지 않겠다는 거지요.
에르콜레 공작이 무언극 광대들에게

- 1-8행에서 말하는 기부자의 논리는 일반 시민의 호응 여부를 전제조건으로 하겠다는 것이다. 그러나 예이츠의 주장은 취향 기준은 위의 계층에서 설정해야 하는 것이므로 일반 대중에게 문화 향상을 위해 재정적인 협력을 요구하는 것은 어리석은 일이라는 것이다.(Albright 526)
- 1행의 당신은 제목의 '어느 부유한 분'을 가리킨다.
- 2행의 하녀는 'Biddy'의 번역이다.
- 3행의 시중 사람들은 'Paudeen'의 번역이다. 'Paudeen'은 무지렁이, 중류 상인들을 경멸할 때 쓰는 말이다. / 'Biddy'와 'Paudeen'은 대중들, 민중들을 말한다.(*NC* 107) / 한편 'Biddy'와 'Paudeen'은 윌리엄 마틴 머피William Martin Murphy의 신문독자들인 가톨릭 중산층을 가리킨다고 한다.(Tuohy 145)
- 9행의 에르콜레 공작은 에르콜레 데스테 1세Duke Ercole d'Este I(1431-1505). 이탈리아의 페라라Ferrara를 중심으로 학문 육성에 공헌한 에스테Este 가문의 한 사람이다. 페라라의 그의 저택에 많은 문인이 모여들어 르네상스의 중심지가 되었다.

His mummers to the market-place,
What th' onion-sellers thought or did
So that his Plautus set the pace
For the Italian comedies?
And Guidobaldo, when he made
That grammar school of courtesies
Where wit and beauty learned their trade
Upon Urbino's windy hill,
Had sent no runners to and fro
That he might learn the shepherds' will.
And when they drove out Cosimo,
Indifferent how the rancour ran,
He gave the hours they had set free
To Michelozzo's latest plan

- 9-28행은 1-8행의 논리에 대한 세 가지 반박 사례로서 문예부흥에 공헌한 이탈리아의 세 통치자의 업적을 거론하였다. 이들의 공통점은 시중 사람들의 취향에 영합할 필요성을 느끼지 않았다는 것이다.(역자)
- 12행의 그의 플라우투스는 에르콜레 공작이 후원하여 공연한 플라우투스Titus Maccius Plautus(254?-184 BC)의 작품들. 그는 아리오스토Ludovico Ariosto(1474-1533)가 번역한, 로마시대의 희극작가 플라우투스의 작품 다섯 편을 아들 결혼식 때(1502) 공연하게 했다. 플라우투스는 로마 초기 극작가로서 그리스의 새로운 희극을 본받아, 잘 짜인 플롯에다 시중 사람들의 삶을 생생하게 그려내어, 르네상스 시대 및 그 이후의 작가들, 몰리에르, 코르네유, 셰익스피어 등에게 많은 영향을 끼쳤다.
- 14행의 귀도발도는 우르비노 공작Guidobaldo di Montefeltro, Duke of Urbino(1472-1508). 우르비노 공국의 통치자.
- 15행의 우르비노의 바람 센 언덕은 아펜니노Apennine 산맥의 비탈에 있다.(*NC* 108)

양파장수들의 생각이나 행동을
시장바닥에서 연출하게 하여
그의 플라우투스가 이탈리아 희극의
모범이 되게 한 것은 무슨 의도였을까요?
그리고 귀도발도는
우르비노의 바람 센 언덕 위에다
재치 있고 잘생긴 사람들이 공부하는
궁정의 예절 학교를 세웠을 때,
목동들의 생각을 알아보려고
사람들을 이리저리 내보내지는 않았지요.
그리고 사람들이 코시모를 추방했을 때,
그는 원한의 동향에는 아랑곳하지 않고
그들이 그를 자유롭게 해준 시간을
산마르코 도서관 건립을 위한

- 17행의 궁정의 예절 학교는 'grammar school of courtesies'의 편의상의 번역이지만, 실제로는 궁정palace을 말한다.(Unterecker 118) 일반적으로 'grammar school'은 영국의 '문법학교'로 알려져 있지만, 이는 교육의 기본이라고 생각되는 라틴어 문법을 가르친 데서 유래한 말이다. 따라서 '궁정의 예절학교'란 문화의 전당, 예술의 전당이 되는 궁정 건물로서, 귀중한 예술품과 서적들을 소장하고 인재 양성의 터전이 되었음을 말한다.
- 18행의 목동은 예이츠 자신의 마스크이다.(Albright 527)
- 20행의 코시모Cosimo de Medici(1389-1464)는 1433년에 베니스로 추방당한 피렌체의 메디치Medici 가문의 정치가. 추방지에서 일 년 뒤에 돌아와 정권을 장악하고, 메디치 가문 번영의 토대를 마련하여 자선사업, 학술과 예술을 진흥시켜 피렌체가 유럽문화의 중심지이자 문예부흥의 요람지가 되도록 했다.
- 23행의 산마르코 도서관San Marco Library은 피렌체의 산마르코 수도원의 도서관. 미켈로초가 코시모 메디치의 지시와 자금으로 설계하여 지었다.

For the San Marco Library,
Whence turbulent Italy should draw
Delight in Art whose end is peace,
In logic and in natural law
By sucking at the dugs of Greece.

Your open hand but shows our loss,
For he knew better how to live.
Let Paudeens play at pitch and toss,
Look up in the sun's eye and give
What the exultant heart calls good
That some new day may breed the best
Because you gave, not what they would,
But the right twigs for an eagle's nest!

- 24행의 미켈로초Michelozzo Michelozzi(1396-1472)는 피렌체의 조각가이자 건축가. 이탈리아의 르네상스 건축양식 발전의 기초를 놓았으며, 코시모의 귀양살이에 동행하였다. (Albright 527)
- 30행의 그분은 20행의 코시모. 29행의 후한 손open hand을 보편적인 개념으로 한, 그런 손을 가진 인간을 두루 가리킬 수도 있을 것 같다. 그러나 시제가 과거이므로 특정인을 가리킨다고 하면, 과거에 이미 거금을 기부한 일이 있는 '어느 부유한 분'을 가리킨다고 볼 수 있을 것이다.(역자)

미켈로초의 최신 설계 작성에 바쳤지요.
거기서 어지러운 이탈리아가
그리스의 젖꼭지를 빨아,
평화가 목적인 '예술'에서,
논리와 자연법칙에서 즐거움을 도출하게 한 거지요.

오직 당신의 후한 손이 우리의 손실을 가리킵니다,
왜냐하면 그분은 사는 법을 더 잘 알고 있었으니까요.
'시중 사람들'이야 동전치기나 하게 내버려두시고,
태양의 눈을 똑바로 쳐다보시면서,
언젠가 새날에는 최선이 잉태되도록
희열 넘치는 벅찬 가슴이 좋게 여기는 걸 내주세요.
왜냐하면 당신은, 그들이 제공하고자 하는 것과는 다른,
독수리 둥지에 꼭 맞는 나뭇가지들을 제공한 바 있으니까요!

1912. 12.

- 32행의 태양의 눈은 독수리의 눈을 가리킨다. 독수리는 해를 볼 때도 눈을 깜박거리지 않는다.(*NC* 109)
- 36행의 독수리는 고귀함, 활동력, 위대함, 객관성을 상징한다.(*NC* 109) / 독수리는 문명의 은유이다.(Albright 527)

The Grey Rock

Poets with whom I learned my trade,
Companions of the Cheshire Cheese,
Here's an old story I've remade,
Imagining 'twould better please
Your ears than stories now in fashion,
Though you may think I waste my breath
Pretending that there can be passion
That has more life in it than death,
And though at bottling of your wine
Old wholesome Goban had no say;
The moral's yours because it's mine.

When cups went round at close of day—
Is not that how good stories run?—
The gods were sitting at the board

- 제목 그레 록The Grey Rock은 바위 이름. 고유명사라서 그쪽 발음대로 적었다. 이 바위는 아일랜드 말로 '크레그 리악'Craig Liath(Rock Grey). 전설적인 여자 무사 이퍼Aoife의 터전이었다. 스코틀랜드에 있다고도 하고, 아일랜드 클레어Clare 주에 있는 높이 12미터의 큰 바위라고도 한다.(*NC* 102)
- 2행의 체셔 치즈Cheshire Cheese는 1667년에 개업한, 런던의 플리트Fleet 가의 펍, 식당. 그 집 2층은 1890년에 결성된 '라이머즈 클럽'Rhymers' Club의 집회장으로 이용되었다.(*NC* 102)

그레 록

나와 함께 시 공부를 한 시인들이여,
체셔 치즈 펍의 친구들이여,
지금 유행 중인 얘기들보다
자네들의 귀를 더 즐겁게 하리라고 보고,
여기에다 옛이야기를 다시 쓰네,
비록 자네들이 거기에는 죽음보다
삶의 열정이 더 많으리라 여기면서,
내가 아까운 숨을 낭비한다고 생각할지 모르고,
또한 자네들의 폭음에 대해서는
건장한 늙은 가우왠도 발언권이 없기는 하지만,
이건 내 작품이니 해석은 자네들 몫이네.

해가 저물고 술잔들이 돌아갈 때—
좋은 얘기들이 나오게 되는 것 아닌가—
신들이 슬리븐나몬 산의

- 6-7행은 '라이머즈 클럽' 문인들의 자기 파괴적인 죽음에 대한 강박관념을 암시한다.(Albright 521)
- 10행의 가우왠Goban은 다난 족의 무기를 만드는 대장장이며 술을 빚는 사람. 다난 족들을 영원히 젊게 하는 것은 그가 빚은 술 덕분으로 그의 술은 죽음, 병, 늙음을 멀리하게 하고 근심을 잊게 한다.(Conner 70)
- 14행의 슬리븐나몬Slievenamon은 티퍼러리Tipperary 주에 있는 산 이름. 요정의 궁전이 있었다고 한다. 특히 다난 족 여인들에게 성스러운 곳으로서, 게일어로 '여인들의 산'이라는 뜻이다.(*NC* 103)

In their great house at Slievenamon.
They sang a drowsy song, or snored,
For all were full of wine and meat.
The smoky torches made a glare
On metal Goban'd hammered at,
On old deep silver rolling there
Or on some still unemptied cup
That he, when frenzy stirred his thews,
Had hammered out on mountain top
To hold the sacred stuff he brews
That only gods may buy of him.

Now from that juice that made them wise
All those had lifted up the dim
Imaginations of their eyes,
For one that was like woman made
Before their sleepy eyelids ran
And trembling with her passion said,
'Come out and dig for a dead man,
Who's burrowing somewhere in the ground,
And mock him to his face and then
Hollo him on with horse and hound,

- 24행의 산정은 리트림Leitrim 주에 있는 철산鐵山.(*NC* 103)
- 29행의 여자같이 생긴 한 사람은 이퍼Aoife, 요정 쉬Sidhe의 하나.(*NC* 103)

그들의 큰 저택의 식탁에 앉아 있었지.
그들 모두가 술과 고기를 배불리 먹었으니,
노래 부르다 졸거나 코를 골았지.
연기 나는 횃불들이 번들번들 번쩍였어,
가우왠이 두들긴 금속판 위에,
저기 굴러다니는 깊숙한 낡은 은 그릇 위에,
혹은, 신들만이 그로부터 살 수 있는,
그가 빚은 성스러운 술을 따르기 위해
열광이 그의 근육을 자극할 때,
산정에서 두들겨 만들었던,
마시다 남은 술잔 위에 말이지.

이제 그들을 현명하게 했던 술로부터
그들 모두 눈을 쳐들어
희미한 상상력들을 발휘했지.
왜냐하면 여자같이 생긴 한 사람이
그들의 졸리는 눈꺼풀 앞에 달려가,
열정에 넘쳐 떨며 말했기 때문이네.
'이리 와서 죽은 자를 파내 줘요.
그가 땅속 어딘가 굴을 파고 있는데,
그이 면전에서 조롱하고 그다음엔
말과 사냥개와 함께 혼내 주세요.

- 32행의 죽은 자는 아일랜드 왕(Brian Boru)의 아들인 무르크Murrough의 친구.(*NC* 103) / 이퍼의 연인.(Albright 522)

For he is the worst of all dead men.'

We should be dazed and terror-struck,
If we but saw in dreams that room,
Those wine-drenched eyes, and curse our luck
That emptied all our days to come.
I knew a woman none could please,
Because she dreamed when but a child
Of men and women made like these;
And after, when her blood ran wild,
Had ravelled her own story out,
And said, 'In two or in three years
I needs must marry some poor lout,'
And having said it, burst in tears.

Since, tavern comrades, you have died,
Maybe your images have stood,
Mere bone and muscle thrown aside,
Before that roomful or as good.
You had to face your ends when young—
'Twas wine or women, or some curse—

- 41행의 한 여인은 모드 곤Maud Gonne.(*NC* 103)
- 47행의 시골뜨기는 존 맥브라이드John MacBride. 모드 곤과 결혼했다가 곧 이혼한 사람이며 1916년 부활절 봉기의 주역 중 한 사람이다.(*NC* 103)

그는 죽은 자 중에서 가장 나쁜 자니까요.'

그 방과 술 취한 그 눈들을 꿈에 보기만 해도
우리는 정신 잃고 공포에 질릴 거야.
그리고 우리에게 다가올 세월을 몽땅 비워 버린
우리의 운명을 저주하겠지.
나는 한 여인을 알고 지냈는데,
아무도 그녀를 즐겁게 할 수 없었지.
어렸을 때 그녀는 이런 남녀들의 꿈을 꿨으니까.
그리고 나중에 그녀 피가 거칠어졌을 때,
그녀 자신의 얘기를 술술 해대다가
이렇게 말했다네. '두서너 해 뒤에 나는
가난한 시골뜨기와 꼭 결혼해야겠어요.'
그런 말 하고는 눈물을 주룩 쏟았다네.

술집의 친구들이여, 자네들은 죽었으니,
자네들의 영상들은
오직 뼈와 살은 벗어던지고,
만원이나 다름없는 저 방 앞에 서있겠지.
자네들은 젊었을 때 죽음과 마주해야 했지—
그건 술이나 여자들, 혹은 저주의 말—

• 54행의 술은 라이오넬 존슨Lionel Pigot Johnson(1867-1902), 여자들은 어니스트 다우슨Ernest Christopher Dowson(1867-1900)에 해당한다.(*NC* 103-104)

But never made a poorer song
That you might have a heavier purse,
Nor gave loud service to a cause
That you might have a troop of friends.
You kept the Muses' sterner laws,
And unrepenting faced your ends,
And therefore earned the right—and yet
Dowson and Johnson most I praise—
To troop with those the world's forgot,
And copy their proud steady gaze.

'The Danish troop was driven out
Between the dawn and dusk,' she said;
'Although the event was long in doubt,
Although the King of Ireland's dead
And half the kings, before sundown
All was accomplished.

'When this day
Murrough, the King of Ireland's son,

- 65-69행은 스칸디나비아 반도에 근거를 둔 바이킹들의 침공을 말한다. 이들은 대략 800년부터 영국의 여러 섬을 노략질하기 시작하여, 977년경에는 아일랜드를 실질적으로 좌지우지했다. 아일랜드에서 이들을 완전히 물리친 것은 1014년이고 당시 왕은 브린 보루Brian Boru였다.(Albright 522)

하지만 더 묵직한 지갑을 갖기 위하여
결코 시시한 노래는 짓지 않았고,
친구 패거리를 만들기 위하여
어떤 명분에 시끄럽게 봉사하지 않았지.
자네들은 뮤즈들의 더 엄격한 법칙들을 지켰고,
죽음과 후회 없이 대면했네.
따라서—다우슨과 존슨을 내가 가장 찬양하지만—
자네들은 세상이 잊어버린 분들과 함께하며,
그들의 늠름한 한결같은 시선을
모방할 권리를 얻은 것이네.

'덴마크 군사들은 새벽과 황혼 사이에
밀려났어요,'라고 그 여자는 말했네.
'비록 그 일은 오랫동안 긴가민가해왔지만,
비록 아일랜드 대왕이 전사하고
절반의 왕들이 죽었지만,
해 지기 전, 모든 일이 마무리되었어요.

이날
아일랜드 대왕의 아들, 무르크는

- 65행의 덴마크 군사들은 바이킹.(역자)
- 66행의 그 여자는 이퍼.(역자)
- 71행의 무르크Murrough는 아일랜드 왕 브린 보루의 아들.(Albright 522)

Foot after foot was giving way,
He and his best troops back to back
Had perished there, but the Danes ran,
Stricken with panic from the attack,
The shouting of an unseen man;
And being thankful Murrough found,
Led by a footsole dipped in blood
That had made prints upon the ground,
Where by old thorn-trees that man stood;
And though when he gazed here and there,
He had but gazed on thorn-trees, spoke,
'Who is the friend that seems but air
And yet could give so fine a stroke?'
Thereon a young man met his eye,
Who said, 'Because she held me in
Her love, and would not have me die,
Rock-nurtured Aoife took a pin,
And pushing it into my shirt,
Promised that for a pin's sake
No man should see to do me hurt;
But there it's gone; I will not take

• 75행의 눈에 안 보이는 한 사람과 85행의 한 젊은이는 이퍼(혹은 에발Aoibhell)가 사랑하는 사람. 전투에 참가하지 않으면 200년의 수명을 보장하겠다는 이퍼의 제의를 거부하고 싸우러 나갔다가 죽었다.(*NC* 104)

한 발짝 한 발짝 후퇴하고 있었고,
그와 그의 정예부대도 퇴각을 거듭하다가
그 자리에서 전멸했지만,
덴마크 군사들은 눈에 안 보이는 한 사람의
공격적인 함성에 겁에 질려 도망쳤어요.
그리하여 고맙다는 생각을 하면서 무르크는
땅바닥에 남겨지는 피범벅된 발자국을 따라가다가
늙은 산사나무들 옆,
그 사람이 선 곳을 발견했지요.
그런데 그가 이리저리 두리번거렸지만,
산사나무들만 눈에 띄어, 이렇게 말했대요.
'공기만으로도 그렇게나 멋진
공격을 할 수 있었던 그대는 뉘신지?' 하고.
그러자 한 젊은이가 그의 눈과 마주쳤대요.
젊은이가 말했대요. '이퍼가 나를 사랑 안에다 붙잡아 두고,
나를 죽지 않게 하기 위하여
바위에서 양육된 그녀가 핀을 하나 가지고 와서
내 셔츠에 꽂아 주고,
핀 덕분에 내가 부상당하는 걸
아무도 보지 못하게 한다고 그랬소.
그렇지만 그게 없어졌소. 대왕의 아드님,

- 92행의 그게 없어졌소는 살아 있는 사람의 눈으로는 신과 같은 존재를 알아보지 못함을 말한다.(Albright 522)

The fortune that had been my shame
Seeing, King's son, what wounds you have.'
'Twas roundly spoke, but when night came
He had betrayed me to his grave,
For he and the King's son were dead.
I'd promised him two hundred years,
And when for all I'd done or said—
And these immortal eyes shed tears—
He claimed his country's need was most,
I'd saved his life, yet for the sake
Of a new friend he has turned a ghost.
What does he care if my heart break?
I call for spade and horse and hound
That we may harry him.' Thereon
She cast herself upon the ground
And rent her clothes and made her moan:
'Why are they faithless when their might
Is from the holy shades that rove
The grey rock and the windy light?
Why should the faithfullest heart most love
The bitter sweetness of false faces?
Why must the lasting love what passes,

당신이 어떤 부상을 입었는지 알아보는 것은
나의 치욕인지라 그렇게 하지는 않겠소.'
단호하게 말했대요. 그렇지만 밤이 되자
그는 나 몰래 그의 무덤으로 가버렸어요.
왜냐하면 그와 대왕의 아들은 죽었기 때문이지요.
나는 그에게 이백 년을 약속했었는데,
그리고 할 일이나 할 말을 다 했었는데—
그런데 불멸의 이 눈들이 눈물을 흘리고 말았네요—
그는 조국의 요청이 최우선이라고 주장했고,
나는 그의 생명을 살렸었지요.
하지만 새 친구를 위해 그는 유령이 된 거예요.
내 심장이 터진들 그가 무슨 상관하겠어요?
나는 삽과 말과 사냥개를 불러내는데
우리가 그를 자꾸 들쑤시기 위해서지요.'
그렇게 말하고는 그녀가 땅에 엎드려
옷을 찢고 비탄의 신음소리를 내었다네.
'왜 그들은 신의가 없을까,
그들의 능력은 회색 바위를 배회하는
거룩한 혼령과 바람 같은 빛에서 나오는데도?
가장 신의 있는 마음은 왜 거짓 얼굴들의
쓰디쓴 애정을 몹시 사랑하는 걸까?
왜 영원한 것은 사라지는 것을 사랑해야 하는가?

• 107행의 그녀는 이퍼(혹은 에발).

Why are the gods by men betrayed?'

But thereon every god stood up
With a slow smile and without sound,
And stretching forth his arm and cup
To where she moaned upon the ground,
Suddenly drenched her to the skin;
And she with Goban's wine adrip,
No more remembering what had been,
Stared at the gods with laughing lip.

I have kept my faith, though faith was tried,
To that rock-born, rock-wandering foot,
And the world's altered since you died,
And I am in no good repute
With the loud host before the sea,
That think sword-strokes were better meant
Than lover's music—let that be,
So that the wandering foot's content.

- 122행의 더는 기억하지 못하고는 예이츠가 제시하는 신들의 감정은 변함없는 것이기도 하지만 무상하기도 함을 뜻한다. 이퍼와 모드 곤의 경우를 빗대는 말이다. 그들은 충실한 연인을 잊어서는 안 된다는 것이다.(Albright 522-523)
- 125행은 모드 곤과 연관시킬 수 있는 대목. 그녀가 젊었을 때 한때 살았던 호스Howth에 바윗길이 있다.(*NC* 104)

왜 신들은 인간에게 배신당하는가?'

하지만 신들은 이내 서서히 미소를 띠고
소리 없이 모두 자리에서 일어났대요.
그리고 술잔을 들고 팔을 뻗어
그녀가 땅바닥에 신음하는 곳에
갑자기 쏟아 부어 피부까지 적셨대요.
그리고 그녀는 가우왜의 술을 뚝뚝 흘리며,
과거의 일을 더는 기억하지 못하고,
웃는 입술로 신들을 바라보았다고 하네.

신의가 시련을 받았지만, 나는 신의를 지켜 왔네,
바위 위를 헤매다니는, 바위 태생의 발에다가 말일세.
그리고 자네들이 죽은 뒤 세상은 달라졌네.
그리고 나는 바다 앞에 늘어선 시끄러운 무리에게
그다지 좋은 평판은 받지 못하네.
그들은 칼로 치는 것이 연인의 음악보다
더 의미가 있다고 생각하는 거지—
내버려 두세, 유랑하는 발이 만족하도록.

1913 이전

• 127-128행의 시끄러운 무리에게 그다지 좋은 평판은 받지 못하네는 예이츠가 1910년에 영국정부의 연금을 수령한 일과 반가톨릭적인 것이 엿보이는 연극관련 활동 및 레인 논쟁으로 하여 그와 적대되는 정치 세력인 '아일랜드 공화주의 형제단'Irish Republican Brotherhood과 국수주의자들과의 불편한 관계를 표현한 것이다.(*NC* 105; Albright 523)

September 1913

What need you, being come to sense,
But fumble in a greasy till
And add the halfpence to the pence
And prayer to shivering prayer, until
You have dried the marrow from the bone?
For men were born to pray and save:
Romantic Ireland's dead and gone,
It's with O'Leary in the grave.

Yet they were of a different kind,
The names that stilled your childish play,

- 「…어느 부유한 분에게」To a wealthy Man …와 다음의「시중 사람」Paudeen과 함께 '레인 논쟁'에 관련된 작품이다. 두 편 모두 돈놀이하는 자들의 이미지로 시작한다.(Albright 527-528)
- '레인 논쟁'을 거론하면서 극도로 인색한 당시의 아일랜드와 과거의 울프 톤Wolfe Tone이나 에드워드 피츠제럴드Edward Fitzgerld, 가까이는 존 오리어리John O'Leary 같은 분들과의 차이점을 말한다(Parkinson, *Early* 106)
- 아일랜드 사람들과의 관계에서 겪는 예이츠 자신의 곤경을 극화한 개인적인 것이 담겨진 시이다.(Parkinson, *Early* 108)
- 시사성을 띤 내용을 담은 발라드 형식의 시이다.(Vendler 114)
- 1행의 철이 들 만한데는 지독한 아이러니이다.(O'Neill 116) / 당신네들은 아일랜드 사람들, 특히 새롭게 등장한 가톨릭 중산층을 지칭한다.(*NC* 109) / 영혼보다는 돈의 저축에 더 몰두하는 상점 경영인 계층의 가톨릭 신자들을 말한다.(Albright 528) / 당신네들이라고 한 것은 따돌리는 영국계 아일랜드 시인인 예이츠가 상대방이 낯선 사람들인 것처럼 지칭하는 말이다.(Vendler 115)

1913년 9월

철이 들 만한데, 어찌하여 당신네들은
뼛속에서 골수가 말라 버릴 때까지,
오로지 기름때 돈 궤짝을 더듬거리며
한 푼에다 반 푼을 더하고,
기도하다 벌벌 떨기조차 하는가?
인간은 기도하고 저축하러 태어났으니,
낭만적인 아일랜드는 죽고 없구려.
그것은 오리어리와 더불어 무덤 속에 들어갔네.

하지만 당신들의 유치한 놀이를 잠재운
그 이름들, 그네들은 종류가 다른 사람들.

- 8행의 오리어리John O'Leary(1830-1907)는 정치가이자 애국자. 트리니티대학에서 의학을 공부하다가 정치에 관심을 두었다.『아이리시 피플』*The Irish People*의 편집인으로서 반영反英 기사를 써서 1865년에 체포, 반역죄로 징역 20년 형을 받았으나, 국외퇴거를 조건으로 5년간 복역하였다. 파리에서 15년간 거주하면서 '아일랜드 청년회'Young Ireland Society, '아일랜드 공화주의 형제단'Irish Republican Brotherhood의 대표가 되었다. 예이츠도 이 조직들에 가담하고, 1886년에 더블린에서 그와 만나 그의 고결한 인품에 매료되었다. 그는 아일랜드의 많은 문학 자산들을 수집하고 있었으며, 그로부터 조국이 절실히 요구하는 것은 국민문학이라는 가르침을 받았다. 그가 감명받은 것은 나라를 위해 해서는 안 될 것들이 있다는 것과, 국민성이 없는 위대한 문학은 없고, 문학이 없는 위대한 국민은 없다는 것. 예이츠의 눈에는 그가 아일랜드 신화의 최후를 장식하는 낭만적 비극의 영웅으로 비쳤다. 첫 시집의 출판(1889)에 그의 도움을 받았다. 예이츠의 아버지와는 친구 사이였다.(*NC* 110)

They have gone about the world like wind,
But little time had they to pray
For whom the hangman's rope was spun,
And what, God help us, could they save?
Romantic Ireland's dead and gone,
It's with O'Leary in the grave.

Was it for this the wild geese spread
The grey wing upon every tide;
For this that all that blood was shed,
For this Edward Fitzgerald died,
And Robert Emmet and Wolfe Tone,
All that delirium of the brave?
Romantic Ireland's dead and gone,
It's with O'Leary in the grave.

Yet could we turn the years again,

- 14행의 구원은 'save'의 번역. 이 말은 '저축'의 뜻도 있다.(O'Neill 116)
- 17행의 기러기 떼는 '가톨릭 형벌법'Penal Laws의 통과로 1691년부터 영국군에 배속될 수 없어서 해외로 나가 프랑스, 스페인, 오스트리아의 군대에 들어간 사람들. 1690년에서 1730년 사이에 12만 명이 나갔다고 한다.(*NC* 110)
- 20행의 에드워드 피츠제럴드Lord Edward Fitzgerald(1763-1798)는 귀족출신의 애국자. 1796년에 울프 톤Wolfe Tone의 '아일랜드 단결 협회'United Irishmen에 가입하였고 '울프 톤 봉기'(1798) 시에 프랑스 정부의 원조를 받아 싸우려 했으나, 비밀이 누설되어 봉기 4일 전에 체포되었다가 그때 입은 부상으로 사망하였다.

그들은 바람처럼 세상을 떠돌아
기도할 시간이 거의 없었지.
교수형 집행자는 그들 위해 밧줄을 꼬았으니,
주여, 그들이 무얼 구원할 수 있었을까요?
낭만적인 아일랜드는 죽고 없구려.
그것은 오리어리와 더불어 무덤 속에 들어갔네.

바다가 물결칠 때마다 기러기 떼가
날개를 펼친 것은 이를 위함이었던가,
그 모든 피 흘림은 이를 위함이었던가,
이를 위해 에드워드 피츠제럴드가 죽었던가,
그리고 로버트 에밋과 울프 톤도,
용기 있는 자들의 그 모든 열광도?
낭만적인 아일랜드는 죽고 없구려.
그것은 오리어리와 더불어 무덤 속에 들어갔네.

하지만 우리가 세월을 되돌려,

- 21행의 로버트 에밋은 Robert Emmet(1778-1803). 1800년부터 2년간 프랑스에서 '기러기 떼'를 규합, 프랑스의 원조를 받아 반영국 봉기를 도모하였다. 100명 정도의 동지들을 이끌고 더블린 성으로 행진했으나, 배신자에 의해 무산되고, 도피 중 체포되어 영국군에 의해 교수형당했다. / 울프 톤(1763-1798)은 변호사, 독립운동가. '아일랜드 단결 협회'를 결성하였다. '기러기 떼'의 일원으로 미국 필라델피아로 갔다가 파리로 건너가, 프랑스정부를 움직여 반영국 봉기 목적으로 3만 명을 동원, 아일랜드로 향했으나, 짙은 안개로 상륙에 실패하였다. 2년 뒤인 1798년에 소수의 원정군을 이끌고 재차 시도했으나, 도중에 체포되어 교수형 선고를 받자마자 자결하였다.

And call those exiles as they were
In all their loneliness and pain,
You'd cry, 'Some woman's yellow hair
Has maddened every mother's son':
They weighed so lightly what they gave.
But let them be, they're dead and gone,
They're with O'Leary in the grave.

- 28행의 당신들은 외치리라는 오늘날의 아일랜드 중산층은 아일랜드에 대한 이런 분들의 사랑을 이해할 수 없으리라는 것이다.(*NC* 111) / 어느 여인은 모드 곤Maud Gonne을 암시한다. 예이츠의 모드 곤에 대한 광적인 사랑은 아일랜드에 대한 그의 사랑과 닮아 있다.

모든 고독과 고통을 겪은 그대로의
망명자들을 불러올 수 있다면,
당신들은 외치리라, '어느 여인의 노랑머리가
모든 어미의 아들을 미치게 했네.'라고.
그들은 그들이 바친 것을 대수롭지 않게 생각했다.
하지만 그들을 가만두어라. 그들은 죽고 없다.
그들은 오리어리와 더불어 무덤 속에 있다.

1913. 9. 7.

- 31행의 그들을 가만두어라는 시의 핵심을 드러내는 말이다. 상대방에 대한 공격이 아니라 미덕의 찬양이다.(Whitaker 152)

Paudeen

Indignant at the fumbling wits, the obscure spite
Of our old Paudeen in his shop, I stumbled blind
Among the stones and thorn-trees, under morning light;
Until a curlew cried and in the luminous wind
A curlew answered; and suddenly thereupon I thought
That on the lonely height where all are in God's eye,
There cannot be, confusion of our sound forgot,
A single soul that lacks a sweet crystalline cry.

- 제목의 시중 사람은 'paudeen'의 표기. 아일랜드 말로서, 투박하고 교양 없는 사람, 세상 물정 모르는 무지렁이, 아일랜드 중산층의 가게 주인들을 암시한다.(Conner 145)
- 앞의 「…어느 부유한 분에게」To a Wealthy Man ...에서 예이츠가 언급한 'paudeen' 운운에 대하여 머피William Martin Murphy가 공격해 온 것을 되받아 반론으로 쓴 시이다.(*NC* 112)
- '레인 논쟁'과 연관된 세 작품 중의 하나. 「1913년 9월」September 1913과 함께 중년을 대표하는 훌륭한 작품 중의 하나이다.(Parkinson, *Early* 106)
- 1-2행은 레인 논쟁에 관련된 예이츠의 첫 작품 「…어느 부유한 분에게」에 대한 머피의 공격을 두고 하는 말이다. 늙은 '시중 사람'은 머피를 가리킬 것이다.(*NC* 113)

시중 사람

나는 우리의 늙은 '시중 사람'이 자기 점포에서 어설픈
기지를 부려가며,
알 수 없는 원한을 터뜨리는 데에 분개하여,
훤한 아침에 돌과 산사나무 사이로 무턱대고 비틀거렸다,
도요새 한 마리 울고, 번쩍이는 바람 속, 또 한 마리가 화답할
때까지.
그러자 문득 이런 생각이 났다.
모든 것이 신의 눈 안에 있는 외딴 고지에서는
우리의 혼란스러운 소리는 잊혀지고,
감미롭고 수정 같은 소리가 결여된 영혼은 단 하나도 없다는
생각이.

1913. 9. 16.

- 3행은 한밤중에 바람 센 고지를 헤매는 쿠홀린을 연상시킨다.(Unterecker 119)
- 4행의 도요새 사이의 대화라는 자연의 목소리가 6행 이후에 보여 주듯, 인간의 증오심에 지나지 않는 경계선을 초월하게 하는 계시적인 역할을 한다.(Parkinson, *Early* 110)
- 6-8행은 죽음 외에는 궁극적인 해결책이 없다는 것이다.(Parkinson, *Early* 110)

Closing Rhymes

While I, from that reed-throated whisperer
Who comes at need, although not now as once
A clear articulation in the air,
But inwardly, surmise companions
Beyond the fling of the dull ass's hoof
—Ben Jonson's phrase—and find when June is come
At Kyle-na-no under that ancient roof
A sterner conscience and a friendlier home,
I can forgive even that wrong of wrongs,
Those undreamt accidents that have made me
—Seeing that Fame has perished this long while,

- 원래 이 시는『잉글리시 리뷰』*English Review*지에 실린 조지 무어George Moore의 글을 읽고 발표한「악명」Notoriety이라는 시이다. 이를 시집『책임』*Responsibilities*(1914)을 마무리하는 '발문'으로 활용함에 따라 제목이 없어졌다.
- 제목으로 삼은「마무리 노래」Closing Rhymes는 학계에서 편의상 붙인 것이다.(역자)
- 시집『책임』의「서시」Introductory Rhymes와 대비되는 시. 거기서는 자신의 무기력함을 실토하고 조상들에게 용서를 구했지만, 여기서는 어리석고 교양 없는 행동적인 현실세계에서 물러서는 것이 정당하다는 것이다.(Albright 547)
- 한 문장으로 이루어진 시.
- 1행의 갈대피리 목소리는 시적 영감을 말한다. 고요한 소리라서 한적한 시골에서라야 들리는 전원시이다.(Albright 547)
- 3행의 하늘에 명확한 소리를 내는 것은 대중에게 이해 가능한 시를 쓰는 것을 말한다.(Albright 547)

마무리 노래

필요할 때 나타나는 갈대피리 목소리로 중얼대던 내가,
과거 한때 그랬듯이 지금은
하늘에 명확한 소리를 내지도 못하고,
오직 속으로는—벤 존슨의 말인데—
우둔한 당나귀의 발길질 너머에 존재하는 친구들이
누구일까라는 생각을 해보고,
저 고색창연한 지붕 밑 카일너노에 유월이 찾아와
더욱 엄격한 양심과 더욱 친근한 집을 발견하는
그 사이에 나는—'명성'이란 옛 의식의 일부에 불과한지라,
사라진 지 이렇게나 오래되었다는 걸 알고—
더할 수 없이 값진 나의 모든 것들이

- 4행의 속으로는 예이츠 부인의 자동기술 때와 같은 내면적인 중얼거림을 말한다.(Albright 547)
- 5-6행은 비천한 사람들의 비방에 끄떡없는 그레고리 여사 같은 훌륭한 친구를 발견하는 일을 표현했다.(Albright 547)
- 5행의 우둔한 당나귀의 발길질은 벤 존슨Ben Jonson(1573?-1637)의 시 「자기의 노래」An Ode to Himself에 나오는 시구, '늑대의 검은 턱과 우둔한 당나귀의 발굽으로부터 안전한'을 활용한 것이다. 늑대와 당나귀는 존슨을 혹평한 사람들이다.(*NC* 128)
- 7행의 고색창연한 지붕은 쿨 파크Coole Park를 말한다.(*NC* 128) 이 장원을 지붕이라고 한 것은 장원을 마치 큰 저택처럼 말하기 위함이다. 그 속에 거대한 호수와 일곱 지역으로 분류된 넓은 숲이 있고, 당시에는 큰 저택이 있었다. / 카일너노Kyle-na-no는 일곱 지역의 숲 중의 하나. 북쪽 지역의 것이다.(*NC* 128)

Being but a part of ancient ceremony—
Notorious, till all my priceless things
Are but a post the passing dogs defile.

지나가는 개들이 더럽히는 푯말에 지나지 않게 될 때까지,
나를 악명 높게 만들었던, 꿈에도 생각지 못할
최악의 그런 짓거리마저도 용서할 수 있다.

1914

- 12행의 지나가는 개들이 더럽히는 푯말은 에라스뮈스Erasmus의 말이다. 예이츠의 시는 존슨과 에라스뮈스 같은 동료를 선호한다.(Albright 548)

The Fisherman

Although I can see him still,
The freckled man who goes
To a grey place on a hill
In grey Connemara clothes
At dawn to cast his flies,
It's long since I began
To call up to the eyes
This wise and simple man.
All day I'd looked in the face
What I had hoped 'twould be
To write for my own race
And the reality;
The living men that I hate,
The dead man that I loved,

- 제목의 낚시꾼은 예이츠가 이상화하는 사람. 천박한 더블린의 군중과는 구별되는 고독한 시골사람.(Vendler 189, 191)
- 1914년 더블린의 정치적인 기류에 실의에 빠진 예이츠가 토박이의 이상적인 민족주의자로 코니마라 지역의 남성인물을 내세운 3보격의 첫 작품이다.(Vendler 189)
- 이상적인 인간과 현실적인 인간의 대비를 주제로 하였다.(*NC* 152)
- 상상의 낚시꾼을 시의 이상적인 독자처럼 행동하게끔 합성하였다.(Albright 572)
- 1연(1-24행)은 여섯 개의 4행시로 이루어졌다.(Vendler 189)

낚시꾼

회색 코니마라를 걸치고
꼭두새벽에 플라이 낚시 던지러
언덕 위 잿빛 감도는 곳으로 가는,
갈색 반점 얼굴의 그 사람이
아직도 내 눈에 선하지만,
현명하고 소박한 이 양반을
눈에 떠올리기 시작한 지는
오래된다.
하루 종일 나는 그 얼굴 속에서
나 자신과 같은 종족과
현실세계의 사람들을 위하여
내가 어떤 글을 쓰기를 소망했던가를 보았다.
내가 미워하는 사람들은 살아 있고,
내가 좋아한 사람은 죽었다.

- 1행의 코니마라Connemara는 그 지역에서 생산된 천으로 만든 옷. 코니마라는 골웨이Galway 주의 구릉지대로, 대서양과 커다란 두 호수 사이에 끼어있는 황량한 땅이다. 농경에도 부적합한 바위투성이 지역이지만 이 지역 주민들 사이에는 아직도 고대 아일랜드 말이 사용되고 있고, 고대의 사회적·문화적 전통이 남아 있다. 예이츠는 코니마라 천이 이 지역 산물인 줄 알았지만, 실은 스코틀랜드에서 수입한 것이었다.
- 4행의 그 사람은 이상적인 인간이다.(*NC* 152)
- 10행의 나 자신과 같은 종족my own race은 이상적인 독자인 낚시꾼이다.(*NC* 152)
- 11행의 현실세계의 사람들은 이상적인 세계와는 다르다. 13-24행에서 현실세계의 상황을 구체적으로 거론하고 있다.(*NC* 152)

The craven man in his seat,
The insolent unreproved,
And no knave brought to book
Who has won a drunken cheer,
The witty man and his joke
Aimed at the commonest ear,
The clever man who cries
The catch-cries of the clown,
The beating down of the wise
And great Art beaten down.

Maybe a twelvemonth since
Suddenly I began,
In scorn of this audience,
Imagining a man,
And his sun-freckled face,
And grey Connemara cloth,
Climbing up to a place
Where stone is dark under froth,
And the down-turn of his wrist

- 15-24행은 당시 도시 군중에 대한 공격을 말하고 있다.(Vendler 189)
- 22행의 표어들은 'catch-cries'의 번역. 이는 'catch -words'의 뜻이다.(역자)

겁쟁이는 여전히 제자리에 앉아 있고,
건방진 녀석은 비난받지 않으며,
갈채 받은 주정뱅이
그런 건달은 책망받지 않고,
재치 있다는 사람과 그의 농담은
가장 천박한 귀를 노리고,
똑똑하다는 사람은 어릿광대의
표어들이나 외쳐대고,
현명한 자는 타도당하고
위대한 '예술'은 억압된다.

아마 한 열두 달쯤 되었을까.
내가 갑자기
이런 관객을 경멸하고
한 사람을 상상하기 시작한 것은.
햇볕에 타서 갈색 반점으로 얼룩진 얼굴,
회색 코니마라 천,
거품 이는 물 밑에 시커멓게
돌이 깔린 데로 올라가는 사람.
그리고 제물낚시가 푹 잠기면,

- 23-24행은 아마 미술관과 관련된 레인Lane의 제안과 관련될 것이다.(*NC* 152)
- 27행의 이런 관객은 현실세계의 사람인 독자들을 말한다.(역자)
- 28행의 한 사람은 이상적인 사람, 즉 낚시꾼이다.(역자)

When the flies drop in the stream;
A man who does not exist,
A man who is but a dream;
And cried, 'Before I am old
I shall have written him one
Poem maybe as cold
And passionate as the dawn.'

1916

손목이 아래로 처져 내려간다.
존재하지 않는 사람,
꿈에 지나지 않는 사람.
그러고는 나는 외쳤다.
'늙기 전에 나는 그에게
여명처럼 차갑고 열정적인
시 한 편을 써주고 말리라.'

1914. 6. 4.

- 34행의 손목이 … 내려간다는 예이츠의 훌륭한 낚시질 솜씨를 드러낸 표현이다.(*NC* 153)

Swift's Epitaph

Swift has sailed into his rest;
Savage indignation there
Cannot lacerate his breast.
Imitate him if you dare,
World-besotted traveller; he
Served human liberty.

[1929 - September 1930] 1931

- 조너선 스위프트Jonathan Swift(1667-1745) 자신이 쓴 라틴어 묘비명을 읽으며 그를 찬양하는 시이다. 그의 무덤은 그가 수석사제로 있었던 더블린의 영국 국교회 대사원인 성 패트릭 대성당St Patrick's Cathedral에 있다.
- 스위프트는 사후에도 계속 위력을 발휘했음을 말하는 시이다.(Albright 714)

스위프트의 묘비명

스위프트는 그의 안식처로 들어갔노라.
거기서는 격렬한 분노가
그의 가슴을 찢을 수 없느니라.
세상사에 정신 나간 나그네여,
그를 본받고 싶다면,
인간의 자유에 봉사한 그를 본받아요.

1930. 9.

- 4행의 세상사에 정신 나간은 예이츠의 말이다.(Albright 714)
- 6행의 인간의 자유에 봉사했다는 것은 스위프트가 일반대중으로부터 예술가를 해방시키려 했다는 데에 대해 예이츠가 공감하는 것이다. 그가 봉사한 것은 대중의 자유가 아니라 지성의 자유였다.(Unterecker 214)

The Municipal Gallery Revisited

I

Around me the images of thirty years:
An ambush; pilgrims at the water-side;
Casement upon trial, half hidden by the bars,
Guarded; Griffith staring in hysterical pride;
Kevin O'Higgins' countenance that wears
A gentle questioning look that cannot hide
A soul incapable of remorse or rest;
A revolutionary soldier kneeling to be blessed;

- 제목의 시립 미술관은 더블린 시립현대미술관The Municipal Gallery of Modern Art. 지금은 휴 레인 미술관The Hugh Lane Gallery으로 불린다. 아일랜드 국립미술관The National Gallery과는 다르다. 이 미술관은 1902년 휴 레인 경Sir Hugh Lane(1875-1915)의 건립운동을 시작으로 많은 논쟁이 이어지다가, 신축 대신 더블린의 역사적인 18세기 건물인 찰몬트 하우스Chatrlemont House를 활용하는 것으로 매듭지어져 1908년 1월 20일에 시민들에게 공개되었다. 그 뒤 1933년에 재건축되었다.(Conner 127-128)
- 2행의 매복한 사람들은 션 키팅Sean Keating(1889-1977)의 그림 'The Men of the West'이다.(*NC* 399) / 호숫가의 순례자들은 존 래버리 경Sir John Lavery(1856-1941)의 'St Patrick's Purgatory'. 성 패트릭의 입상이 있는 도니골Donegal 주 더그 호수Lough Derg의 순례자들을 그린 것이다. 다음에 계속 거론되는 네 작품도 그의 작품이다.(Albright 800)

다시 찾은 시립 미술관

I

내 주위에는 30년간 수집한 그림들이 있다.
매복한 사람들, 호숫가의 순례자들,
절반쯤 창살에 가려진, 호위받고 있는
재판정의 케이스먼트, 자부심이 곤두선 시선의 그리피스.
점잖게 따지는 안색의
케빈 오히긴스의 얼굴,
한탄하거나 안절부절 못하는 영혼을 감출 수 없다.
혁명군 한 사람은 축복받으려 무릎을 꿇고 있고,

- 4행의 케이스먼트Roger Casement(1864-1916)는 영국 외교관으로, 1916년 부활절 봉기 때 독일과의 내통으로 체포되어 교수형당했다. 래버리 경의 그림 'The Court of Criminal Appeal'이 있다. / 그리피스Arthur Griffith(1872-1922)는 정치가이자『아일랜드인 연맹』*The United Irishman*과『신페인』*Sinn Fein* 편집인. 아일랜드 자유국Irish Free State의 수상(1921)이었다. 래버리 경이 그린 초상화가 있으며, 릴리 윌리엄스Lily Williams의 것도 있다.(*NC* 399)
- 6행의 케빈 오히긴스Kevin O'Higgins(1892-1927)는 정치가. 신페인 당Sinn Fein에 가입, 아일랜드 자유국의 법상, 외상을 역임했다. 암살당하였다. 래버리 경이 그린 초상화가 있다.(*NC* 399)

II

An Abbot or Archbishop with an upraised hand
Blessing the Tricolour. 'This is not,' I say,
'The dead Ireland of my youth, but an Ireland
The poets have imagined, terrible and gay.'
Before a woman's portrait suddenly I stand,
Beautiful and gentle in her Venetian way.
I met her all but fifty years ago
For twenty minutes in some studio.

III

Heart-smitten with emotion I sink down,
My heart recovering with covered eyes;
Wherever I had looked I had looked upon
My permanent or impermanent images:
Augusta Gregory's son; her sister's son,

- 8-10행은 래버리의 그림 'Blessing the Colours'에 관한 것이다. 3색은 오렌지, 백색, 초록. 1922년부터 아일랜드 자유국이 채택한 국기이다.(*NC* 399)
- 11-12행은 안내 책자나 역사에서 말하는 아일랜드가 아니고, 아일랜드의 열정이 영광스럽게 드러난 것으로서, 아일랜드의 화가들의 엄청나게 넘치는 활력 덕분이라는 것.(Albright 800)

II

대수도원장 혹은 대주교가 '삼색기'를 축복하며
한 손을 들고 있다. 나는 이렇게 말한다.
'이건 내 젊은 시절의, 죽었던 아일랜드가 아니고,
시인들이 상상해온, 끔찍하게 즐거웠던 아일랜드야.'
나는 갑자기 한 여인의 초상화 앞에 선다.
베니스풍의 아름답고 부드러운 우아한 모습.
나는 그 여자를 거의 50년 전에
어느 화실에서 20분간 만났다.

III

북받친 감정에 가슴이 메어 나는 주저앉는다.
눈을 감고 있으니 심장이 회복된다.
어디를 둘러보나 잊을 수 없는 모습들,
혹은 그렇지 않은 모습들과 마주친다.
오거스타 그레고리의 아들, 그녀 언니의 아들인

- 13행의 한 여인의 초상화는 존 싱어 사전트John Singer Sargent(1856-1925)가 그린 찰스 베레스포드 여사Lady Charles Beresford의 초상화일 것이다.(*NC* 400)
- 21행의 오거스타 그레고리의 아들은 찰스 섀넌Charles Shannon(1863-1937)이 그린 로버트 그레고리Robert Gregory(1881-1918)의 초상화. / 21-22행의 그녀 언니의 아들인 휴 레인은 사전트가 그린 레인 경(이 미술관의 설립 제안자).(*NC* 400)

Hugh Lane, 'onlie begetter' of all these;
Hazel Lavery living and dying, that tale
As though some ballad-singer had sung it all;

IV

Mancini's portrait of Augusta Gregory,
'Greatest since Rembrandt,' according to John Synge;
A great ebullient portrait certainly;
But where is the brush that could show anything
Of all that pride and that humility?
And I am in despair that time may bring
Approved patterns of women or of men
But not that selfsame excellence again.

V

My mediaeval knees lack health until they bend,
But in that woman, in that household where

- 23행의 헤이즐 래버리Hazel Lavery(1886-1935)는 화가 존 래버리 경의 두 번째 부인, 미국 태생 화가. 남편이 부인을 모델로 삼아 그린 그림이 1923년에 아일랜드 자유국의 지폐 디자인 모델로 활용되었다. 살아 있는 헤이즐 래버리는 남편이 그린 'Hazel Lavery at her Easel'을 말하고, 숨넘어가는 그녀는 그녀가 죽은 척하는 포즈를 그린 'The Unfinished Harmony'('It is finished')를 말한다.(*NC* 400)

휴 레인, 이분들의 '유일한 아들',
살아 있는 헤이즐 래버리와 숨넘어가는 그녀,
어느 발라드 가수가 죄다 노래했던 것 같은 것.

IV

만치니의 오거스타 그레고리의 초상화,
존 싱에 의하면 '렘브런드 이후의 최고의 걸작'.
기운이 용솟음치는 위대한 초상화임은 틀림없지.
하지만 늠름함과 겸손함의 그 모든 면모를
죄다 보여줄 수 있었을 그 붓은 어디 있는가?
그리하여 나는, 시간이 여성들이나 남성들의
공인된 형상을 제공해 줄지는 모르지만, 꼭 그대로의 훌륭함을
다시 보여 주지 못할지 모른다는 절망감에 빠진다.

V

나의 중세적 무릎은 튼튼하지 못해 굽히기 어렵다.
그렇지만 저 여장부와 명예가 오랜 세월 생존했던 그 저택에

- 24행은 시와 그림은 쉽사리 상통하는 것이라는 말이다.(Albright 800)
- 25행의 만치니Antonio Mancini(1852-1930)는 이탈리아 화가.
- 26행의 존 싱John Synge(1871-1909)은 극작가이자 시인. 『서역의 인기인』*The Playboy of the Western World*의 작자이다. / 렘브란트Rembrandt(1606-1669)는 네덜란드 화가.
- 33행의 중세적 무릎은 중세시대의 궁정인 같은 예절을 암시한다.(*NC* 401)
- 34행의 저 여장부와 그 저택은 그레고리 여사와 쿨 파크의 저택.(*NC* 401)

Honour had lived so long, all lacking found.
Childless I thought, 'My children may find here
Deep-rooted things,' but never foresaw its end,
And now that end has come I have not wept;
No fox can foul the lair the badger swept—

VI

(An image out of Spenser and the common tongue).
John Synge, I and Augusta Gregory thought
All that we did, all that we said or sang
Must come from contact with the soil, from that
Contact everything Antaeus-like grew strong.
We three alone in modern times had brought
Everything down to that sole test again,
Dream of the noble and the beggar-man.

- 35행의 결여된은 원래 이 연이 다른 연과 마찬가지로 8행이었으나 1행이 부족한 7행으로 만든 사실과 연관될 수도 있다.(*NC* 401) / 자식이 없을 때란 예이츠가 그 저택에 처음 갔을 때(1896)를 말한다. 그때는 예이츠가 미혼이었다. 아들이 태어난 것은 1919년.(*NC* 401)
- 37행의 종말은 이 저택의 종말. 여기에 대해서는「1929년 쿨 파크」Coole Park, 1929의 마지막 연에 나온다.「1931년 쿨 파크와 밸릴리」Coole Park and Ballylee, 1931에서 그레고리 여사는 마지막 상속자로 그려졌다.(*NC* 401) 저택은 1932년에 헐렸다.(Albright 800)
- 38행에 해당될 없어진 시행은 'Of all that scholarly generations had held dear:'이다. 이 시행이 마음에 들지 않아, 빼기만 하고 채우지는 않았다.(Vendler 99, 403n8)

결여된 모든 게 발견된다. 자식이 없을 때 나는 이런 생각 했었지.
'내 자식들은 여기서 뿌리 깊은 것들을 발견할 거야.'라고.
하지만 그때는 종말을 예견하지 못했다.
그런데 이제 그 종말이 오고 말았다고 나는 울지 않는다.
오소리가 드나들던 굴을 여우가 더럽힐 수는 없는 것—

VI

(이 말은 스펜서를 떠올리는 흔히 쓰는 말).
존 싱과 나 그리고 오거스타 그레고리는
우리의 모든 행위, 우리의 말과 노래는 모두
대지와의 접촉에서 우러나와야 하고, 그런 접촉에서
안타이오스 같은 것이 모두 튼튼하게 자라난다고 생각했다.
우리 세 사람만이 요즘 세상에서 그 모든 것을,
귀한 사람과 비천한 사람의 꿈을,
유일무이한 그런 시험대에 다시 갖다 놓은 것이다.

- 39행은 쿨 파크는 파괴되었지만 더럽혀지지 않는다는 말이다.(Albright 801) / 오소리와 여우는 에드먼드 스펜서Edmund Spenser(1552?-1599)가 후원자인 레스터 경Sir Leicester의 죽음을 애도하는 작품에 나오는 동물이다. 오소리는 굴에 숨어서 굴을 깨끗이 청소하는 데 반하여, 여우는 나돌아다니며 더러운 것을 먹는 짐승이다.(*NC* 401)
- 44행의 안타이오스Antaeus는 포세이돈과 대지의 여신 가이아의 아들. 헤라클레스와 싸울 때 땅에 몸을 닿게 하여 어머니로부터 새로운 힘을 얻었다.(*NC* 402)
- 46행은 그레고리 여사가 곧잘 인용하는 아리스토텔레스의 말, 즉 '생각은 현명한 사람처럼 하되 표현은 보통사람처럼 한다'는 내용이다.(*NC* 402) / 비천한 사람은 'the beggar-man'의 번역.

VII

And here's John Synge himself, that rooted man,
'Forgetting human words,' a grave deep face.
You that would judge me, do not judge alone
This book or that, come to this hallowed place
Where my friends' portraits hang and look thereon;
Ireland's history in their lineaments trace;
Think where man's glory most begins and ends,
And say my glory was I had such friends.

[August - 5 September 1937] 1937

VII

그리고 여긴 저 뿌리를 깊이 박은 존 싱 자신의 것.
'인간의 언어를 잊어버린' 깊이 있는 근엄한 얼굴.
나를 평가하고픈 사람들이여, 따로따로
이 책 저 책 따지지 말고, 내 친구들의 초상화가 걸려 있는
이 성스러운 곳에 찾아와 관람해 보세요.
아일랜드의 역사를 그들의 얼굴에서 추적해 보아요.
인간의 영광이 대개 어디서 시작되고 끝나는가를 생각해 보고,
나의 영광은 그런 친구들이 있어서 그렇다고 말하세요.

1937. 8 - 9.

• 48행의 뿌리를 깊이 박은이라는 말은 싱이 아일랜드 서부의 토착적인 것에 뿌리를 깊이 박은 작가라는 것이다. 싱의 초상화는 예이츠 아버지의 작품이다.(*NC* 402)

Beautiful Lofty Things

Beautiful lofty things: O'Leary's noble head;
My father upon the Abbey stage, before him a raging crowd:
'This Land of Saints', and then as the applause died out,
'Of plaster Saints'; his beautiful mischievous head thrown back.
Standish O'Grady supporting himself between the tables
Speaking to a drunken audience high nonsensical words;

- 과거의 일을 회상하는 시이다.(Albright 783)
- 예이츠의 정서생활에 중요한 다섯 사람에 대한 회상을 담고 있다. 예이츠의 판테온에 모신 세 아버지와 두 여인을 그렸다. 그 다섯 사람은 혁명적인 애국자 존 오리어리, 자신의 아버지, 역사가 스탠디시 오그래디와 그의 후원자 그레고리 여사 및 연인 모드 곤이다. (Vendler 353-354)
- 6보격의 각운이 없는 시 형식(douzain). 아주 드물게 사용하였다.(Vendler 154)
- 1행의 오리어리는 존 오리어리John O'Leary(1830-1907). 예이츠는 자기가 만난 사람 중에 '가장 잘생긴 노인'이라고 하였다(*NC* 379). 예이츠의 아버지가 그린 그의 초상화(유화)가 더블린에 있는 아일랜드 국립 미술관에 전시되어 있다.
- 2행의 우리 아버지는 존 버틀러 예이츠John Butler Yeats(1839-1922). 1907년 2월 4일에 있었던 일을 말한다.(Albright 783) 존 싱의『서역의 인기인』을 둘러싼 항의소동 때에 그는 관객과 직접 대면하여 연설했다. 예이츠는 자기 아버지 외에는 더블린의 문인 중 아무도 이런 일에 나서지 않았다고 하였다.(Tuohy 131).
- 3-4행의 서술은 예이츠 본인의 기억과 같지는 않다.(Jeffares 292) 본인의 기억에 따르면 이렇다. 존 버틀러 예이츠가 등장하자, 관객이 그에게 문제의 연극 주인공이 아버지를 죽였다고 했듯이, '삽 가지고 와서 아버지를 죽여 봐.' 하고 소리질렀다. 존 예이츠는 싱에 대한 얘기를 조금 하고 나서, '물론 아일랜드는 성인들의 섬나라라는 걸 나도 알지만, 아이고 맙소사, 아일랜드는 또한 죄인들의 섬나라죠. 불행히도 이 나라에서는 오로지 속이지 않고는 살 수도 죽을 수도 없어요.'라고 말했는데, 그의 아들과 사회자가 '그만하세요, 시간 다 되었어요.' 하고 고함을 질렀다. 따라서 아들 예이츠가 아버지의 이 일화를 신화화한 것이다.(Tuohy 131)

아름답고 숭고한 분들

아름답고 숭고한 분들. 오리어리의 고매한 얼굴 모습.
애비 극장 무대 위의 우리 아버지. 그의 면전에는 성난 무리들.
'성인들의 이 나라는,' 하자 환호성이 잦아들어, 아름다운 장난기의
머리를 뒤로 젖히고, '성인 같은 사람들의 이 나라는,' 하고 말했지.
스탠디시 오그래디는 테이블 사이에 몸을 가누어
술 취한 청중에게 무의미한 고답적인 장광설을 쏟아 내었고,

- 4행의 성인 같은 사람들은 'plaster saints'의 번역. 이 말은 인간적인 흠이 없는 사람이라는 뜻이다.(*Webster*) / 이 말은 아일랜드가 학자들과 성인들의 땅이라고 여기는 아일랜드 가톨릭 견해의 밑바탕을 허물어버리는 말로서 '가짜 성인들'이라는 뜻을 암시한다.(O'Neill 175)
- 5-6행은 더블린의『데일리 익스프레스』*Daily Express*의 주필 토머스 패트릭 길Thomas Patrick Gill이 1899년 5월 11일에 베푼 디너파티 때의 일을 말한다. 오그래디는 술이 많이 취했으나, 침착하게 말했다.(*NC* 380)
- 5행의 스탠디시 오그래디Standish O'Grady(1846-1928)는 아일랜드 역사가. 고대 영웅전설을 발굴하여 아일랜드 문예부흥운동을 영도하였다. 이때 그는 문학운동 다음에 정치적인 운동이 뒤따르겠으나, 그것들은 그다지 중요하지 않고, 다음에는 군사적인 것이 뒤따르겠는데, 그것이 실로 중요하다고 말했다.(*NC* 380)

Augusta Gregory seated at her great ormolu table,
Her eightieth winter approaching: 'Yesterday he threatened my life.
I told him that nightly from six to seven I sat at this table,
The blinds drawn up'; Maud Gonne at Howth station waiting a train,
Pallas Athene in that straight back and arrogant head:
All the Olympians; a thing never known again.

1938

- 7행의 큼직한 도금 테이블은 오거스타 그레고리Lady Gregory(1852-1932) 저택의 귀족적인 세련미를 말한다.(O'Neill 176)
- 7-9행은 1922-1923년의 내란 때, 생명의 위협에 대한 질문에 그레고리 여사가 대답한 말이다.(Henn 7) 당시 그녀는 70세가량이었고, 이 시에서 예이츠가 자의적으로 그녀의 나이를 올렸다. 쿨 파크에 머물 때, 저녁식사 직전인 그 시간에 편지를 썼다고 한다.(*NC* 380)

큼직한 도금 테이블의 오거스타 그레고리, 여든 번째 겨울 맞아,
'어제 그 사람이 내 생명을 위협했어요. 나는 그에게 말했지요.
저녁마다 여섯 시 일곱 시 사이에 차양을 올려놓고 여기
　앉아 있다고.'
호스 역에서 기차를 기다리는 모드 곤,
꼿꼿한 허리에다 늠름하게 머리 쳐든 아테나 여신상,
모두 올림포스 산의 신들, 결코 다시 체험하지는 못할 일이네.

1937

- 10행은 모드 곤과의 호스Howth 산책과 연관된다. 이때 예이츠가 처음으로 청혼하였다. 예이츠의 시 중에서 유일하게 모드 곤의 이름이 나와 있다.(O'Neill 175)
- 11행의 아테나 여신상은 모드 곤의 이미지.(*NC* 381) 아테나 여신은 그리스의 지혜, 예술, 공예, 전술의 여신이다.
- 12행은 이런 경험들은 사소한 것 같지만 소중한 것들이고, 그 하나하나의 소중함을 인식할 기회는 다시 오지 않는 특별한 것이라는 것이다.(Unterecker 266)

The Statues

Pythagoras planned it. Why did the people stare?
His numbers, though they moved or seemed to move
In marble or in bronze, lacked character.
But boys and girls, pale from the imagined love
Of solitary beds, knew what they were,
That passion could bring character enough,
And pressed at midnight in some public place
Live lips upon a plummet-measured face.

- 현대의 아일랜드를 기술함과 동시에 동양철학과 서양철학의 차이를 융화시키려고 서양(페이디아스의 그리스 조각상들)과 동양(부처상)과 더블린(쿠흘린)의 세 가지 조각상을 동원했다.(Unterecker 278)
- 역사의 의미에 대한 한평생의 명상이 담긴 작품이다. 불분명한 것에 대비되는 명확한 형태를 제시했다. 디오니소스적이 아니라 아폴로적이다.(Whitaker 235)
- 예이츠의 유언적인 성격의 작품 중 하나이다. 아시아적인 무형의 예술에 대하여 그리스적인 형태를 옹호했다.(Bloom 441)
- 추상주의와 대비시켜 사실주의를 옹호했다.(Albright 823)
- 피타고라스에서 피어스Pearse에 이르기까지의 예술의 창안, 구현, 이동이라는 거대한 문화사이다.
- 우생학적인 사랑의 시. 우생학에 의하여 사랑이 결정되는 데 대한 시이다. 불길한 우생학적 선택을 한 모드 곤의 메아리가 시 전편에 울린다.(Cullingford 282)
- 1연(1-8행)은 유럽 문명의 뿌리는 피타고라스의 수의 논리에 있고, 그 논리가 그리스의 조각예술을 만들어냈다는 것. 예이츠는 여기서 성격 전개가 부족하다는 비판을 받는 자신의 희곡 작품들과 같은 예술을 방어하고 있다.(Ellmann 188)

조각상

피타고라스가 그걸 고안했다. 사람들이 왜 주시했을까?
그의 숫자들은, 비록 대리석이나 청동에 살아 움직였거나
살아 움직이는 듯했지만, 인간적인 성격이 부족했다.
그러나 고독한 침대에서 사랑을 상상하다 파랗게 질린
소년과 소녀들은 그늘의 본질이 무엇이라는 것과,
열정이 성격을 충분히 형성시킬 수 있다는 걸 알고서,
한밤중, 어느 공공장소에서 생생한 입술을
추를 가지고 측정해 만든 얼굴에다 갖다 대었다.

- 1행의 피타고라스Pythagoras(582?-500? B.C.)는 논리적인 수학의 개념을 고안했다. 그는 영혼의 불멸, 윤회 및 사후의 응보를 믿은 종교인, 철학자이기도 하지만, 음악은 인간의 영혼을 진정시키는 것이라고 생각하고, 진리에 통하는 수의 이론을 추구, 천체 운동이나 음악적인 소리도 수의 법칙에 지배된다고 보았다.
- 3행의 인간적인 성격이 부족했다는 것은 미술사학자들의 상투적인 말이다. 형태의 추구와 구성의 표현에 치중하고 표정에 소홀했다는 것이다.(Albright 823)
- 4-8행의 그리스 소년과 소녀의 행위는 개인적인 차원이 아니라 종족적인 차원에서의 행위이다. 피타고라스의 결여된 성격을 보완하자면 열정이 가미되어야 하는 것이다. 그래야만 건강한 후손을 보장할 수 있기 때문이라는 것이다.(Cullingford 282)
- 5-8행의 그리스 소년과 소녀들은 상대방의 눈에서 그리스 조각상의 아름다움을 발견하고 사랑에 빠진다. 그 아름다움이란 정서의 분출이 아니라, 철저한 계산에 의한 억제된 열정의 결과이다.(Ellmann 188) / 그들의 행위는 조각상에다 성격을 부여하는 행위이다.(Vendler 270)
- 7-8행은 인간과 이미지 결합의 단적인 예.(Albright 823-824)
- 8행의 추는 수직선상으로 정확한 길이를 측정하는 수단.(역자)

No! greater than Pythagoras, for the men
That with a mallet or a chisel modelled these
Calculations that look but casual flesh, put down
All Asiatic vague immensities,
And not the banks of oars that swam upon
The many-headed foam at Salamis.
Europe put off that foam when Phidias
Gave women dreams and dreams their looking-glass.

One image crossed the many-headed, sat
Under the tropic shade, grew round and slow,

- 2연(9-16행)은 유럽이 태어난 것은 그리스의 갤리선 함대가 살라미스Salamis에서 페르시아 함대를 물리쳤을 때가 아니라, 아시아에 대항하여 내놓은 도리아의 대리석 조각상이 유럽의 성적 본능에다 목표를 설정했을 때라는 것이다.(예이츠의 말)(Ellmann 189)
- 9-11행은 예술가들이 수학자 피타고라스보다 위대하다는 것이다.(Albright 824)
- 12-14행은 아시아로부터 그리스가 해방된 것은 페르시아 군을 섬멸했기 때문이 아니라, 형태를 갖춘 것이 형체 없는 것을 물리친 결과라는 것이다.(Whitaker 239)
- 12행의 제압은 피타고라스의 수의 논리를 적용한 그리스의 조각예술이 결과적으로 알렉산드로스 대왕을 따라 인도로 전해져 불상이 만들어졌음을 말한다. 이는 곧 동양을 제압한 것이다.(Bloom 443) / 살라미스 해전은 아테네 남서쪽의 살라미스 섬에서 벌어졌던 해전. 기원전 5세기, 페르시아 전쟁 때(500-449? B.C.), 10여 년간의 전쟁으로 그리스가 존망의 위기에 처해졌으나, 기원전 480년에 그리스 함대가 페르시아 함대를 본토와 이 섬 사이의 좁은 해협으로 유인하여, 11시간의 격전 끝에 대패시키고 페르시아 군을 퇴각시켰다. 이는 서방에 대한 동방의 물리적인 지배의 종식을 의미하는 것으로, 이 해전의 승리 덕분에 아테네가 번영할 수 있었다.(Conner 165)

아니야! 피타고라스보다 더 위대한 건,
나무망치나 끌을 가지고, 육신처럼 보이는
이런 계산된 것들의 모형을 만든 사람들.
이들이 제압한 것은 살라미스에서 수많은 머리의
거품 파도 위를 헤엄친 노들의 둑이 아니고,
아시아적인 온갖 모호한 광대무변한 것들이었으니까.
페이디아스가 여인들에게 꿈을 주고 꿈이 거울을 주었을 때,
유럽은 그런 거품을 벗어 버렸다.

하나의 이미지가 수많은 머리를 가로질러 가서,
열대의 그늘 아래 앉아 원만하게 천천히 키운 것은

- 12-13행의 수많은 머리의 거품 파도는 살라미스 해전에서 빠져죽은 많은 페르시아 사람들과 이해할 수 없는 동양적인 잡다한 것들(거품)을 말한다.(Albright 824)
- 15행의 페이디아스Phidias는 기원전 5세기 그리스의 조각가, 건축가. 고전주의시대의 가장 위대한 조각가이다. 파르테논 신전 건립을 총감독했고 아테네 상을 제작하였다. 그의 제우스 상은 세계 7대 불가사의 중의 하나이다. / 페이디아스는 개념은 구현됨이 없이는 힘을 발휘하지 못한다는 것을 보여준 사람이다. 소수의 그리스 군사가 절대다수의 페르시아 군을 물리친 것은 페이디아스의 조각상들 속에 내장된 강력한 문화적 힘이었다.(Vendler 270) / 페이디아스가 여인들에게 꿈을 주고라는 것은 성에 관련된 이상적인 인간의 육신을 상상한 것을 찬양하는 말이다.(Albright 824) / 꿈이 거울을 주었을 때라는 것은 꿈이 반사되어 전달되는 것. 이는 영상을 만드는 것인데, 그 영상이 또 영상을 만드는 과정에서 차츰 본질에서 이탈된다. 가령 부처상은 원래 그리스의 것이 전달된 것이지만, 부처의 명상적인 공空의 세계에서는 그리스-유럽의 것은 없어진다.(Vendler 270)
- 17행의 하나의 이미지는 부처.(Albright 825) / 수많은 머리는 동양의 신들.(Whitaker 240)
- 18행의 열대의 그늘은 아시아적인 그늘(Unterecker 280). / 여기서 아시아란 인도를 말한다.(역자)

No Hamlet thin from eating flies, a fat
Dreamer of the Middle Ages. Empty eyeballs knew
That knowledge increases unreality, that
Mirror on mirror mirrored is all the show.
When gong and conch declare the hour to bless
Grimalkin crawls to Buddha's emptiness.

When Pearse summoned Cuchulain to his side,

- 3연(17-24행)은 그리스 조각가의 인간 영상이 알렉산드로스 대왕의 군사들을 따라 인도로 들어갔으나, 서구적인 에너지가 다한 나머지, 동양적인 소극적인 형상으로 나타났음을 말한다.(Ellmann 189)
- 19행의 파리 먹고는「광기 들린 달」The Crazed Moon의 3연 1행의 '파리를 잡아먹고 사는 자들'과 관련된다.(Whitaker 241) 고양이와 관련된 것으로서 24행의 그리맬킨과 관련된다. / 바짝 여윈 햄릿은 추상적인 식단에 의한 영양실조 현상을 말한다.(Whitaker 241) 서양적인 자아의식과 지식욕에 의하여 바짝 여윈 이지적인 서양의 상징이며,(Ellmann 189) 추상적인 지식 추구로 말미암은 인간상이다.(Albright 825)
- 20행의 중세의 살찐 몽상가는 중세적인 환상에 사로잡힌 사람이다. 이는 윌리엄 모리스William Morris(1834-1896)의 초상화와 연관된다. 예이츠는 서양적인 것이나 동양적인 것 둘 다 못마땅해했다.(Albright 825)
- 21-22행은 불가에 의하면 현상계는 환영과 같은 것이니까 거기에 매이면 텅 빈 영상에 사로잡힌다는 것이다.(Albright 825)
- 21행의 텅 빈 안구는 불상의 안구이다.(Unterecker 280) 이는 열정이나 지식이나 자아를 초월한 아시아이다.(Ellmann 189)
- 23행의 징 소리는 동양적인 소리, 소라 나팔 소리는 아일랜드적인 특이한 신호 소리.(Unterecker 280)

파리 먹고 바짝 여윈 햄릿이 아니라,
중세의 살찐 몽상가였다.
텅 빈 안구는 알고 있었다, 지식이 허상을 증가시킨다는 것을,
거울에 비춰진 거울은 허식이라는 것을.
징 소리와 소라 나팔 소리가 축복의 시간을 알릴 때,
그리맬킨은 부처의 공空의 세계로 기어간다.

피어스가 자기 곁에 쿠훌린을 모시고 왔을 때,

- 24행의 그리맬킨Grimalkin은 마녀의 혼이 붙은 늙은 회색 암고양이. 중세에는 마녀가 아홉 번이나 고양이 몸뚱이가 될 수 있다고 믿었다. 따라서 고양이는 목숨이 아홉 개라는 말이 생겨났다. 그리맬킨은 'Graymalkin'이라고도 하는데, 이는 늙은 노파나 마녀들의 이름으로도 쓰인다. 셰익스피어의『맥베스』에 등장하는 세 마녀 중의 하나는 'Graymalkin'으로 불린다. / 여기서 말하는 그리맬킨은 형상을 거부하는 빈 껍데기 신에 매달리는, 고양이 이름의 보잘것없는 인간 이미지.
- 4연(25-32행)은 시시한 인간의 이미지와는 대비되는 아일랜드의 영웅 쿠훌린Cuchulain의 이미지를 제시하고, 현대의 혼란에 대비되는, 지성과 숫자 및 측정이라는 서양적인 가치들의 이미지로 드러내고 있다.(Ellmann 189)
- 4연은 예이츠가 아일랜드 사람들에게 당부하는 말. 성의 선택sexual choice이 문명의 토대, 예술은 정확한 선택을 하게 하는 자로서, 역사와 문화의 변화에 의한 결과물이 아니라 변화를 주도하는 자라는 논리로, 종족 퇴화의 물결 속에 허둥대는 아일랜드 사람들에게 당부하는 말이다. 첫째, 그리스의 완벽한 육신의 기준과, 둘째, 에버르Emer와 쿠훌린으로 대표되는 영웅적인 자질에 따라 배우자를 선택할 것을 권고하는 대목이다. (Cullingford 282)
- 25행의 쿠훌린은 아일랜드의 이상적인 영웅시대를 대표하는 국민적인 영웅. 피어스가 숭배한 인물이다. 피어스가 1916년, 중앙우체국에서 부활절 봉기를 주도했을 때, 쿠훌린의 혼령을 부른 것은 그가 독립전쟁을 승리로 이끌 수 있는 영웅의 상징이었기 때문이다.(Ellmann 189) / 쿠훌린은 예이츠 자신의 인격을 투영하는 마스크이기도 하다.

What stalked through the Post Office? What intellect,
What calculation, number, measurement, replied?
We Irish, born into that ancient sect
But thrown upon this filthy modern tide
And by its formless spawning fury wrecked,
Climb to our proper dark, that we may trace
The lineaments of a plummet-measured face.

[April - June 1938] 1939 / April 9, 1938

- 26행의 중앙우체국은 1916년 부활절 봉기의 총사령부가 된 중심적인 건물.
- 27행의 1934년, 재건축된 중앙우체국 안에 쿠흘린의 조각상이 세워진 것은 역사의 현장에 대한 것과 함께 피어스의 뜻이 반영된 것이다.(Ellmann 189) / 그러나 예이츠의 마음에는 들지 않았다. 그 이유는 정부가 나서서 페이디아스와는 거리가 먼 작가를 선정, 좋지 않은 작품을 마련했기 때문이었다.(Albright 826-827)

중앙우체국 안에 무엇이 활보했던가?
무슨 지성, 무슨 계산, 무슨 숫자, 무슨 측량이 응답했던가?
우리 아일랜드 민족은 저 고대의 종족 속에 태어났지만,
현대의 누추한 이런 물결 위에 던져지고,
형체 없는 분노가 들끓어 파선된 채,
우리 고유의 암흑이 자리한 곳으로 올라간다,
추로 측정된 얼굴의 윤곽들을 더듬어보기 위하여.

1938. 4. 9.

• 28행의 저 고대의 종족은 '붉은 가지 기사단'the Red Branch.(역자)

3

정치운동 시편

The Countess Cathleen in Paradise

All the heavy days are over;
Leave the body's coloured pride
Underneath the grass and clover,
With the feet laid side by side.

Bathed in flaming founts of duty
She'll not ask a haughty dress;
Carry all that mournful beauty
To the scented oaken press.

Did the kiss of Mother Mary
Put that music in her face?
Yet she goes with footstep wary,
Full of earth's old timid grace.

- 캐슬린의 시신을 운구하는 천사들의 행렬이 부르는 노래이다.(Albright 440)
- 제목의 캐슬린 백작부인Countess Cathleen은 예이츠의 동명의 희곡『캐슬린 백작부인』*The Countess Cathleen*(1892)의 주인공. 연극 내용은 굶주리는 농민들이 빵을 살 돈이 없어 그들의 영혼을 팔지 않도록 하기 위하여 캐슬린이 자기의 영혼을 악마에게 판다는 것. 이 연극의 마무리는, 캐슬린이 천국으로 올라가 성모 마리아의 키스를 받았다는 얘기를 캐슬린이 죽었을 때 그녀를 시중들던 시인 앨릴Aleel이 천사에게서 들었다는 것으로 되어 있다. 축복의 이유는 행위보다는 동기에 비중을 둔다는 것.

천국에 올라간 캐슬린 백작부인

고난의 세월은 모두 지나갔다.
육신의 다채로운 자부심은
잡초와 클로버 밑에 묻어 두어라,
두 발을 가지런히 놓고서.

의무의 불타는 샘물에 몸을 씻었으니,
으리으리한 의상을 바라지 않으리.
그 모든 비통한 아름다움은
향긋한 참나무 옷장에 갖다 두어라.

성모 마리아의 키스가
그녀의 얼굴에 저런 음악을 새겼던가?
하지만 그녀의 조심스런 걸음걸이에는
지상의 오랜 수줍은 우아함이 가득하다.

- 이 연극 작품은 아일랜드 서부지역의 민간설화에 근거하고 있으나, 반가톨릭적인 작품이라는 소문이 떠돌았고, 게다가 악마에게 영혼을 판 사람이 천국에 간다는 것은 있을 수 없다는 가톨릭 신도들의 비난이 많았다. 예이츠는 이에 대하여 문학에 대한 무지의 소치라고 생각하고, 아일랜드의 현실을 상징으로 쓴 것을 자책했다.
- 8행의 참나무 옷장은 관의 상징.(Albright 441)

'Mong the feet of angels seven
What a dancer glimmering!
All the heavens bow down to Heaven,
Flame to flame and wing to wing.

일곱 천사들의 발 사이에서
얼마나 찬란하게 춤을 추는 분인가?
천국 사람들 모두 하느님 향해 경배한다,
불꽃은 불꽃대로 날개는 날개대로.

1891. 10. 31. 수차 수정

- 14행의 춤을 추는 사람의 이미지는 영육 합일의 이미지.(Unterecker 82)

To a Shade

If you have revisited the town, thin Shade,
Whether to look upon your monument
(I wonder if the builder has been paid)
Or happier-thoughted when the day is spent
To drink of that salt breath out of the sea
When grey gulls flit about instead of men,
And the gaunt houses put on majesty:
Let these content you and be gone again;
For they are at their old tricks yet.
A man
Of your own passionate serving kind who had brought
In his full hands what, had they only known,
Had given their children's children loftier thought,
Sweeter emotion, working in their veins

- 제목의 어느 혼령은 파넬의 혼령. 찰스 스튜어트 파넬Charles Stewart Parnell(1846-1891)에게 바친 시이다. 그는 오셰이 부인Mrs. Kathleen O'Shea(1845-1921)과의 염문으로 빈축을 샀고 정치적으로 매장되었다. 신교도라서 파넬의 간통에 대한 가톨릭의 비난이 거셌다.(Albright 530). 「파넬의 장례」Parnell's Funeral의 주 참조.
- 1행의 당신의 기념비는 더블린의 오코넬 가O'Connell Street의 북쪽 끝에 있다.(*NC* 113)
- 4행의 음산한 집은 더블린의 시가지를 가리킨다.(*NC* 113)
- 7행의 홀쭉한은 파넬이 죽었으므로 육신이 없는 유령일 뿐만 아니라 그의 야심이 굶주렸기 때문이다.(Ellmann 114)

어느 혼령에게

만약 당신이 당신의 기념비를 둘러보거나,
(건립자가 보수를 받았는지 궁금하지만,)
혹은 사람 대신 회색 갈매기들이 떠다니고
음산한 집들이 엄숙하게 보일 때,
더 흐뭇한 생각을 하고 하루를 보내면서
바다의 그 짠 공기를 마시러 이승을 다시 찾아왔다면,
홀쭉한 '혼령'이여,
이 정도로 만족하고 돌아가세요.
그들의 술수는 아직도 옛날 그대로니까요.
　　　　　　　　　　　　　　　당신을 닮은
열정적인 봉사자 한 사람은, 그들이 알기만 했더라면,
혈관 속에서 작용하는 멋진 피처럼,
더 숭고한 사상, 더 아름다운 정서를
그들 자식들의 자식들에게 제공했을 것들을

- 9행의 그들은 예이츠가 싫어했던 머피William Martin Murphy(1844-1919)와 그의 동조자들을 말한다. 머피는『아이리시 인디펜던트』*Irish Independent*와『이브닝 헤럴드』*Evening Herald*지의 소유주였다. 휴 레인Sir Hugh Lane의 그림 기증과 파넬 건에 반대하고, 파넬 공격의 선봉에 선 팀 힐리Tim Healy(1855-1931)를 지지했던 사람이다.
- 10행의 봉사자 한 사람은 휴 레인. 예이츠는 이 사람을 파넬의 경우와 비슷하게 대접했다. (*NC* 113)
- 13행의 제공했을 것들은 레인이 기증하려 한 프랑스 인상파 그림들.(*NC* 113)

Like gentle blood, has been driven from the place,
And insult heaped upon him for his pains,
And for his open-handedness, disgrace;
Your enemy, an old foul mouth, had set
The pack upon him.
Go, unquiet wanderer,
And gather the Glasnevin coverlet
About your head till the dust stops your ear,
The time for you to taste of that salt breath
And listen at the corners has not come;
You had enough of sorrow before death—
Away, away! You are safer in the tomb.

- 17행의 당신의 적, 그 더러운 입은 머피.(*NC* 113)
- 18행의 사냥개 한 패거리는 머피 소유의 두 신문의 영향을 말한다. 괴테Goethe가 아일랜드 사람들을 '한 패거리의 사냥개' 같다고 한 말을 활용한 것이다.(Albright 531)

두 손 가득 갖다준 사람인데, 동네에서 밀려나고,
노고 대신 모독이 쌓이고,
관용 대신에 치욕적인 것이 쌓였소.
당신의 적, 그 더러운 입은 그에게
사냥개 한 패거리를 풀어놓았어요.
　　　　　　　　　　　　　　심란한 방랑자여,
돌아가세요, 그리고 흙이 당신 귀를 막을 때까지
머리에다 글라스네빈 커벌럿을 뒤집어쓰세요.
당신이 그 짠 공기 맛을 보고
동네 모퉁이에서 귀 기울여 들을 때는 오지 않았소.
당신은 죽기 전 슬픔을 실컷 맛보았소—
가세요, 가세요! 무덤 속이 더 안전하지요.

1913. 9. 29.

- 20행의 글라스네빈 커벌럿은 1891년 10월 11일에 파넬이 묻힌 글라스네빈 묘지Glasnevin cemetry의 침대보, 덮개를 뜻한다. 묘지는 더블린 북쪽에 있다.
- 24행은 파넬을 다시 박해할 것 같은 시대 분위기를 반영하고 있다.(Albright 532)

On Being Asked for a War Poem

I think it better that in times like these
A poet's mouth be silent, for in truth
We have no gift to set a statesman right;
He has had enough of meddling who can please
A young girl in the indolence of her youth,
Or an old man upon a winter's night.

1916

- 『빈자들의 책』*The Book of the Homeless*의 편집을 맡았던 미국 여성소설가 이디스 워튼Edith Wharton(1862-1937)의 원고청탁에 대한 풍자적인 답변의 시.(Unterecker 143)
- 친구 존 퀸John Quinn의 분노를 샀던 작품이다. 퀸은 문학과 현실생활, 예술과 전쟁을 구분할 수 없다고 주장했다.(Albright 579)

전쟁 시 청탁을 받고

이런 시절에는 시인의 입이 침묵하는 것이 낫다고
나는 생각합니다. 왜냐하면 진실로
우리는 한 정치가를 바로잡을 재간이 없기 때문이지요.
시인은 젊은 아가씨가 심심할 때나,
겨울밤에 늙은이를 즐겁게 해줄 수 있는
충분한 솜씨를 발휘해 왔던 거지요.

1915. 2. 6.

• 1-2행은 미국 소설가 헨리 제임스Henry James(1843-1916)를 통하여 원고가 전달된 상황을 암시한다.(*NC* 161)

Easter 1916

I have met them at close of day
Coming with vivid faces
From counter or desk among grey
Eighteenth-century houses.
I have passed with a nod of the head
Or polite meaningless words,
Or have lingered awhile and said
Polite meaningless words,
And thought before I had done
Of a mocking tale or a gibe
To please a companion
Around the fire at the club,

- 정치적인 추도시political elegy.(Cullingford 121) / 제목은 1916년 부활절에 더블린에서 아일랜드공화국 동맹Irish Republican Brotherhood 의용병 약 700명이 일으킨 의거를 말한다. 아일랜드 역사에서는 'Irish Uprising'(의거, 봉기)으로 기록되나, 영국 역사에서는 'Irish Rebellion'(폭동)으로 기록된다. 이들은 4월 24일 무력으로 중앙우체국을 중심으로 한 도심지 일대를 점령하고, 아일랜드 공화국을 선포했으나 6일 만에 영국군의 강력한 대응에 의해 수포로 돌아갔다. 당시는 제1차 세계대전 중이었다. 따라서 주모자급 15명은 즉시 군사재판에 회부되어 5월 초에 처형되었다. 이 작품은 이들 중 예이츠가 잘 아는 네 사람을 추모하고, 사형을 면한 한 여인을 이야기하고 있다.
- 부활절 봉기는 일반 사람들에게 크게 호응을 받지는 못했다.(Jeffares 188) / 민족주의자들에게나 반민족주의자들에게 빈축을 산 작품이다.(Ellmann 144) / 일반 독자에게는 4년 뒤인 1920년에 공개한 작품이다.(Jeffares 187)

1916년 부활절

나는 해질 무렵 그들을 만난 적이 있다,
18세기 회색 건물들 사이
계산대나 책상에서
생기 있는 얼굴로 빠져나오는 그들을.
나는 고개를 끄덕이거나
상냥한 무의미한 인사말로 지나치거나,
잠시 머뭇거리며
상냥한 무의미한 인사말을 했다.
그러고는 단골로 모이는 장소에서
난롯가 주변의 한 동료를
즐겁게 하기 위하여
미리 농담이나 핀잔거리를 생각했다,

- 1행의 그들은 부활절 봉기의 주동자들.(*NC* 191)
- 2행의 18세기 회색 건물은 더블린 시내의 건물들을 말한다. 많은 건물이 산에서 채취한 대리석이나 들판의 석회석으로 지어졌다.(*NC* 191)
- 9행의 단골로 모이는 장소는 예술가들의 단골 펍pub. 당시 '어퍼 메리언 가'Upper Merrion Street 소재의 '예술 클럽'Arts Club(지금은 어퍼 피츠윌리엄 가Upper Fitzwilliam Street 3번지).(*NC* 191)

Being certain that they and I
But lived where motley is worn:
All changed, changed utterly:
A terrible beauty is born.

That woman's days were spent
In ignorant good-will,
Her nights in argument
Until her voice grew shrill.
What voice more sweet than hers
When, young and beautiful,
She rode to harriers?
This man had kept a school
And rode our wingèd horse;
This other his helper and friend
Was coming into his force;
He might have won fame in the end,

- 13행의 누더기는 16행의 '미'와 대비된다.(Unterecker 161) / 누더기가 입혀지는 곳은 비극도 마다하지 않는 대의명분에 충실한 곳.(Albright 609-610)
- 15-16행에서는 사물의 무상함과 초월의 경지를 말하고 양자가 융합되기 시작함을 말하고 있다.(Whitaker 273)
- 16행의 소름 끼치는 미의 원문은 'A terrible beauty', 희생자들을 말한다.
- 2연(17-40행)에서 거론되는 사람들은 이런 일이 있기 전까지는 일반적으로 능력이 과소평가됐던 사람들이다.(Jeffares 187) 이들은 지나친 사랑을 바탕으로 하여 영웅적인 꿈을 이룬 사람들이다.(Unterecker 162)

그들과 나는 누더기가 입혀지는 곳에
살 뿐이라는 확신을 가지고서.
모든 게 바뀌었다, 전적으로.
소름 끼치는 미가 탄생한 것이다.

저 여인의 낮 시간은
무지한 호의로 보냈고,
그녀의 밤은 언성이 높아질 때까지
토론으로 지새웠다.
젊고 아름다웠던 그녀가
토끼사냥개 따라 말 타고 갔을 때,
어느 목소리가 그녀보다 고왔던가?
이 사람은 학교를 경영했고
우리의 날개 달린 천마를 탔다.
또 한 사람, 그의 협력자이며 친구인
이 사람은 한창 능력을 발휘하고 있었다.
그는 나중에 명성을 얻었을지 모르지.

- 17행의 저 여인은 콘스탄스 고어부스Constance Gore-Booth(1868-1927). 폴란드의 귀족(Casimir Markievicz 공작)과 결혼한 사람이다. 션 코널리Seán Connolly의 사회주의 '시민군'Citizen Army의 지휘관 중의 한 사람(Cullingford 123)으로 사형선고를 받았으나 종신형으로 감형되었다가 나중에 석방되었다.(*NC* 191)
- 24행의 이 사람은 패트릭 피어스Patrick Pearse(1879-1916). 혁명군 총사령관이자 과도정부 수반이었고, 남학교 창립자, 게일어 보급운동가였다.
- 25행의 날개 달린 천마는 시와 관련된다. 피어스는 시도 썼다.
- 26행의 또 한 사람은 토머스 맥더너Thomas MacDonagh(1878-1916). 시인, 극작가.(*NC* 192)

So sensitive his nature seemed,
So daring and sweet his thought.
This other man I had dreamed
A drunken, vainglorious lout.
He had done most bitter wrong
To some who are near my heart,
Yet I number him in the song;
He, too, has resigned his part
In the casual comedy;
He, too, has been changed in his turn,
Transformed utterly:
A terrible beauty is born.

Hearts with one purpose alone
Through summer and winter seem
Enchanted to a stone
To trouble the living stream.
The horse that comes from the road,
The rider, the birds that range

- 31행의 또 다른 이 사람은 존 맥브라이드 소령(1865-1916). 모드 곤과 결혼했다가 이혼했다. 보어 전쟁 때 아일랜드 여단을 지휘하여 아프리카에서 영국과 대항해서 싸운 사람이다.(*NC* 192)
- 33행의 나와 가까운 몇 사람은 모드 곤과 이줄트 곤Iseult Gonne, 맥브라이드의 아들(Sean)까지 포함될 수 있을 것이다.(*NC* 192)

그의 천성은 아주 예민한 것 같았고,
그의 생각은 아주 과감하고 아름다웠으니.
또 다른 이 사람은 내 생각엔
주정꾼에다 허영에 들뜬 시골뜨기.
그는 나와 가까운 몇 사람에게
아주 몹쓸 짓을 했다.
하지만 나는 이 시에다 그를 끼워 넣는다.
그 역시 일상적 희극에서
그가 담당한 역을 그만두었다.
차례가 되어 그 또한 바뀌었다.
전적으로 변모된 것이다.
소름 끼치는 미가 탄생한 것이다.

여름 겨울 한결같이
한 가지 목적만을 가진 마음들은
마술에 걸려 돌덩이로 화한 듯,
살아 있는 시냇물을 어지럽힌다.
큰길에서 오는 말,
말 탄 사람, 구름에서 뭉게구름으로

- 34행의 아주 몹쓸 짓은 1905년에 모드 곤과 이혼한 일일 것이다.
- 43행의 돌덩이는 마술에 의해 돌로 화한 심장. 이는 인간의 생명이나 사랑에 대한 생각 없이 어떤 대의명분에 헌신하는 사람들에 대한 상징이다.(*NC* 192-193) / 여기서 돌은 영원한 생명이라기보다는 죽음이다(돌은 4행의 살아 있는 시냇물과 대조적이다).(Whitaker 274)

From cloud to tumbling cloud,
Minute by minute they change;
A shadow of cloud on the stream
Changes minute by minute;
A horse-hoof slides on the brim,
And a horse plashes within it;
The long-legged moor-hens dive,
And hens to moor-cocks call;
Minute by minute they live:
The stone's in the midst of all.

Too long a sacrifice
Can make a stone of the heart.
O when may it suffice?
That is Heaven's part, our part
To murmur name upon name,
As a mother names her child
When sleep at last has come
On limbs that had run wild.
What is it but nightfall?
No, no, not night but death;

- 55-56행은 삶과 동시에 죽음을 말하는 돌로 화합을 말한다. 이는 비극적인 돌이다.(Whitaker 274)

날아다니는 새들,
그들은 시시각각 달라진다.
시냇물에 드리운 구름의 그림자도
시시각각 달라진다.
말발굽은 물가에 미끄러지고,
말은 물속에서 첨벙거린다.
다리 긴 쇠물닭 암컷들이 물속에 뛰어들고,
암컷들이 수컷을 불러댄다.
그들은 시시각각 살고 있다.
모든 것 속에 돌덩이가 들어 있다.

너무 오랜 희생은
심장을 돌덩이로 만들 수 있다.
오 언제 그 심장은 충족될는지?
그것은 하늘의 일, 우리의 할 일은
하나하나 이름을 중얼대는 일,
마구 뛰어다니던 다리에
마침내 잠이 올 때
어미가 아이 이름을 불러 보듯.
밤이 내리 닥친 것 외 무엇이겠는가?
아니, 아니, 밤이 아니라 죽음이지.

• 57행의 너무 오랜 희생은 모드 곤이 혁명적인 이상에 바친 희생.

Was it needless death after all?
For England may keep faith
For all that is done and said.
We know their dream; enough
To know they dreamed and are dead;
And what if excess of love
Bewildered them till they died?
I write it out in a verse—
MacDonagh and MacBride
And Connolly and Pearse
Now and in time to be,
Wherever green is worn,
Are changed, changed utterly:
A terrible beauty is born.

[11 May - 25 September 1916] 1917 / September 25, 1916

- 67행의 쓸모없이 죽었단 말은 의거가 시작될 때 아일랜드에서 보편적인 환영을 받지 못했음을 말한다.(*NC* 193)
- 68-69행은 1913년에 자치법안Home Rule이 통과되고, 이 법이 1914-1918년의 제1차 세계대전으로 실시가 유보된 사실을 말한다.(*NC* 193)

결국 쓸모없이 죽었단 말인가?
왜냐하면 영국은 행동과 말에 대한
신의를 지킬지도 모르니까.
우리는 그들의 꿈을 알고 있다.
그들이 꿈을 꾸고 죽었다는 걸 알면 충분하다.
지나친 사랑이 죽을 때까지
그들을 미혹시켰던들 어떠랴?
나는 그것을 시로 적어 놓는다—
맥더너와 맥브라이드
그리고 코널리와 피어스,
그들은 현재와 미래에,
초록 옷이 입혀지는 곳이면 어디에서나,
달라졌다, 완전히 달라졌다.
소름 끼치는 미가 탄생한 것이다.

1916. 9. 25.

- 76행의 코널리James Connolly(1868-1916)는 스코틀랜드 에딘버러 태생으로 사회주의자이자 저널리스트, 아일랜드 노동운동가, 아일랜드 사회공화당Irish Socialist Republican Party의 지도자. 의거 당시 점령한 중앙우체국의 사령관이었다.(*NC* 193)
- 78행의 초록 옷은 아일랜드 독립군의 초록빛 군복을 말한다(이와 반대되는 북아일랜드 거점의 영국과의 통합지지 세력의 군복은 오렌지색이다).

Sixteen Dead Men

O but we talked at large before
The sixteen men were shot,
But who can talk of give and take,
What should be and what not
While those dead men are loitering there
To stir the boiling pot?

You say that we should still the land
Till Germany's overcome;
But who is there to argue that
Now Pearse is deaf and dumb?
And is their logic to outweigh
MacDonagh's bony thumb?

- 제목의 열여섯 순교자는 부활절 봉기 때 희생된 열다섯 사람에 로저 경Sir Roger Casement (1864-1916)을 추가한 것이다.(*NC* 193) 로저 경은 영국 영사로 공이 커, 1906년에 기사 작위를 받은 사람이다. 퇴임 후 아일랜드를 위해 활동했다. 제1차 세계대전 당시 조국의 독립을 위해 베를린에서 독일군의 원조를 요청했으나 실패했다. 1916년에는 부활절 봉기를 중지시키려고 독일 잠수함을 타고 귀국했다가, 상륙 직후 체포되어 같은 해 8월에 대반역죄로 교수형에 처해졌다.
- 순교로 달아오른 열정으로 말미암아 논리적인 토론이 무용지물이 된 상황을 말하는 시이다.(Jaffares 188)

열여섯 순교자

오 우리가 터놓고 얘기만 했더라면,
열여섯 사람이 총살당하기 전에.
하지만 죽은 그들이 거기에 서성대며
펄펄 끓는 가마솥을 휘젓고 있는데,
무엇은 되고 무엇은 안 된다는
타협안을 누가 꺼내어 말할 수 있는가?

당신들은 독일이 항복하기까지는
나라를 잠잠하게 해야 한다는 말을 한다.
하지만 이제 피어스가 귀 막고 입 다물고 있는데,
그런 걸 논할 사람 누가 있는가?
그리고 그들의 논리가 맥더너의
뼈뿐인 엄지손가락을 누를 수 있겠는가?

- 피어스와 맥더너의 유령들이 정치적인 논쟁에 압력을 행사할 수 있음을 말하고 있다.(Albright 611)
- 4행의 펄펄 끓는 가마솥은 총살형을 당함으로써 그들이 순교자가 되었음을 강조하는 말이다.(*NC* 194)
- 7-8행은 독일과 전쟁(제1차 세계대전) 중임을 말한다.(역자)
- 9행의 피어스는「1916년 부활절」의 주 24행 참조.
- 11행의 맥더너는「1916년 부활절」의 주 26행 참조.
- 12행의 뼈뿐인은 'bony'의 번역. 그 뜻은 거사에 대한 찬반 논의 자체를 봉쇄함을 말한다.(Albright 612)

How could you dream they'd listen
That have an ear alone
For those new comrades they have found,
Lord Edward and Wolfe Tone,
Or meddle with our give and take
That converse bone to bone?

1920

- 14행의 에드워드 경Lord Edward Fitzgerald(1763-1798)과 울프 톤Wolfe Tone(1763-1798)은 1798년 아일랜드 봉기의 주모자들이다.(*NC* 194) / 에드워드 경은 애국자, 정치가. 귀족 출신으로 미국독립전쟁 때는 영국군과 함께 참전하여 싸웠으나, 귀국 후에는 아일랜드 의회에 들어갔다. 1796년에 아일랜드 단결 협회United Irishmen에 가입하여 로버트 에밋Robert Emmet(1778-1803)과 함께 지도자가 되었다. 울프 톤이 일으킨 1798년의 봉기 시에, 프랑스에 도움을 청하러 건너갔다가 돌아오자 정보가 유출되어 봉기 4일 전에 체포되었다. 체포 당시의 부상으로 감옥에서 죽었다. / 울프 톤은 변호사, 독립운동가. 신교도 가문 출신이었으나, 영국의 억압에 대항하여 가톨릭교도와 신교도의 규합을 도모하여 아일랜드 단결 협회를 결성하였다. 이로 인해 아일랜드에서 추방되어 미국의 필라델피아와 프랑스의 파리에서 활동하였다. 1796년에 프랑스 정부를 움직여 3만 명의 원정대를 동원, 아일랜드로 파견했으나 짙은 안개로 상륙에 실패하고, 1798년에는 적은 원정군의 일원이 되어 아일랜드로 향했으나 도중에 체포되었다. 교수형 선고를 받았으나 형 집행 전에 자살했다. 예이츠는 모드 곤과 함께 추모비 건립 모금운동을 전개했고, 1898년에는 울프 톤 추모회 회장을 맡았으나 뜻을 이루지 못했다. 오늘날 그의 추모비는 더블린의 세인트 스티븐 그린 공원에 세워져 있다.

그들이 발견한 새로운 동료들인
에드워드 경과 울프 톤에게만
귀를 열어 놓고 있는 그들이
우리들의 타협적인 뼈와 뼈의 대화에
귀를 기울이거나, 참견하리라는 꿈을
당신들은 어떻게 꿀 수 있겠는가?

1916. 12. 17. 혹은 1917

• 16행의 뼈와 뼈의 대화는 군살을 뺀 핵심적인 대화를 말한다. 그 본보기는「장미 나무」The Rose Tree.(Albright 612)

The Rose Tree

'O words are lightly spoken,'
Said Pearse to Connolly,
'Maybe a breath of politic words
Has withered our Rose Tree;
Or maybe but a wind that blows
Across the bitter sea.'

'It needs to be but watered,'
James Connolly replied,
'To make the green come out again
And spread on every side,
And shake the blossom from the bud
To be the garden's pride.'

'But where can we draw water,'
Said Pearse to Connolly,

- 아일랜드를 장미라고 생각했던 젊은 시절의 예이츠의 생각과 그가 갖게 된 새로운 애국심의 차이(3연)를 보여 주는 작품이다.(Jeffares 188)

장미 나무

'아, 말이야 쉽게 지껄이는 거지요,'
하고 피어스가 코널리에게 말했다.
'교활한 말 한 마디가
우리의 '장미 나무'를 시들게 했거나,
아니면 고통의 바다 건너 불어오는
오직 한 가닥 바람 때문일지 몰라요.'

'물만 주면 되는 거지요 뭐,'
하고 제임스 코널리가 대답했다.
'푸른 잎이 다시 나와
사방으로 뻗어나가고,
꽃봉오리에서 꽃을 흔들어 피워
정원의 자랑거리가 되자면.'

'그렇지만 샘이 모두 말라 버렸는데
어디서 물을 길어올 수 있다는 거죠?'

- 1연은 피어스의 말.
- 2연은 코널리의 말.
- 3연은 피어스의 자문자답.
- 4행의 우리의 '장미 나무'는 아일랜드를 말한다. 그러나 초기 시의 장미 상징과는 다른 아일랜드이다. 이는 아일랜드의 민족주의적인 요소가 들어 있는 상징으로서 아일랜드의 문화 혹은 자유로운 아일랜드를 가리킨다.(Albright 612)

'When all the wells are parched away?
O plain as plain can be
There's nothing but our own red blood
Can make a right Rose Tree.'

1920

하고 피어스가 코널리에게 말했다.
'오 아주 쉬운 일이군요.
올바른 '장미 나무'를 키울 수 있는 것은
우리 자신의 붉은 피밖에 없군요.'

1917. 4. 7.

- 18행의 우리 자신의 붉은 피는 아일랜드 사람의 피가 요구된다는 것. 피어스는 '피를 흘림은 정화하고 신성화하는 행위'Bloodshed is a cleansing and a sanctifying thing라고 썼다. 부활절 봉기는 이런 신념에 근거한 것이다.(*NC* 194)

The Leaders of the Crowd

They must to keep their certainty accuse
All that are different of a base intent;
Pull down established honour; hawk for news
Whatever their loose fantasy invent
And murmur it with bated breath, as though
The abounding gutter had been Helicon
Or calumny a song. How can they know
Truth flourishes where the student's lamp has shone,
And there alone, that have no solitude?
So the crowd come they care not what may come.
They have loud music, hope every day renewed
And heartier loves; that lamp is from the tomb.

1921

- 포퓰리즘에 대한 예이츠의 반론을 전개하는 시이다.(Albright 613)
- 1행의 그들은 콘스탄스 마키에비츠Constance Markievicz가 참여한 '더블린 보헤미안 회'Dublin Bohemians의 무리들.(*NC* 197)
- 6행의 넘치는 시궁창은 더블린 시의 하수구들을 시궁창으로 만들었다는 것. 당시의 대중적인 언론과 시 작품들을 지칭한다. 예이츠는 특히 '신페인'Sinn Fein 계열 신문과 아서 그리피스Arthur Griffith(1872-1922)를 싫어했다.(*NC* 197) / 헬리콘Helicon은 파르나소스Parnassus 산의 두 봉우리 중 남동쪽에 있는 봉우리를 말한다. 동쪽의 경사지는 신들Muses의 골짜기. 그곳에 날개 달린 천마Pegasus의 발굽에 의해 샘물이 솟아나 시의 원천이 되었다고 한다. 시신들이 여기서 고독하게 노래하는 것과 시궁창은 대조적이다.(Unterecker 163)

군중의 지도자들

그들은 그들의 확신을 계속 보존하기 위하여
다름은 모두 천박한 의도라고 비난한다.
그들은 기존의 명예를 무너뜨려야 하고,
엉성한 그들의 환상이 발명해 내는 건 무엇이건
요란하게 홍보하고, 숨죽이고 중얼대지 않으면 안 된다,
넘치는 시궁창이 헬리콘이 되거나 비방이 곧 노래였던 것처럼.
공부하는 사람의 등불이 비춰진 곳에
진리가 번창한다는 것을, 그리고 거기만이
고독하지 않다는 것을 그들이 어찌 알 수 있으랴?
따라서 군중이 모여들어 어떤 결과가 나올지 상관하지 않는다.
그들은 요란한 음악을 소유하고, 나날이 새로워지는 것과
더욱 화끈한 연인들을 원한다. 그 등불은 무덤에서 오는 것이다.

1918

- 7-8행은 「나는 너의 주」Ego Dominus Tuus의 상징.(*NC* 197)
- 8-9행의 거기만이 고독하지 않다는 것은 지혜를 추구하는 데는 고독이 필수적이라는 말이다.(*NC* 197)
- 12행의 그 등불은 밀턴과 셸리 같은 죽은 이들의 지혜에서 얻어지는 길잡이.(*NC* 197)

On a Political Prisoner

She that but little patience knew,
From childhood on, had now so much
A grey gull lost its fear and flew
Down to her cell and there alit,
And there endured her fingers' touch
And from her fingers ate its bit.

Did she in touching that lone wing
Recall the years before her mind
Became a bitter, an abstract thing,
Her thought some popular enmity:
Blind and leader of the blind

- 제목의 어느 한 정치범은 마키에비츠 백작부인The Countess Markiewicz(1868-1927). 처녀 때의 이름은 콘스탄스 고어부스Constance Gore-Booth로 슬라이고 주의 리서델Lissadell 제5대 준남작(Sir Henry Gore-Booth)의 장녀. 파리의 미술학교 유학 중 1900년에 동급생인 폴란드의 귀족과 결혼하여 백작부인의 칭호를 받았다. 부부는 더블린에서 살았지만, 자신이 속한 지주계급을 혐오해서 가난하고 학대받는 서민 편에 섰다. 그녀는 1913년 파업 때 노동자를 지원했고, 1914년에는 시민군에 가담, 부활절 봉기 때에는 주모자급의 한 사람으로 활동했다. 사형선고를 받았으나 감형되어 종신형에 처해졌다가 1917년에 석방되었다.
- 이 시는 콘스탄스 고어부스가 '신페인'Sinn Fein 지도자로서 선동적인 연설을 했다는 죄목으로 재차 홀로웨이 감옥Holloway Gaol의 독방에 갇혀 있을 때의 상황을 소재로 한 것이다. 예이츠는 이 작품에서 그가 1894년경(29세 때) 리서델을 방문, 콘스탄스와 그녀의 여동생 이버Eva와 함께 시와 문학을 논했을 때와는 확연하게 달라진 그녀에 대하여 안타까운 심정을 토로했다.

어느 한 정치범에 대하여

어린 시절부터 인내심이라곤 거의 몰랐던 그녀가
이제는 제법 인내심을 갖게 되었다.
한번은 그녀 감방으로 집 없는 회색 갈매기
한 마리가 날아와 내려앉았다.
그러고는 그녀의 손가락이 닿는 것을 참아 내고
그녀 손가락에서 먹이를 받아먹었다.

그녀는 고독한 저 날개를 만지면서
마음속에 펼쳐지는 세월들을 회상했던가?
그 세월에 그녀의 마음이 모질어지고 관념적이 되었지,
그녀의 생각은 사람들에게 다소 적대감을 품게 했지,
눈이 멀어, 맹인들의 우두머리가 되어,

- 이 시에서 그녀는 여자와 전통을 배신한 사람.(Henn 62) / 모드 곤에 대한 시를 쓰는 것을 피하기 위하여 그 대신 쓰게 된 예방적인 사랑의 시이다.(Cullingford 129)
- 1행의 그녀는 이 시의 주인공. 3-4행에 가면 그녀는 갈매기와 일치된다.(역자)
- 3행의 갈매기는 자유분방한 갈매기 같았던 젊은 시절의 주인공을 상징한다. 회색은 감옥의 단조로움을 말한다.(Jeffares 189)
- 3-6행은 실제로 있었던 일로, 그녀는 창살 밖에 찾아온 갈매기의 날개를 매만지고 갈매기에게 빵 부스러기를 주었다.(Unterecker 162)
- 9행의 마음이 모질어지고 관념적이 된 것은 이상적인 그녀의 이미지가 추락된 것을 말한다.(Albright 612)
- 10-12행은 아마도 1913년의 총파업 때 공장폐쇄를 당한 근로자들에게 봉사한 일을 말할 것이다. 맹인과 개천의 이미지는「자아와 영혼의 대화」A Dailogue of the Self and Soul II편에 나온다.(*NC* 196) 여기서 맹인은 무지한 일반 군중을 말한다.

Drinking the foul ditch where they lie?

When long ago I saw her ride
Under Ben Bulben to the meet,
The beauty of her country-side
With all youth's lonely wildness stirred,
She seemed to have grown clean and sweet
Like any rock-bred, sea-borne bird:

Sea-borne, or balanced on the air
When first it sprang out of the nest
Upon some lofty rock to stare
Upon the cloudy canopy,
While under its storm-beaten breast
Cried out the hollows of the sea.

1920

- 12행의 누워 있는의 원문은 'lie'이다. 이 말은 '거짓말하다'의 뜻으로도 옮길 수 있다. 예이츠는 이 두 가지 뜻을 활용했다.(Unterecker 163)
- 13행의 오래전은 예이츠가 소년이었을 때를 말한다. 불벤 산의 원문은 'Ben Bulben'. 슬라이고 북쪽의 산.

그들이 누워 있는 개천물을 들이마셨지.

오래전 내가 불벤 산 아래로 그녀가
말 타고 사냥하러 가는 것을 보았을 때,
그녀 고장의 아름다움은 온통
젊음의 고독한 야성으로 들끓었고,
바닷바람 타며 바위에서 양육된 새처럼,
그녀는 깨끗하고 아름답게 성장한 듯했다.

맨 처음 어느 높다란 바위 위
둥지에서 풀쩍 뛰어나와
구름 낀 하늘을 응시했을 때
바닷바람을 타거나, 공중에서 균형을 잡았다.
한편, 질풍이 사정없이 두들기는 가슴 밑에는
심연의 바다가 포효하고 있었는데.

1919. 1. 10 - 29.

- 14행의 말 타고 가는 모습은 그녀의 뛰어난 승마 실력을 말한다.(Albright 613)
- 23행의 갈매기의 모습은 자유와 정력과 위험의 이미지.(Cullingford 129)
- 24행의 바다의 상황은 어지러운 역사의 과정을 말한다.(Albright 613)

The Three Monuments

They hold their public meetings where
Our most renowned patriots stand,
One among the birds of the air,
A stumpier on either hand;
And all the popular statesmen say
That purity built up the State
And after kept it from decay;
Admonish us to cling to that
And let all base ambition be,
For intellect would make us proud
And pride bring in impurity:
The three old rascals laugh aloud.

1927

- 1925년 6월 11일, 이혼 법안이 상정되었을 때 예이츠는 상원 연설에서 정부가 이혼을 허용하도록 주장하면서 더블린의 세 기념상이 성적인 관용정신을 권장하고 있다고 말했다.(Albright 681) / 예이츠의 논리는 정부가 추진하는 이혼금지는 소수의 영국계 아일랜드인들Anglo-Irish에 대한 억압적인 정책이라는 것이었다.(Jeffares 240) / 상원에서 이혼 법안 통과를 꺼리는 데 대하여 세 사람의 동상을 거론하면서 풍자한 시이다.(Unterecker 197) / 예이츠 부인의 증언에 의하면 이 작품은 그 연설 이전에 쓴 것이다.(*NC* 262)

세 기념상

우리의 가장 유명한 애국자들이 서있는 데서
그들은 공적인 집회들을 개최한다.
그중 하나, 공중의 새들 가운데 서있는 것은
양쪽의 어느 것보다도 더 우람하다.
그리고 인기 있는 정치가들 모두 말하기를,
순결함이 국가를 건설했고
나중에 망하지 않게 했다고.
그 말을 우리가 잊지 않게 하라.
그리고 모든 것은 천박한 야심이 되게 하라.
왜냐하면 지식은 우리를 오만하게 하고
오만은 불순한 것을 들여오니까.
늙은 세 악당들이 껄껄 웃고 있는 것을.

1925

- 제목의 세 기념상은 더블린의 오코넬 가에 세워진 오코넬Daniel O'Connell(1745-1833), 파넬Charles Stewart Parnell(1846-1891), 넬슨 제독Lord Nelson(1758-1805)의 것을 말한다. 세 기념상은 각각 오코넬 가의 북단과 남단, 중앙에 있었다. 가장 높았던 중앙의 넬슨의 것(Nelson Pillar)은 1966년에 폭파, 해체되었다.(*NC* 262)
- 3-4행에 언급된 것은 넬슨의 동상이다.(*NC* 262)
- 12행의 늙은 세 악당들은 세 기념상의 주인공들.

Death

Nor dread nor hope attend
A dying animal;
A man awaits his end
Dreading and hoping all;
Many times he died,
Many times rose again.
A great man in his pride
Confronting murderous men
Casts derision upon
Supersession of breath;
He knows death to the bone—
Man has created death.

1929

- 1927년 7월 10일에 있었던 케빈 오히긴스Kevin O'Higgins(1892-1927)의 암살에 관한 시이다. 그는 당시 아일랜드 자치정부의 부통령 겸 법무상이었는데 1922년의 내란 중에 불법무기 소지자에 대한 강경책을 시행했다. 당시 위반자 77명을 처형했는데 암살은 그에 대한 보복이다.(*NC* 269) / 그의 자부심을 찬양했다.(Jeffares 248)
- 역사적인 인물을 활용하여 상징적인 것으로 만든 작품 중의 하나이다.(Freyer 104)
- 「자아와 영혼의 대화」A Dialogue of Self and Soul의 서론이 될 만한 작품이다. (Unterecker 204)

죽음

죽어가는 동물에게는
공포도 희망도 뒤따르지 않는다.
인간은 공포와 희망을 가지고
최후를 기다린다.
인간은 여러 차례 죽었다가
여러 차례 부활했다.
자부심을 가진 위대한 인간은
죽이려는 자들과 맞닥뜨리면
목숨을 끊는 일에
조소를 퍼붓는다.
그는 뼛속까지 죽음을 안다—
인간이 죽음을 창조한 것이다.

1927. 9. 13 혹은 17.

- 5-6행은「모히니 채터지」Mohini Chatterjee에서 말하는 영혼재래설reincarnation.(*NC* 270)
- 7-10행은 오히긴스가 절명할 때 살해자를 용서한다고 한 일화.
- 11행은 오히긴스가 부인에게, '내가 한 일을 아는 사람은 아무도 살기를 기대할 수 없다.'라고 한 말을 참조.(Albright 695)

In Memory of Eva Gore-Booth and Con Markiewicz

The light of evening, Lissadell,
Great windows open to the south,
Two girls in silk kimonos, both
Beautiful, one a gazelle.
But a raving autumn shears
Blossom from the summer's wreath;
The older is condemned to death,
Pardoned, drags out lonely years
Conspiring among the ignorant.
I know not what the younger dreams—
Some vague Utopia—and she seems,

- 최근(1926년과 1927년)에 죽은 오누이에 대한 애가. 가장 적절하게 쓴 것 중의 하나. (Rosenthal 299)
- 추도시로 위장한 연정의 시.(Cullingford 124)
- 이버 고어부스와 콘 마키에비츠는 Eva Gore-Booth(1870-1926)와 Constance Markievicz(1868-1927). 이들은 리서델Lissadell의 5대 준남작 헨리 고어부스Sir Henry Gore-Booth의 딸. 후자가 언니. 언니는 파리에서 그림공부를 하다가 만난 폴란드 귀족 백작과 결혼했으나 동생은 독신으로 지냈다. 언니는 1927년 8월에 죽고, 동생은 그보다 1년 앞서 죽었다. 언니는 1916년 부활절 봉기 때 주모자급의 한 사람으로 활약했다.

이버 고어부스와
콘 마키에비츠를 추모하며

리서델의 저녁녘 햇살,
남향의 거대한 창문들,
비단 기모노의 두 아가씨,
둘 다 예쁘고, 하나는 작은 가젤.
그렇지만 광란의 가을이 가위로
여름 화환에서 꽃을 자른다.
언니는 사형선고 받았다가 사면되어
하루하루 고독한 세월을 보내면서
무지한 사람들 사이에서 일을 꾸민다.
동생은 무슨 꿈을 꾸는지 모르지만—
막연한 어떤 유토피아 꿈이겠지—

- 1행의 리서델은 불벤 산 서쪽 해안지대. 고어부스 가문의 터전. 조상 대대로 내려오는 호화 저택이 있었고, 예이츠는 젊었을 때 이곳에 자주 드나들었다.(Unterecker 203) / 저녁녘 햇살은 'The light of evening'의 번역. 초고의 'light'는 'sunlight'와 같은 것이라고 본다.(Stallworthy 168)
- 4행의 가젤은 이버. 예이츠가 한때 마음에 두었던 아가씨.(Albright 694)
- 5행의 광란의 가을은 어지러운 정치적인 소용돌이에 말려든 것.(역자)
- 7행은 언니인 콘 마키에비츠가 사형선고를 받았다가 종신형으로 감형된 후, 얼마 뒤 출옥된 일을 말한다.(*NC* 191)
- 9행은 아일랜드 내란에 참여한 일과 의회에 진출한 일을 말한다.(Albright 694)
- 10-11행은 부유한 영국계 아일랜드인의 리서델 유산을 희생시켜 휘황한 어떤 낙원을 건설하려는 꿈을 말한다.(Harris 225)

When withered old and skeleton-gaunt,
An image of such politics.
Many a time I think to seek
One or the other out and speak
Of that old Georgian mansion, mix
Pictures of the mind, recall
That table and the talk of youth,
Two girls in silk kimonos, both
Beautiful, one a gazelle.

Dear shadows, now you know it all,
All the folly of a fight
With a common wrong or right.
The innocent and the beautiful
Have no enemy but time;
Arise and bid me strike a match
And strike another till time catch;
Should the conflagration climb,
Run till all the sages know.

• 10-13행은 동생인 이버가 허약한 체질이었고 신플라톤주의 및 인도의 신비사상에 관심을 가졌으며, 말년에는 아일랜드 이민이 많았던 맨체스터에 건너가 사회봉사활동, 여성노동자 조직의 원조 및 여성참정권운동에 진력했음을 말하고 있다. 그녀는 젊은 시절에 시 쓰기와 낭독에 열의를 보이기도 했다.

그녀는 늙어 피골이 상접한
그런 정객의 모습이다.
여러 번 나는 이쪽저쪽 찾아보고
옛 조지 시대 저택 얘기를 하고
마음의 그림들을 주고받으며,
바로 그 테이블과 젊은 시절의
그 화제를 회상해볼까 한다.
비난 기모노의 두 아가씨,
둘 다 예쁘고, 하나는 어린 가젤.

친애하는 유령들이여, 이제 그대들은
세속의 잘못이나 올바름의 싸움의
어리석음 모두를 잘 알고 있겠지.
순진한 사람들과 아름다운 사람들은
시간 외에는 적敵이 없는 법이지.
일어나 나에게 성냥불을 켜라고 명하고
시간이 불붙을 때까지 다시 켜보라고 해봐요.
행여 큰 불길이 올라가면
현자들 모두가 알 때까지 달려가 봐요.

- 27행의 시간이 불붙을 때까지는 시간을 불태워 없애겠다는 말. 25행의 시간이 적이라는 말과 연결지어 볼 일이다.(역자) 「완벽한 미인을 이야기하다」He Tells of the Perfect Beauty에 '하느님이 시간을 불태울 때까지'(8행)라는 말이 있다.
- 28행의 큰 불길은 과거와 함께 시간을 종결시킬 수 있는 것이다.(Unterecker 204)
- 29행의 현자들 모두all the sages는 풍자적인 표현이다. 이때 'sage'는 현인인 체하는 사람이다.

We the great gazebo built,
They convicted us of guilt;
Bid me strike a match and blow.

[September - November 1927] 1929 / October 1927

- 30행의 커다란 전망대는 'the great gazebo'의 번역.(역자) / 전망대는 소생하는 아일랜드에 대한 젊은 시절의 비전.(Stallworthy 172) / 질서 정연한 문명의 상징인 여름 집. (Unterecker 203)

우리는 커다란 전망대를 지었고,
그들은 우리가 죄 지었다고 했겠다,
성냥불 켜 태워 버리라고 나에게 명령해 봐요.

1927. 10.

- 31행의 그들they은 원문 29행의 'all the sages'.(역자) / 그들은 여름 집을 파괴하려는 무리인 군중mob.(Unterecker 203)
- 32행은 시간이 불에 타버리면 초월의 경지에 도달한다는 것.(Rosenthal 300)

The Seven Sages

The First. My great-grandfather spoke to Edmund Burke
In Grattan's house.
The Second. My great-grandfather shared
A pot-house bench with Oliver Goldsmith once.
The Third. My great-grandfather's father talked of music,
Drank tar-water with the Bishop of Cloyne.
The Fourth. But mine saw Stella once.
The Fifth. Whence came our thought?
The Sixth. From four great minds that hated Whiggery.

- 1931년 5월의 옥스퍼드에서 명예문학박사Doctor of Letters를 받기 전에 쓴 작품.(Jeffares 266)
- 위대한 네 사상가들에 관한 일곱 노인들의 대화.
- 현대인의 이성적인 정신세계를 공격하는 시. 늙은 일곱 현자들만이 단체로 이 세상에 맞서서 버크, 골드스미스, 버클리, 스위프트가 제시한 18세기적인 가치들을 집요하게 주장한다.(Unterecker 209)
- 일곱 현자들은 예이츠 자신의 내면의 논쟁자들. 18세기의 위대한 영국계 아일랜드인 네 사람과 자신과의 관계 설정을 시도한 것이다.(Albright 708)
- 1행의 그래턴Henry Grattan(1746-1820)은 더블린을 대표하는 프로테스탄트계의 의회의원이지만, 가톨릭 신도들의 권익을 지지한 사람. 아일랜드가 1800년에 영국과 법적으로 합병되기 전 아일랜드의 독립을 위한 입법 활동을 했다. 젊은 시절 예이츠는 그를 싫어했으나 나중에는 존경했다.(Albright 639) / 에드먼드 버크Edmund Burke(1729-1797)는 더블린 출신의 정치철학자. 『우리 사상에서의 숭고와 미의 근원을 찾아서』*A Philosophical Enquiry into the Origin of Our Ideas of the Sublime and the Beautiful*(1757)의 저자. 휘그Whig 편에서서 토리Tory 정부를 공격했으나, 프랑스혁명 후에는 토리 편에 섰다.

일곱 현자들

첫째. 우리 증조부께서는 그래턴의 저택에서
　　에드먼드 버크에게 말씀을 드리셨다.
둘째.　　　　우리 증조부께서는 한때 선술집에서
　　올리버 골드스미스와 자리를 같이하셨다.
셋째. 우리 고조부께서는 음악 얘기를 하셨고,
　　클로인의 주교와 함께 타르 물을 드셨다.
넷째. 하지만 우리 고조부는 스텔라를 한 번 만나 보셨대.
다섯째.　　　　　　　우리 사상은 어디서 나왔을까?
여섯째. 휘그 당을 싫어했던 네 분의 위대한 정신에서 나왔지.

- 3행의 올리버 골드스미스Oliver Goldsmith(1730?-1774)는 아일랜드 중부지방의 프로테스탄트계 목사의 아들. 더블린의 트리니티 출신의 시인, 소설가, 극작가.
- 4행의 고조부 운운은 예이츠 자신이 자신의 뿌리를 더듬어 보려는 생각이 담겨 있음을 시사한다.
- 5행의 클로인Cloyne은 코크Cork 주에 있는 도시. 타르 물은 타르가 녹아 있는 물인데, 버클리 주교Bishop George Berkeley(1685-1753)가 아메리칸 인디언이 마셨던 타르 물의 효능을 실험하여, 만병통치약으로 널리 보급했던 물이다. 그 근거는 타르 속에 우주의 활성적인 요소가 다량 함유되어 있다는 것이었다.(*NC* 281)
- 6행의 스텔라Stella는 조너선 스위프트Jonathan Swift(1667-1745)가 친구로 삼았던 여자 에스터 존슨Esther Johnson(1681-1728)의 애칭.(*NC* 281)
- 7행의 휘그는 토리와 함께 영국의 양대 정당으로 출발했다. 두 당의 이름은 제임스 2세(재위 1685-1688)의 왕위계승을 둘러싸고 찬반이 엇갈렸을 때 찬성 쪽은 휘그, 반대쪽은 토리라고 서로를 부른 데서 유래하였다. 19세기 중엽에 와서는 토리가 보수당, 휘그가 자유당이 되었다. 휘그는 대체로 전제주의 왕권과 영국 국교회에 반대하고 평등화, 획일화를 지향하는 자유민주주의 노선이었다.

The Fifth. Burke was a Whig.
The Sixth. Whether they knew or not,
Goldsmith and Burke, Swift and the Bishop of Cloyne
All hated Whiggery; but what is Whiggery?
A levelling, rancorous, rational sort of mind
That never looked out of the eye of a saint
Or out of drunkard's eye.
The Seventh. All's Whiggery now,
But we old men are massed against the world.
The First. American colonies, Ireland, France and India
Harried, and Burke's great melody against it.
The Second. Oliver Goldsmith sang what he had seen,
Roads full of beggars, cattle in the fields,
But never saw the trefoil stained with blood,
The avenging leaf those fields raised up against it.
The Fourth. The tomb of Swift wears it away.
The Third. A voice

- 8행에서 버크는 휘그라고 하는 말은 당시 아일랜드의 정치적인 입지는 휘그 쪽이었음을 말한다. 스위프트도 처음에는 휘그 편이었다.
- 9-10행의 여섯째 노인의 발언(네 사람은 중산층이 괜찮다는 민주주의적인 휘그주의를 싫어했다)은 예이츠 자신의 견해.(Unterecker 209)
- 11행은 당시 아일랜드의 전형적인 옹졸함을 말하고 있다.(Harris 214)
- 13행의, 지금은 모두 휘그 판이야라는 일곱째 노인의 발언은 당시 아일랜드의 중산층 옹호의 분위기를 말한다. 일곱째 노인은 가장 똑똑한 사람으로서, 예이츠가 가장 선호하는 독단적인 생각을 대변한다.(Unterecker 209)

다섯째. 버크는 휘그였는데.
여섯째. 알았건 몰랐건 간에,
골드스미스와 버크, 스위프트와 클로인의 주교 모두가
휘그를 싫어했어. 그렇지만 휘그의 주장은 뭔가?
평등사상인데, 원한에 찬, 이성적인 그런 종류야.
성자의 눈에서나 주정뱅이 눈에서도
결코 보이지 않는 그런 것이지.
일곱째. 지금은 모두 휘그 판이야.
그러나 우리 늙은이들은 이런 세상과 집단적으로 맞서
있는 거지.
첫째. 미국의 식민지들, 아일랜드, 프랑스와 유린당한 인도,
버크의 위대한 목소리는 거기에 맞섰던 거지.
둘째. 올리버 골드스미스는 그가 본 것들을 노래했어.
거지들이 우글거리는 한길, 들판의 소들,
그러나 피로 얼룩진 토끼풀은 결코 보지 못했어.
들판이 소에 맞서 키운 복수의 풀잎 말이야.
넷째. 스위프트의 무덤이 그걸 해소시키고 있지.
셋째. 클로인에서 들리는

- 15행의 미국의 식민지들은 버크 생존 때의 영국의 식민지들. 프랑스는 혁명기의 프랑스.
- 16행의 버크의 위대한 목소리는 조지 3세(재위 1760-1820)의 통제로부터의 하원의 해방, 미국 식민지들의 해방, 아일랜드 무역과 의회와 가톨릭의 해방, 동인도회사로부터의 인도의 해방, 그리고 프랑스 혁명에 반대한 버크의 정치적인 발언 등을 가리킨다.(*NC* 283)
- 18행은 골드스미스의 대표적인 시 「버려진 농촌」The Deserted Village에 묘사된 것들.(*NC* 283)

Soft as the rustle of a reed from Cloyne
That gathers volume; now a thunder-clap.
The Sixth. What schooling had these four?
The Seventh. They walked the roads
Mimicking what they heard, as children mimic;
They understood that wisdom comes of beggary.

1932

갈대의 부스럭거리는 소리처럼 부드러운 목소리가
점점 커지더니, 이젠 벼락 치는 소리가 되었네.
여섯째. 이 네 분은 어떤 공부를 했던가?
일곱째. 그들은 들은 걸 흉내 내면서
길을 걸어갔지, 애들이 흉내 내듯이.
그들은 지혜가 거지 신세에서 온다는 것을 알았던 거야.

1931. 1. 30.

- 26행의 지혜가 거지 신세에서 온다는 말은 예이츠의 지론. 예이츠의 통찰 근거는 농민계층, 그중에서도 가진 것이 없기 때문에 떠돌아다니고 바른 대로 말할 수 있는 거지들. 그들은 부패할 수가 없다.(Unterecker 209) / 예이츠가 거지와 거지 관련 이미저리imagery에 끌린 것처럼 보이는 시기는 1909년에서 14년 사이의 환멸기 동안이다.(Henn 85)

Remorse for Intemperate Speech

I ranted to the knave and fool,
But outgrew that school,
Would transform the part,
Fit audience found, but cannot rule
My fanatic heart.

I sought my betters: though in each
Fine manners, liberal speech,
Turn hatred into sport,
Nothing said or done can reach
My fanatic heart.

Out of Ireland have we come.
Great hatred, little room,
Maimed us at the start.

- 아일랜드의 진부한 증오의 감정을 다룬 시.(Jeffares 271)
- 당시의 역사를 극화하기 시작한 작품. 당당한 주장과 진솔한 수용, 사회비평과 비극적 정화를 결합한 언사를 구사하고 있다.(Whitaker 160)
- 마음heart이 증오의 감정에 의해 더러워지는 것을 얘기하고 있다.(Albright 728-729)
- 1행의 깡패와 천치들은 젊은 시절, 민족주의자로서의 자신에 대한 언급.(*NC* 306) / 떠들었다는 것은 초기의 인기 영합적인 시 창작을 말한다.(Unterecker 224)

과격한 언사에 대한 회한

나는 깡패와 천치들에게 떠들었다.
그러나 도가 지나쳐서,
그 역할을 바꾸곤 했다.
딱 맞는 청중을 발견했으나,
나의 광적인 심장을 다스릴 수는 없다.

나는 나보다 훌륭한 사람들을 찾았다.
비록 각자 안의 멋진 예절, 점잖은 언사가
증오를 우스개로 바꾸기는 하지만,
지껄인 말이나 저지른 행동 어느 것도
나의 광적인 심장에 도달하지 못한다.

우리는 아일랜드 바깥으로 나왔다.
엄청난 증오, 좁은 공간이
처음부터 우리의 사지를 절단했던 것.

- 4행의 딱 맞는 청중은 서른 이후에 사귄 그의 친구들. 아일랜드의 그레고리 여사와 영국의 친구들.(*NC* 306)
- 5행의 광적인 심장은 시인적인 기질.(Unterecker 224)
- 6행의 나보다 훌륭한 사람들은 그레고리 여사와 그녀의 친구들.(Unterecker 224)
- 8행의 증오는 일반 대중에 대한 것보다는 자신이 소속한 계층에 대한 감정.
- 11행의 우리는 스위프트Swift, 블레이크Blake, 랜더Landor, 레인Lane, 티몬Timon 같은 사람들.(Henn 99)

I carry from my mother's womb
A fanatic heart.

August 28, 1931

나는 어머니 자궁으로부터
광적인 심장을 들고 나온 것이다.

1931. 8. 28.

Parnell's Funeral

I

Under the Great Comedian's tomb the crowd.
A bundle of tempestuous cloud is blown
About the sky; where that is clear of cloud
Brightness remains; a brighter star shoots down;
What shudders run through all that animal blood?
What is this sacrifice? Can someone there
Recall the Cretan barb that pierced a star?

- 1891년에 있었던 일을 42년 뒤(1933)에 회고하며 쓴 작품.(Whitaker 247) / 군중의 지배로 말미암은 무정부 상태가 당시의 어느 나라보다 심각했던 아일랜드를 배경으로 한 작품.(Unterecker 243) / 파넬에 대한 아일랜드 민중의 배신행위를 맹렬히 공격한 작품.(Rosenthal 325) / 파넬의 죽음을 원시사회의 신의 죽음처럼 묘사하고 주인공의 심장을 먹는 의식을 은유적으로 도입하여 파넬 사후의 아일랜드의 역사를 설명하고 있다.(Ellmann 208) / 근대 아일랜드의 정치현상을 고대의 의식이나 그리스 비극으로 제시해 보려는 예이츠의 야심작.(Albright 750)
- 제목의 파넬Charles Stewart Parnell(1846-1891)은 정치가, 민족운동가. 부유한 프로테스탄트계 지주의 아들. 모계의 반영감정에 자극되어 프로테스탄트 계층의 지배에 대한 회의를 품었다. 1877년에 하원의원으로 선출되었고 프로테스탄트와 가톨릭의 융화를 도모했다. 1879년에 '아일랜드 토지 연맹'The Irish National Land League, 1892년에 '아일랜드 민족 연맹'The Irish National League을 결성하여 민족운동의 목표로 '자치법'Home Rule의 제정을 추구했다. 그러나 1890년의 오셰이O'Shea 부인과의 스캔들로 성직자와 민중의 비난을 받아 정치적인 위기를 맞았고 오셰이 부부의 이혼과 더불어 합법적으로 결혼했으나, 정치적으로는 파국에 이르렀다. 그의 사후 아일랜드는 친파넬계와 반파넬계로 분열되었다.

파넬의 장례

I

'위대한 코미디언'의 무덤 아래에 늘어선 군중들.
하늘에는 태풍을 몰고 오는 한 뭉치의 구름 덩어리.
빛이 남아 있는 데서는 구름이 걷혀 있다.
그보다 밝은 별 하나가 쏜살같이 떨어진다.
동물 같은 모든 저 핏속을 어떤 전율이 관통하는가?
이런 희생은 무엇이람? 거기 있는 어느 누구가
별을 뚫고 나간 크레타의 화살촉 미늘을 회상할 수 있는가?

- 1행의 '위대한 코미디언'은 오코넬Daniel O'Connell(1775-1847). 근대 아일랜드의 시작이라고 일컬어지는 1840년대에 특히 활동한 정치가, 대중 선동가. 1828년에 영국 의회에 진출했고, 1829년에는 가톨릭 해방운동을 적극 전개했다. 65세(1840년)에 이르러서는 40년 전에 체결된 영국과의 합병법(1801)을 폐기하자는 운동을 전개했다. 역사적으로는 19세기 아일랜드의 가장 유명한 인물로, '아일랜드의 해방자'로 일컬어져 왔다. 그럼에도 희극적인 인물로 대접받는 것은, 철저한 비폭력주의자로서 타협적인 인물인데다, 용모 또한 만화에 나올 만했고, 영국 왕실에 아첨쟁이로 비쳤기 때문이다. 그는 심지어 '거지들의 왕'이라는 별명까지 얻었다. 예이츠는 지나친 타협을 찜찜하게 생각했을 것이다.(*NC* 339) / 파넬은 오코넬의 무덤 가까이에 묻혔다. 예이츠는 오코넬을 '위대한 코미디언'으로 지칭한 데 반하여 파넬은 '위대한 비극인'이라고 불렀다.(Unterecker 243)
- 4행의 별 하나가 … 떨어진다는 것은 파넬의 하관 때 별 하나가 떨어졌다고 한 모드 곤의 말.(*NC* 339)
- 5-15행은 파넬의 희생의 의미를 생각해 보는 구절들. 크레타의 동전에 새겨진 신화 및 예이츠 자신과 다른 사람들이 꿈에서 본 비전 등을 동원하면서 생각해 보고 있다.

Rich foliage that the starlight glittered through,
A frenzied crowd, and where the branches sprang
A beautiful seated boy; a sacred bow;
A woman, and an arrow on a string;
A pierced boy, image of a star laid low.
That woman, the Great Mother imaging,
Cut out his heart. Some master of design
Stamped boy and tree upon Sicilian coin.

An age is the reversal of an age:
When strangers murdered Emmet, Fitzgerald, Tone,
We lived like men that watch a painted stage.
What matter for the scene, the scene once gone:

- 12행의 희생된 소년은 나무의 정Tree Spirit 혹은 아폴로Apollo.
- 13행의 위대한 어머니는 'Great Mother'의 번역. 대모大母라고 번역하기도 한다.(역자) 그 여인은 기원전 5세기의 어떤 크레타 동전들에 새겨져 있음. 그녀가 어머니격인 나무인데, 아들격인 나무를 죽이는 것 같다. 그녀는 여사제.(*NC* 343)
- 16행은 파넬의 죽음의 의미를 시대를 변화시킨 상징적인 것으로 본 것. 별이 떨어진 것과 결부시키면 그리스도 같은 존재.(Unterecker 244)
- 17행의 이방인들은 아일랜드인이 아닌 사람들. 에밋과 피츠제럴드를 살해하고, 톤을 자살하게 한 영국인들을 가리킨다. 파넬을 동포들이 죽인 거나 다름없음을 말하기 위해 쓴 말이다.(*NC* 343) / 에밋Robert Emmet(1778-1803)은 국민적 영웅. 1800년에 프랑스에 건너가 2년간 해외 망명자들인 소위 '기러기떼'wild geese를 규합, 나폴레옹의 도움을 받아 대영 봉기를 획책, 1803년 동지 약 100명을 이끌고 정부기관이 있는 더블린 성을 향하여 진군하던 중, 배신자의 제보로 좌절, 도피 중에 체포되어 영국군에게 총살되었다.

별빛이 반짝이며 비집고 나간 무성한 나뭇잎들,
흥분된 군중, 그리고 나뭇가지들이 튀어나온 데에
올라앉은 예쁜 소년, 성스러운 활,
한 여인, 그리고 시위에 당겨진 화살,
화살 맞은 소년, 땅에 떨어진 별의 모습.
'위대한 어머니' 모습의 그 여인은
그의 심장을 적출했다. 어느 디자인의 대가가
소년과 나무를 시칠리아의 동전에다 찍어 놓았지.

한 시대는 한 시대를 뒤집는 것.
이방인들이 에밋, 피츠제럴드, 톤을 암살했을 때,
우리는 거짓 치장된 무대의 구경꾼들처럼 살았다.
그 장면이야 무슨 상관 있으랴, 일단 지나갔으니.

- 17행의 피츠제럴드Edward Fitzgerald(1763-1798)는 미국 독립전쟁 때는 영국군과 함께 싸웠으나, 귀국 후에 아일랜드 의회에 진출, 1796년 아일랜드 단결 협회United Irishmen에 가입하고 에밋과 함께 영도했다. 1798년에 울프 톤이 일으킨 봉기 때, 프랑스의 도움을 받아 싸우려고 했으나 당국에 제보되어 봉기 4일 전에 체포되었다. 체포 당시의 부상으로 옥사했다.
- 17행의 톤Wolfe Tone(1763-1798)은 프로테스탄트 가정 출신이나 1791년 영국의 압제에 대항, 가톨릭과의 규합을 모색하고 아일랜드 단결 협회를 조직, 망명자 신분으로 미국을 거쳐 프랑스로 건너왔다. 1796년에 나폴레옹의 프랑스 정부를 설득하여 3만 명의 군사를 동원, 아일랜드의 대영 봉기에 투입하게 했다. 그러나 짙은 안개로 상륙에 실패하자, 2년 뒤인 1798년에는 몸소 소수 원정군을 이끌고 재차 시도하다 체포되었다. 교수형 선고를 받고 집행되기 전 자살했다.

It had not touched our lives. But popular rage,
Hysterica passio dragged this quarry down.
None shared our guilt; nor did we play a part
Upon a painted stage when we devoured his heart.

Come, fix upon me that accusing eye.
I thirst for accusation. All that was sung,
All that was said in Ireland is a lie
Bred out of the contagion of the throng,
Saving the rhyme rats hear before they die.
Leave nothing but the nothings that belong
To this bare soul, let all men judge that can
Whether it be an animal or a man.

- 21행의 '광란'은 'Hysterica passio'hysterical passion의 번역. 셰익스피어 작 『리어 왕』의 2막 4장 57행의 리어 왕의 울부짖음을 말한다.(Albright 753)
- 22행의 아무도 우리 죄를 공유하지 않았고는 영국도 파넬의 일로 비난받지 않았다는 것.(Albright 753)
- 22-23행은 파넬의 파멸은 아일랜드가 구경한 연극이 아니라 아일랜드가 파넬을 살해하는 역을 담당한 연극이라는 것.(Albright 753)
- 24행은 화자 자신이 아일랜드 역사의 축소판이라고 보고 당시의 집단적인 죄에 대한 역사적인 속죄양이 되겠다는 말이다.(Whitaker 160, 248-249)

그건 우리 생활에 아무런 관련도 없었다.
하지만 대중의 분노, '광란'은 이 표적을 끌어내렸다.
아무도 우리 죄를 공유하지 않았고, 우리가 그의 심장을 삼켰을 때
우리는 거짓 치장된 무대에서 아무런 역할을 하지 않았다.

자, 저주의 저 시선을 나에게 보내다오.
나는 저주에 목말라 하노라.
아일랜드의 모든 노래, 모든 얘기는
군중의 오염에서 성장한 거짓말.
쥐들이 죽기 전에 듣게끔 아껴둔 것.
이분의 빈 영혼이 가진 것은 아무것도 없으니
아무것도 남겨두지 말고, 판단력이 있는 자 모두
그의 영혼이 동물인지 사람인지 판단하게 하라.

- 25행의 저주에 목말라는 파넬을 몰아낸 민족주의자들nationalists에 대한 예이츠의 도전.(*NC* 344)
- 27행은 민주주의의 폐단을 연상시키는 말이다.(Unterecker 243)
- 28행의 쥐들이 죽기 전에 듣게끔 아껴둔 것은 읊는 것만으로 쥐를 죽일 수 있다고 고대 아일랜드 사람들이 생각한 가짜 시구절.(Albright 754)

II

The rest I pass, one sentence I unsay.
Had de Valéra eaten Parnell's heart
No loose-lipped demagogue had won the day,
No civil rancour torn the land apart.

Had Cosgrave eaten Parnell's heart, the land's
Imagination had been satisfied,
Or lacking that, government in such hands,
O'Higgins its sole statesman had not died.

- II부는 당초「사십 년 뒤에」Forty Years Later라는 제목을 붙인 것.(Albright 754)
- 1행의 한 마디는 취소한다는 말은 I부 22행의 '그의 심장을 삼켰다'는 말을 취소한다는 것. 실은 아무도 그의 심장을 먹지 못했다는 것.(Albright 754)
- 2행의 데 발레라Eamon de Valéra(1882-1975)는 뉴욕에서 스페인계 아버지와 아일랜드계 어머니 사이에 태어나 아일랜드에서 성장했다. 1916년 부활절 봉기에 적극 가담, 사형선고를 받았으나, 종신형으로 감형되었고, 1917년의 대사면 때 출옥, 그 뒤 10년간 '신페인'의 당수가 되었다. 1922년에 성립된 아일랜드 자유국Irish Free State 조약에 반대하고, 1923년에는 코스그레이브가 이끄는 정부에 저항해 내전을 일으켰다. 예이츠는 그를 전형적인 선동가에다 민족 분열자로 지목하고 꺼렸으나, 1933년에 처음 만나 보고는 성실하고 정직하다는 점에서 호감을 가졌다.(*NC* 344) 데 발레라는 1932년의 선거에서 승리, 아일랜드 자유국의 행정수반이 되었다. 1938년 헌법개정으로 수상이 되고, 1948년 선거에는 패배했지만, 1959년에는 에이레 공화국의 대통령이 되었다. / 파넬의 심장을 먹었다면은 군중에 저항할 수 있는 파넬의 영웅적인 힘을 얻어, 선동가가 아닌 참다운 정치 지도자가 되었으리라는 것.(Unterecker 243)

II

다른 건 그냥 넘기고, 한 마디는 취소한다.
데 발레라가 파넬의 심장을 먹었다면
어떤 수다스런 선동가도 득세하지 못했으리.
시민들의 어떤 원한도 국토를 갈라놓진 못했으리.

코스그레이브가 파넬의 심장을 먹었다면,
아일랜드의 상상력은 충족되었으리라.
아니, 그 정도는 못 되더라도 정권이 그런 손에 넘어가고,
비길 데 없는 정치가인 오히긴스는 죽지 않았으련만.

- 5행의 코스그레이브William Thomas Cosgrave(1880-1966)는 신페인 당원 출신. 1916년의 부활절 봉기에 참여, 사형선고에서 종신형으로 감형, 1917년의 대사면 때 출옥한 뒤, 하원의원으로 활동했다. 1922년의 아일랜드 자유국 탄생 때 임시정부의 행정장관, 그 뒤 수반이었던 그리피스Arthur Griffith가 급사하자 그 자리를 이어받아 1932년까지 수반으로 있었으나 선거에 패배, 데 발레라에게 자리를 내주었다. 1944년까지 야당 지도자로 있다가 사임했다.
- 7행의 그 정도는 못 되더라도란 예이츠가 보기에는 데 발레라나 코스그레이브 둘 다 파넬 같은 정치적인 상상력이 없었음을 말한다.
- 8행의 오히긴스Kevin Christopher O'Higgins(1892-1927)는 학생시절에 '신페인'에 가입하고, 1918년에 징병반대 연설로 투옥되었다. 1922년 이후 임시정부의 코스그레이브 수반 휘하에서 법무, 외무를 맡았다. 1927년 주일날 미사를 보러 가던 중에 암살되었다. 코스그레이브가 제대로 통치했다면 이런 불상사는 없었을 것이라는 게 예이츠의 생각.(Unterecker 243)

Had even O'Duffy—but I name no more—
Their school a crowd, his master solitude;
Through Jonathan Swift's dark grove he passed, and there
Plucked bitter wisdom that enriched his blood.

[1932 - April 1933] 1934

- 9행의 오더피Owen O'Duffy(1892-1944)는 정치운동가, 장군. IRA(아일랜드 공화군)에 가입, 지휘관이 되었으나 데 발레라에 의해 해임되고, 이탈리아의 파시스트를 모방한 청색 셔츠단the Blue Shirts이라는 군대를 조직했다. 1936년 스페인 내전 때 부하들을 이끌고 프랑코를 도와주려 했으나 좌절되었다. / 예이츠는 잠시 이 운동에 관심을 보인 적이 있다. 만약 그가 파넬의 성격을 닮았다면 위대한 지도자가 되었을지도 모른다는 게 예이츠의 생각.(Unterecker 243)

오더피라도 그랬다면—하지만 더는 거명하지 않으리—
그들의 학교는 군중이었지만, 그의 스승은 고독이었던 것.
그는 조너선 스위프트의 어두운 숲을 통과하고, 거기서
피를 풍요롭게 만든 비통한 지혜를 취득했건만.

1933. 4.

- 10행의 그의 스승은 고독이었다는 말은 파넬이 스위프트의 심장을 먹어 그의 정신을 이어받았지만, 파넬의 뒤는 아무도 이어가지 못했음을 말한다.(Albright 754-755)
- 12행의 스위프트의 비통한 지혜는 그리스와 로마를 망하게 한 소수에 대한 다수의 전쟁을 고발한 것. 모든 국가의 건강은 하나the One와 소수the Few와 다수the Many의 균형에 달려 있다는 생각.(*NC* 346)

Three Songs to the Same Tune

I

Grandfather sang it under the gallows:
'Hear, gentlemen, ladies, and all mankind:
Money is good and a girl might be better,
But good strong blows are delights to the mind.'
There, standing on the cart,
He sang it from his heart.

Those fanatics all that we do would undo;
Down the fanatic, down the clown;
Down, down, hammer them down,
Down to the tune of O'Donnell Abu.

- 1922년의 코스그레이브 정부나 1932년의 데 발레라 정부가 못마땅하던 차, 새로이 대두된 파시즘 운동에 호감을 가졌을 때 행진곡으로 활용할 가사로 지어 본 것이지만 나중에는 그래서는 안 되겠다고 말한 작품이다.(Freyer 107)
- 그는 오더피 장군General O'Duffy의 파시즘 조직인 '청색 셔츠'Blue Shirts 운동에 기대를 걸고, 그가 꿈꾼 문화의 통합이 이루어지기를 바랐다.(Unterecker 244)
- 이 작품은 1938년 말에 '세 행진곡'Three Marching Songs이란 제목으로 개작되었다. 따라서 *PR*에서는 이 작품을 '추가 시편'Additional Poems에다 옮겨 수록하고 있다.(*PR* 572-575)

같은 가락에 맞춘 세 가지 노래

I

할아버지는 교수대 밑에서 그 노래를 불렀다.
'신사, 숙녀, 그리고 인류 모두 내 말 들어요.
돈은 좋은 것, 계집은 더 나은 거겠지.
그렇지만 지독한 매질이 정신에는 기쁨이야.'
저길 봐요. 그분이 마차 위에 서서
심장에서 우러나온 그 노래를 불렀어요.

저 광신도들이 우리가 하는 일 모두 망치려 해요.
광신도를 타도해요, 광대를 타도해요.
타도해요, 타도해요, 망치로 그들을 때려눕혀요.
오도넬 아부의 곡에 맞춰 때려눕혀요.

- 10행의 오도넬 아부O'Donnell Abu는 '오도넬이여, 영원하라!'라는 노래로 1597년에 마이클 조지프 맥캔Michael Joseph MacCann이 썼다고 알려졌다. 이 노래는 나중에 '파넬이여, 영원하라!'Parnell Abu로 바뀌었는데, 로데릭 빅 알파인 두Roderick Vick Alpine Dhu의 가락에 맞추어 노래하도록 되어 있었으나 조지프 할리데이Joseph Haliday(1775-1846)가 쓴 다른 곡으로 유명해졌다. / 휴 오도넬Hugh O'Donnell(1572-1602)은 아일랜드의 국민적 영웅. 영국의 압제에 맞서 싸워 혁혁한 승리를 거두었다. 그는 집안의 우두머리로서 1598년의 옐로 포드Yellow Ford 전투에서 휴 오닐Hugh O'Neill과 함께 승리를 거두고, 1601년의 킨세일Kinsale 전투 후에 원조를 청하러 스페인에 갔다가 1602년에 독살되었다고 한다. 동생인 로리 오도넬Rory O'Donnell(1575-1608)은 형의 뒤를 이어 활동했다. 영국 왕 제임스 1세를 방문, 1603년에 백작이 되었으나, 가톨릭 세력을 동원, 반역을 도모하다가 사전에 발각되자 로마로 피신했다.

'A girl I had, but she followed another,
Money I had, and it went in the night,
Strong drink I had, and it brought me to sorrow,
But a good strong cause and blows are delight.'
All there caught up the tune:
'On, on, my darling man'.

Those fanatics all that we do would undo;
Down the fanatic, down the clown;
Down, down, hammer them down,
Down to the tune of O'Donnell Abu.

'Money is good and a girl might be better,
No matter what happens and who takes the fall,
But a good strong cause'—the rope gave a jerk there,
No more sang he, for his throat was too small;
But he kicked before he died,
He did it out of pride.

Those fanatics all that we do would undo;
Down the fanatic, down the clown;
Down, down, hammer them down,
Down to the tune of O'Donnell Abu.

'나는 계집 하나 있었는데, 딴 놈 따라갔지.
돈이 있었는데, 그날 밤에 없어졌소.
독주를 마셨는데, 술이 내게 슬픔을 가져왔지
하지만 아주 당당한 명분과 매질은 기쁨이야.'
거기 있는 모두가 그 노래를 따라 했다.
'계속하세요, 계속하세요, 내가 가장 사랑하는 분.'

저 광신도들이 우리가 하는 일 모두 망치려 해요.
광신도를 타도해요, 광대를 타도해요.
타도해요, 타도해요, 망치로 그들을 때려눕혀요.
오도넬 아부의 곡에 맞춰 때려눕혀요.

'돈은 좋은 것, 계집은 더 나은 거겠지.
무슨 일이 벌어지든, 누가 이기든 상관없지.
하지만 아주 당당한 명분은'—그때 밧줄이 덜렁 당겨졌고,
그 이상 노래하지 못했다. 목구멍이 너무 좁아졌기 때문.
그러나 그는 죽기 전 한바탕 요동쳤다.
자부심에서 그랬던 것.

저 광신도들이 우리가 하는 일 모두 망치려 해요.
광신도를 타도해요, 광대를 타도해요.
타도해요, 타도해요, 망치로 그들을 때려눕혀요.
오도넬 아부의 곡에 맞춰 때려눕혀요.

II

Justify all those renowned generations;
They left their bodies to fatten the wolves,
They left their homesteads to fatten the foxes,
Fled to far countries, or sheltered themselves
In cavern, crevice, hole,
Defending Ireland's soul.

'Drown all the dogs,' said the fierce young woman,
'They killed my goose and a cat.
Drown, drown in the water-butt,
Drown all the dogs,' said the fierce young woman.

Justify all those renowned generations,
Justify all that have sunk in their blood,
Justify all that have died on the scaffold,
Justify all that have fled, that have stood,
Stood or have marched the night long

II

유명한 그 모든 세대를 정당하게 대접하라.
그들은 늑대들을 살찌우려 몸을 내놓고,
그들은 여우들을 살찌우려 땅과 집을 내놓고,
아일랜드의 넋을 지키면서
민 나라로 도망쳤거나,
동굴이나, 바위 틈, 구멍 속으로 피신했다.

'개를 모두 익사시켜라,' 성난 젊은 여인이 말했다.
'그놈들이 내 거위와 고양이를 물어 죽였어.
빗물 통에 빠뜨려 죽여라, 빠뜨려 죽여.
개를 모조리 빠뜨려 죽여라.' 성난 젊은 여인이 말했다.

유명한 그 모든 세대를 정당하게 대접하라.
피 속에 빠진 모든 분을 정당하게 대접하라.
사형대에서 죽은 모든 분을 정당하게 대접하라.
도망친 모든 사람, 버텨낸 모든 사람,
밤새도록 노래하고 노래하면서 버텼거나

• 7-10행의 후렴은 예이츠의 부인이 기르던 암탉 한 마리가 실종된 사건으로 벌어진, 작은 소동을 소재로 하여 만들어진 것이라고 한다. 근처의 어느 집 개의 소행으로 생각했지만, 며칠 뒤에 그 닭이 나타났다.(*NC* 501) / 그러나 여기서 말하는 거위는 민주주의, 개는 파시스트.(*NC* 501)

Singing, singing a song.

'Drown all the dogs,' said the fierce young woman,
'They killed my goose and a cat.
Drown, drown in the water-butt,
Drown all the dogs,' said the fierce young woman.

Fail, and that history turns into rubbish,
All that great past to a trouble of fools;
Those that come after shall mock at O'Donnell,
Mock at the memory of both O'Neills,
Mock Emmet, mock Parnell:
All the renown that fell.

'Drown all the dogs,' said the fierce young woman,
'They killed my goose and a cat.
Drown, drown in the water-butt,
Drown all the dogs,' said the fierce young woman.

• 23행의 오도넬은 형제 둘 다 해당될 수 있으나 동생보다는 형을 가리키는 듯하다.

행진한 모든 사람을 정당하게 대접하라.

'개를 모두 익사시켜라,' 성난 젊은 여인이 말했다.
'그놈들이 내 거위와 고양이를 물어 죽였어.
빗물 통에 빠뜨려 죽여라, 빠뜨려 죽여.
개를 모조리 빠뜨려 죽여라.' 성난 젊은 여인이 말했다.

그렇게 하지 않으면 그 역사는 쓰레기로 변하고,
그 모든 위대한 과거가 바보들의 분란거리 된다.
후세 사람들은 오도넬을 조롱할 것이고,
오닐 집안 두 사람의 기억을 조롱하리라.
에밋을 조롱하고, 파넬을 조롱하고,
쓰러진 유명 인사 모두를 조롱하리라.

'개를 모두 익사시켜라,' 성난 젊은 여인이 말했다.
'그놈들이 내 거위와 고양이를 물어 죽였어.
빗물 통에 빠뜨려 죽여라, 빠뜨려 죽여.
개를 모조리 빠뜨려 죽여라.' 성난 젊은 여인이 말했다.

- 24행의 오닐 집안 두 사람은 셰인 오닐Shane O'Neill(1530-1567)과 휴 오닐Hugh O'Neill(1550-1616). 영국의 엘리자베스 여왕 시대 인물들. 오닐 집안은 용맹한 인물을 많이 배출한 북아일랜드 가문.
- 25행의 에밋Emmet과 파넬Parnell은 「파넬의 장례」Parnell's Funeral의 주 참조.

III

The soldier takes pride in saluting his Captain,
The devotee proffers a knee to his Lord,
Some back a mare thrown from a thoroughbred,
Troy backed its Helen; Troy died and adored;
Great nations blossom above;
A slave bows down to a slave.

'Who'd care to dig 'em,' said the old, old man,
'Those six feet marked in chalk?
Much I talk, more I walk;
Time I were buried,' said the old, old man.

When nations are empty up there at the top,
When order has weakened or faction is strong,
Time for us all to pick out a good tune,
Take to the roads and go marching along.
March, march—How does it run?—
O any old words to a tune.

• 5행의 위는 지배층, 상위 계층. 예이츠의 귀족문화 지향을 말한다.(역자)

III

군인은 대장에게 경례할 때 자부심을 갖는다.
아랫사람은 그의 주인에게 한쪽 무릎을 내민다.
사람들은 더러 순수혈통의 암말에 돈을 걸고,
트로이는 헬레네를 걸었다. 트로이는 망하고 찬양받았다.
위대한 국가들은 위에서 꽃을 피운다.
노예는 노예 앞에 엎드린다.

'저것들을 누가 팔까,' 늙고 늙은 사람이 말했다.
'분필로 6피트를 표시한 저 구덩이들을?
나는 많이 지껄이고, 그보다는 더 많이 걷는다.
내가 묻힐 시간이구만.' 늙고 늙은 사람이 말했다.

나라들이 저기 저 위 정점이 비어 있을 때,
질서가 허약해지거나 분열이 심할 때,
우리 모두가 좋은 곡을 찾아내어,
길에 나가 행진해야 할 시간.
행진하라, 행진하라—어떻게 진행되더라?—
오 어떤 옛 가사라도 좋아요, 곡에 맞추면.

- 11-12행에서 말하는 것은 스위프트에서 끌어온 내용.(*NC* 502)
- 11행의 정점이 비어 있다는 것은 고위층의 지도력 결핍.

'Who'd care to dig 'em,' said the old, old man,
'Those six feet marked in chalk?
Much I talk, more I walk;
Time I were buried,' said the old, old man.

Soldiers take pride in saluting their Captain,
Where are the captains that govern mankind?
What happens a tree that has nothing within it?
O marching wind, O a blast of the wind,
Marching, marching along.
March, march, lift up the song:

'Who'd care to dig 'em,' said the old, old man,
'Those six feet marked in chalk?
Much I talk, more I walk;
Time I were buried,' said the old, old man.

'저것들을 누가 팔까,' 늙고 늙은 사람이 말했다.
'분필로 6피트를 표시한 저 구덩이들을?
나는 많이 지껄이고, 그보다는 더 많이 걷는다.
내가 묻힐 시간이구만.' 늙고 늙은 사람이 말했다.

병사들은 대장에게 경례할 때 자부심을 갖는다.
인류를 나스리는 대장들은 어디 갔는가?
속에 아무것도 없는 나무는 어떻게 되는가?
오 진군하는 바람, 오 질풍이여,
진군하고 진군해가는구나.
진군하라, 진군하라, 소리 질러 노래 불러라.

'저것들은 누가 팔까,' 늙고 늙은 사람이 말했다.
'분필로 6피트를 표시한 저 구덩이들을?
나는 많이 지껄이고, 그보다는 더 많이 걷는다.
내가 묻힐 시간이구만.' 늙고 늙은 사람이 말했다.

1933. 11. 30. - 1934. 2.

Church and State

Here is fresh matter, poet,
Matter for old age meet;
Might of the Church and the State,
Their mobs put under their feet.
O but heart's wine shall run pure,
Mind's bread grow sweet.

That were a cowardly song,
Wander in dreams no more;
What if the Church and the State
Are the mob that howls at the door!
Wine shall run thick to the end,
Bread taste sour.

1934 / August 1934

- 원래의 제목은 「허망한 기대」A Vain Hope.
- 이상적인 질서와 현실적인 질서를 대비시켜 18세기를 20세기에 이상적인 형태로 재현하기란 불가능하다는 것을 인식하고 쓴 작품.(Freyer 108)
- 오더피O'Duffy의 파시즘 조직인 '청색 셔츠'Blue Shirts에 대한 환멸을 노래한 작품. 정치적인 활동과의 최종적인 결별을 의미한다.(Unterecker 245)
- 예이츠의 반민주주의적인 강렬한 감정 표현. 그는 교회와 국가가 권위를 가지기를 바라지만, 교회와 국가가 그들이 통제해야 할 대중과 마찬가지라는 것을 발견했다. (Albright 757)

교회와 국가

시인이여, 여기에 참신한 주제가 있네.
늙은이에게 알맞은 주제 말이오.
교회와 국가의 권능이
군중을 그들의 발 아래에 갖다 놓았지.
오, 오로지 가슴의 포도주가 순수하게 흐르고,
마음의 빵이 감미롭게 되리.

그건 비겁한 노래였나니,
더는 꿈속을 헤매지 말라.
교회와 국가가 문간에 찾아와
아우성치는 군중이 되면 어떻게 되나!
포도주는 끝내 탁해지고 말 것이며
빵맛은 시어지리라.

1934. 8.

- 3-6행은 시인이 생각하는 이상적인 질서.(Freyer 108)
- 9-12행은 가혹한 현실.(Freyer 108)
- 11-12행은 교회가 책무를 제대로 하고 있지 못함을 말한다.(Albright 758)

Come Gather Round Me, Parnellites

Come gather round me, Parnellites,
And praise our chosen man;
Stand upright on your legs awhile,
Stand upright while you can,
For soon we lie where he is laid,
And he is underground;
Come fill up all those glasses
And pass the bottle round.

And here's a cogent reason,
And I have many more,
He fought the might of England
And saved the Irish poor,
Whatever good a farmer's got
He brought it all to pass;
And here's another reason,
That Parnell loved a lass.

- 파넬의 열렬한 지지자 헨리 해리슨Henry Harrison의 권고에 의한 작품.(Albright 789)
- 제목의 파넬Parnell에 대해서는 「파넬의 장례」Parnell's Funeral의 주 참조.

파넬 지지자들이여, 내 주위에 모이시오

파넬 지지자들이여, 내 주위에 모이시오.
그리고 우리가 선택한 사람을 찬양해요.
잠시 발을 딛고 꼿꼿이 서세요.
가능한 한 오랫동안 꼿꼿이 서 있어요.
왜냐하면 그가 누운 곳에 우리도 곧 눕게 되고,
그가 땅에 묻혀 지하에 있으니까요.
자, 저 술잔 모두 가득 채우고,
그리고 술병을 돌리세요.

여기에 그럴 만한 이유가 있고,
나는 더 많은 이유를 가지고 있는데,
그는 영국의 권력과 싸웠고
아일랜드의 빈자들을 구출하여,
토지 소유 농가가 어떤 이익을 보든
그걸 모두 돌아가게 했소.
그리고 여기 또 한 가지 이유가 있는데,
파넬이 한 아씨를 사랑했다는 사실이오.

• 16행의 한 아씨는 1890년 오셰이O'Shea의 부인 캐서린Katherine. 파넬과 캐서린이 가까워졌을 때 그들 부부는 이혼한 사이였지만, 가톨릭교회를 중심으로 한 항간의 여론이 좋지 않은데다 남편이 소송을 제기하기도 했다. / 아씨라는 말을 쓴 것은 파넬 반대자들이 그를 파멸시키려고 사용한 그 애정을 오히려 찬양하기 위해서이다.(Albright 790)

And here's a final reason,
He was of such a kind
Every man that sings a song
Keeps Parnell in his mind,
For Parnell was a proud man,
No prouder trod the ground,
And a proud man's a lovely man,
So pass the bottle round.

The Bishops and the Party
That tragic story made,
A husband that had sold his wife
And after that betrayed;
But stories that live longest
Are sung above the glass,
And Parnell loved his country,
And Parnell loved his lass.

1937

- 25-26행은 파넬이 가톨릭교회와 민중의 비난을 받아 1891년에 정계에서 물러나고, 그녀와 결혼을 했지만 실의에 빠진 나머지 얼마 있다가 영국의 브라이튼Brighton에서 생을 마친 사실을 말한다.

그리고 여기에 마지막 이유가 있어요.
그는 노래하는 모든 사람이
마음속에 간직하고 있는
그런 종류의 사람이라는 것이지요.
왜냐하면 파넬은 자긍심을 가진 사람이었고,
그분보다 더 당당하게 땅을 밟은 자 없었으니까요.
그리고 자긍심 가진 자는 멋진 인간이니,
술병을 돌려 술을 마셔요.

비극적인 얘기를 만들어낸
주교들과 정당,
아내 팔아먹고
그 뒤 배신한 남편.
그러나 가장 오래가는 얘기들은
술잔 들고 노래하는 것들이지요.
파넬은 조국을 사랑했고,
파넬은 그의 아씨를 사랑했어요.

1936. 9. 8.

• 27-28행은 캐서린이 위자료를 주고 남편과 이혼했으나, 남편은 부인과 애정관계가 있는 사람이 파넬이라서 더 많은 돈을 받기 위해 고소했다고 하는 것을 의미한다.

Roger Casement

(After reading *The Forged Casement Diaries* by Dr. Maloney)

I say that Roger Casement
Did what he had to do.
He died upon the gallows,
But that is nothing new.

Afraid they might be beaten
Before the bench of Time,
They turned a trick by forgery
And blackened his good name.

A perjurer stood ready
To prove their forgery true;
They gave it out to all the world,
And that is something new;

- 제목의 로저 케이스먼트Roger Casement(1864-1916)는 더블린 출신. 1895년부터 영국 외교관(영사)으로서, 콩고와 아마존 지역의 원주민에 관한 잔혹한 행위에 대한 조사로 그 공적을 인정받아 1906년 기사작위를 받았다. 1913년 퇴임 후에는 조국 아일랜드를 위해 투신하다가 제1차 세계대전이 발발하자 베를린에 가서 조국 독립운동에 독일군의 도움을 요청했지만 거절당하였다. 결국 부활절 봉기가 실패할 가능성이 많다고 생각하고, 이를 중지시킬 목적으로 독일 잠수함을 타고 아일랜드에 상륙했으나 이내 체포되어 대반역죄로 영국법정에 섰다.

로저 케이스먼트

(멀로니 박사의『로저 케이스먼트 일지』를 읽고 나서)

나는 말한다, 로저 케이스먼트는
그가 해야 할 일을 했다고.
그는 교수대 위에서 죽었다.
그렇지만 그건 새로운 건 아니다.

'시간'의 판사석 앞에서
그들이 얻어맞을까봐 걱정이다.
그들은 위조로 장난을 쳐
그의 명성을 더럽혔다.

위증자는 그들의 위조가
사실이라고 우기러 나섰다.
그들은 온 세상에 그걸 퍼뜨렸다.
그게 새로운 일이다.

• 위조 일지 사건은, 케이스먼트에 대한 사형집행 유예 청원자들을 무마하기 위하여, 외설적인 그의 일지를 조작하여 동성애자라고 규정, 선전하고 처형했으나, 20년 뒤인 1936년에 그의 일지 진본이 뉴욕의 한 대학에 신경과 교수로 있었던 멀로니 박사Dr. William Joseph Maloney(1882-1952, 에든버러 출신)에 의해 발견되고 출판됨으로써 진위가 밝혀진 사건이다.

For Spring Rice had to whisper it,
Being their Ambassador,
And then the speakers got it
And writers by the score.

Come Tom and Dick, come all the troop
That cried it far and wide,
Come from the forger and his desk,
Desert the perjurer's side;

Come speak your bit in public
That some amends be made
To this most gallant gentleman
That is in quicklime laid.

[October - November 1936] 1937

- 13행의 스프링라이스Sir Cecil Arthur Spring-Rice(1859-1918)는 1913년부터 1918년까지 주미 영국대사를 역임했다. 주미대사가 언급된 것은, 당시 프린스턴 대학에서 가르치는 한편 워싱턴의 주미대사관 일을 돕고 있던 영국 시인 앨프리드 노이스Alfred Noyes(1889-1958)의 활동 때문이다. 이들은 미국 내의 아일랜드 유명 인사들을 설득하는 일을 했다. 예이츠는 스프링라이스의 행위는 자기 뜻에 반한 마지못한 행위라고 보았다.(Albright 788)
- 17행의 톰Tom은 흔히 어릿광대Fool의 대명사로 쓰인다. 처음에는 영국 시인 노이스를 거명했다가 바꾼 것이다.(Albright 788) 딕Dick은 남자의 일반적인 명칭.

스프링라이스는 그들의 대사라서,
그걸 쑥덕대지 않으면 안 되었고,
그러자 연사들이 그걸 입수했고,
수십 명의 논객들이 그랬으니까.

톰과 딕은 나오너라.
사방으로 외쳐댔던 무리들 모두 나오라.
위조자와 그의 책상에서 빠져나와,
위증자 곁을 떠나라.

공개석상에 나와 당신 몫을 말하라.
생석회 속에 묻혀 있는
더할 수 없이 용기 있는 이분에게
다소 수정이 가해진다고.

1936. 11.

• 22행의 생석회 속에 묻혀 있는은 당시 교수형에 처해진 시신을 처리하는 방식대로 로저 케이스먼트의 시신이 펜톤빌Pentonville의 영국 교도소 내의 생석회 구덩이에 매장되었음을 말한다. 그의 유해는 1965년에 발굴되어 더블린의 아버 힐 부대Arbour Hill Barracks 주관의 군대의식으로 더블린의 글라스네빈 묘지Glasnevin Cemetery로 이장되었다.
글라스네빈은 더블린 북부의 교외지대. 6세기경 수도원 자리로 1831년 이래 공동묘지로 사용되고 있다. 이 묘지에는 오코넬O'Connell, 맹건Mangan, 파넬Parnell, 마키에비츠Markiewicz, 그리피스Griffith 등이 묻혀 있다.

The Ghost of Roger Casement

O what has made that sudden noise?
What on the threshold stands?
It never crossed the sea because
John Bull and the sea are friends;
But this is not the old sea
Nor this the old seashore.
What gave that roar of mockery,
That roar in the sea's roar?
The ghost of Roger Casement
Is beating on the door.

John Bull has stood for Parliament,
A dog must have his day,
The country thinks no end of him,
For he knows how to say,
At a beanfeast or a banquet,
That all must hang their trust

- 제목의 로저 케이스먼트는 자매편인「로저 케이스먼트」Roger Casement의 주 참조.
- 「교회의 반석」The Church's One Foundation의 곡에 맞춰 노래하도록 쓴 작품.(*NC* 387)

로저 케이스먼트의 유령

무엇이 저런 갑작스런 소동을 일으켰는가?
문지방에 서 있는 건 무엇이지?
존 불과 바다는 사이좋은 친구니까
결코 바다를 건넌 일이 없었거든.
그렇지만 이건 옛 바다도 아니고
이건 옛날의 해변도 아닌데.
무엇이 저런 장난 소동을,
바다의 으르렁거림 속, 저런 소동을 일으켰는가?
로저 케이스먼트의 유령이 찾아와
문을 두드리고 있어요.

존 불은 의회를 내세웠는데,
개도 한 시절이 있어야겠고,
그 나라는 그 사람 생각을 버리지 않는다.
왜냐하면 그는 빈피스트나 연회에서
모두가 대영제국과
그리스도 교회에

- 3행의 존 불John Bull은 영국과 영국민의 성격을 의인화한 별명. 18세기의 존 아버스넛John Arbuthnot(1667-1735)의 『존 불의 역사』*The History of John Bull*(1712)에서 연유한다.(*NC* 388)
- 14행의 빈피스트는 'beanfeast'를 발음대로 옮겨 놓은 것. 영국의 풍속으로서 고용주가 고용인들에게 푸짐하게 대접하는 연중행사.(역자)

Upon the British Empire,
Upon the Church of Christ.
The ghost of Roger Casement
Is beating on the door.

John Bull has gone to India
And all must pay him heed,
For histories are there to prove
That none of another breed
Has had a like inheritance,
Or sucked such milk as he,
And there's no luck about a house
If it lack honesty.
The ghost of Roger Casement
Is beating on the door.

I poked about a village church
And found his family tomb
And copied out what I could read
In that religious gloom;

- 19-20행은 케이스먼트의 혼령이 안식을 얻지 못하고 있다는 것.(Albright 789)
- 21행의 인도는 1763년에 영국의 지배하에 들어갔고 1858년에 영국 국왕의 통치하에 들어갔다.

그들의 신뢰를 걸어야 한다는 것을
어떻게 말하는가를 알고 있기 때문.
로저 케이스먼트의 유령이 찾아와
문을 두드리고 있어요.

존 불은 인도에 갔고
모두가 그를 조심해야 하네.
왜냐하면 다른 종족은 아무도
비슷한 유산을 가지지 않았거나,
그가 마신 그런 젖을 마시지 않았다고
증명할 역사들이 있고,
또 정직함이 결여되면
집에는 행운이 없으니까.
로저 케이스먼트의 유령이 찾아와
문을 두드리고 있어요.

나는 한 마을 교회를 꼬치꼬치 물어
그의 가족묘를 발견하고
그런 종교적인 울적한 마음으로
내가 잃은 것을 옮겨 썼지요.

- 27행의 정직함이 결여되면은 정직하지 못했던 케이스먼트의 재판이 대영제국의 기반이 흔들리고 있다는 사실을 보여준다.(Albright 789)
- 32행의 가족묘 운운은 사실과 다르다. 케이스먼트는 무르크 베이Murrough Bay의 교회 묘지에 묻히기를 바랐으나 펜톤빌 교도소 내의 석회 구덩이에 매장되었다. 앞의 시「로저 케이스먼트」주 참조.

Found many a famous man there;
But fame and virtue rot.
Draw round, beloved and bitter men,
Draw round and raise a shout;
The ghost of Roger Casement
Is beating on the door.

1938

거기엔 많은 유명 인사가 있었어요.
그러나 명성과 덕망은 썩는 법.
사랑하는 마음 아픈 사람들이여,
모여들고 모여들어 고함을 질러요.
로저 케이스먼트의 유령이 찾아와
문을 두드리고 있어요.

1936. 10.

- 36행의 명성과 덕망은 썩는 법이라는 것은 명성은 케이스먼트 유령의 굳건한 존재와 대조해 보면 하잘것없다는 것. 그의 유령은 복수에 불타는 여신 같은 존재.(Albright 789)

The Curse of Cromwell

You ask what I have found, and far and wide I go:
Nothing but Cromwell's house and Cromwell's murderous crew,
The lovers and the dancers are beaten into the clay,
And the tall men and the swordsmen and the horsemen,
    where are they?
And there is an old beggar wandering in his pride—
His fathers served their fathers before Christ was crucified.
O what of that, O what of that,
What is there left to say?

All neighbourly content and easy talk are gone,
But there's no good complaining, for money's rant is on.

- 크롬웰의 해독이 아직도 상징적으로 남아 있음을 말하는 시.(Rosenthal 339)
- 제목의 크롬웰Oliver Cromwell(1599-1658)은 1648년 청교도혁명(또는 영국혁명)을 주도하고 호민관Lord Protector에 오른 사람. 1649년 찰스 1세를 처형하고 아일랜드를 원정, 혹독하게 예속시키고, 집과 가톨릭교회와 성 및 숲까지 불태우면서 아일랜드 사람은 지옥에 가라고 저주했다. 드로이더Drogheda와 웩스퍼드Wexford의 학살은 아일랜드 사람들의 기억에서 영원히 지워지지 않을 사건이다. 1650년에 철수했지만 1652년과 1653년에 두 가지 법령을 잇달아 내려, 두 주를 제외한 나머지 지역의 토지 절반 이상을 몰수했다. 그는 민주공화국을 내세웠다가 군사독재체제로 바꾸어 도합 10년간 집권하다가 죽고 난 뒤, 아들이 뒤를 이었으나 2년도 채 안 되어 권력을 내어놓아 1660년에 영국은 왕정으로 복귀하였다. / 예이츠는 크롬웰을 그 시절의 레닌이라고 지칭했다.(Unterecker 269)

크롬웰에 대한 저주

당신은 내가 나돌아다니던 사방에서 무얼 봤냐고
    물어보는데,
크롬웰 왕가와 살육의 무리 외에는 본 게 없어요.
연인들과 춤추는 자들은 얻어맞아 땅속에 들어가고 없고,
그런데 장대같이 키가 큰 그들과 검객들, 기마병들, 그들은 어디
    갔는지?
그런데 자긍심 갖고 떠돌아다니는 늙은 거지 한 사람
    있습디다—
그의 조상은 그리스도 처형 전의 조상을 섬겼던 분들이죠.
        오 그게 뭐죠, 그게 뭐죠,
        더 하실 말씀 있으시지요?

이웃끼리 나누는 후련하고 마음 편한 대화는 사라졌어요.
하지만 불평해봤자 소용없지요. 돈의 위력이 큰소리치니까.

- 유랑하는 농부 시인의 입을 통해 노래하는 시.(Albright 786)
- 1행의 나는 유랑하는 아일랜드의 농부 시인.
- 2행의 왕가는 'house'의 번역. '교단'으로 번역할 수도 있다.(역자) / 크롬웰 왕가는 민주주의를 부르짖는 군중의 가짜 왕가.(Harris 33)
- 4행의 장대같이 키가 큰 그들과 검객들, 기마병들은 고대 아일랜드인들.(역자)
- 7-8행의 후렴은 듣는 자가 말을 가로막는 말. 그러나 처음에는 항의하는 것 같으나 뒤로 갈수록 차츰 옛날의 폐해에 대한 세인들의 무관심을 지적하는 역할을 한다.(Ellmann 202)

He that's mounting up must on his neighbour mount,
And we and all the Muses are things of no account.
They have schooling of their own, but I pass their schooling by,
What can they know that we know that know the time to die?
O what of that, O what of that,
What is there left to say?

But there's another knowledge that my heart destroys,
As the fox in the old fable destroyed the Spartan boy's,
Because it proves that things both can and cannot be;
That the swordsmen and the ladies can still keep company,
Can pay the poet for a verse and hear the fiddle sound,
That I am still their servant though all are underground.
O what of that, O what of that,
What is there left to say?

I came on a great house in the middle of the night,
Its open lighted doorway and its windows all alight,

- 11행의 서술은 문명의 간만을 가리킨다.「가이어들」The Gyres 참조.
- 17행의 스파르타 소년의 일화는 여우를 훔쳤다가 들통날까봐, 옷 속에 얼른 감춰 두었다가 여우에게 물려 죽었다는 이야기.(*NC* 383)
- 18행의 또 하나 내가 아는 것은 4연에서 말하는 폐가의 초자연적인 불빛의 환상에서 나오는 것.(Whitaker 257)

위로 올라가는 자는 이웃 사람 위로 올라서야 하지요.
그러니 우리들과 뮤즈들 모두는 시답잖은 것들이 되죠.
그들은 그들 나름의 교육을 받지만, 나는 그들의 교육을 외면해요.
죽을 때를 아는 그들이 우리가 안다는 것을 알 수 있겠어요?
오 그게 뭐죠, 그게 뭐죠,
더 하실 말씀 있으시지요?

그렇지만 옛 우화에 여우가 스파르타 소년을 죽였듯이,
내 심장이 터지게 하는 또 하나 내가 아는 것이 있는데,
사물은 존재할 수도 있고 존재하지 않을 수도 있다는 것,
검객들과 여인들이 여전히 가까이 지낼 수 있다는 것,
시인을 대접하고 바이올린 소리를 들을 수 있다는 것,
그들 모두 지하에 들어갔지만, 나는 여전히 그들의
하인이라는 것.
오 그게 뭐죠, 그게 뭐죠,
더 하실 말씀 있으시지요?

나는 한밤중에 거창한 저택에 이르렀어요.
불이 밝혀진 열린 현관, 그리고 모두 불 켜진 창문들.

• 25행의 거창한 저택은 사람이 살지 않는 폐가. 「크레이지 제인과 하느님」Crazy Jane on God 4연의 폐가 참조.

And all my friends were there and made me welcome too;
But I woke in an old ruin that the winds howled through;
And when I pay attention I must out and walk
Among the dogs and horses that understand my talk.
O what of that, O what of that,
What is there left to say?

1937

내 친구들이 모두 거기에 와있었고 나를 반겨 주었어요.
그렇지만 깨어보니 오래된 폐허, 바람은 윙윙 지나갔어요.
나는 정신을 차리고 나서 거길 빠져나와
내 말귀 알아듣는 개와 말 사이에서 걸어다녀야지요.

오 그게 뭐죠, 그게 뭐죠,
더 하실 말씀 있으시지요?

1936. 11. - 1937. 1.

The O'Rahilly

Sing of the O'Rahilly,
Do not deny his right;
Sing a 'the' before his name;
Allow that he, despite
All those learned historians,
Established it for good;
He wrote out that word himself,
He christened himself with blood.
How goes the weather?

Sing of the O'Rahilly
That had such little sense

- 1916년의 부활절 봉기를 다룬 정치적인 발라드.(Jeffares 288)
- 제목의 족장 오래힐리The O'Rahilly는 케리Kerry 주 출신으로, 부유한 퍼브 경영자의 아들인 마이클 오래힐리Michael O'Rahilly(1875-1916)를 말한다. 피어스의 1916년 부활절 봉기 준비를 못마땅해하던 그는, 봉기 철회 명령이 나자 재빨리 리머릭Limerick 시에 알렸다. 그러다가 봉기 소식이 전해지자 실패하리라는 것을 예감하고도 혼자 차를 타고 더블린의 중앙우체국에 가서 참전했다. 사령부가 거기서 더는 버틸 수 없게 되자, 4월 28일 한 부대를 이끌고 헨리 가Henry Street 쪽으로 난 문을 이용하여 첫 탈출을 시도했지만, 영국군에게 총격을 받았다.
- 2행의 정당한 권리는 'right'의 번역.
- 3행의 이름 앞에 붙인 '정관사'는 아일랜드의 상속되는 칭호.(*NC* 389) / 족장을 가리키는 정관사.(Albright 790)

족장 오래힐리

족장 오래힐리에 대한 노래를 불러라.
그의 정당한 권리를 거부하지 마라.
그의 이름 앞에 붙인 '정관사'를 노래하라.
그 모든 유식한 역사가들이 있지만
그가 족장의 자리를 영원히
굳혀 놓았다는 사실을 인정하라.
그는 그 말을 몸소 글로 썼고,
피로써 자신에게 세례를 주었네.
날씨가 어떤가?

족장 오래힐리에 대한 노래를 불러라.
케리 사람 모두를

- 4행은 역사가들이 자칭 족장이라고 해서 인정하지 않는 것을 빈정대는 말.
- 7-8행은 그가 골목길에서 죽어가면서 보도에 흘러나오는 피를 가지고 오래힐리라고 쓰고, 그 앞에다 케리 주를 대표한다는 뜻으로 족장만이 붙이는 정관사를 붙인 사실. 그 골목길 건물 벽에는 그의 명판이 있다.
- 9행의 후렴인 '날씨가 어떤가?'는 오래힐리가 사용했을지도 모를 암호이거나 영웅적인 행위와 상반되는 사소한 일상적 질문.(Ellmann 203) / 바다에서 감시 당번이 교대할 때 흔히 하는 말이거나 세상사의 상황 등이 함축된 말, 혹은 로저 케이스먼트가 날씨 때문에 상륙 실패한 건과 관련도 있을 법한 말.(Henn 329) / 평범한 이 말은 닥쳐올 폭풍우를 가리킬 것이다.(Albright 790)
- 11행의 케리 사람은 족장 오래힐리가 케리 주 출신이기 때문이다.(Albright 790)

He told Pearse and Connolly
He'd gone to great expense
Keeping all the Kerry men
Out of that crazy fight;
That he might be there himself
Had travelled half the night.
How goes the weather?

'Am I such a craven that
1 should not get the word
But for what some travelling man
Had heard I had not heard?'
Then on Pearse and Connolly
He fixed a bitter look:
'Because I helped to wind the clock
I come to hear it strike.'
How goes the weather?

What remains to sing about
But of the death he met
Stretched under a doorway

• 14행의 피어스와 코널리는「1916년 부활절」Easter 1916 주 참조.

광적인 싸움에 참전시키지 않고
자기가 몸소 엄청난 희생을 치르겠다고
피어스와 코널리에게 말한
별로 재치 없는 사람.
밤 시간 절반을 달려가면
몸소 현장에 도착하리라고 말한 사람.
날씨가 어떤가?

'어떤 나그네가 들은 것이 없었다면
내가 듣지 못했을 그 명령을
듣지 않을 만큼
내가 그런 형편없는 비겁자란 말입니까?'
그렇게 말하고는 비통한 시선으로
피어스와 코널리를 뚫어지게 바라보았네.
'나는 시계 탯줄 감는 데 거들었으니까
시계가 치는 소리를 들으러 온 거요.'
날씨가 어떤가?

헨리 가街로 빠지는
어느 건물 입구 아래 어딘가에
그가 죽어 넘어진 사실에다

• 28행의 헨리 가는 오코넬 교O'Connell Bridge를 기준으로 하여 오코넬 가O'Connell Street에서 중앙우체국을 끼고, 바로 왼편으로 직각을 이루고 뻗어있는 거리로, 당시의 격전지이다.

Somewhere off Henry Street;
They that found him found upon
The door above his head
'Here died the O'Rahilly.
R.I.P.' writ in blood.
How goes the weather?

1938

남겨진 노랫거리 내용인즉,
그를 알아본 사람들이
그의 머리맡 문 위에 발견한 것은,
'여기 족장 오래힐리가 죽었노라.
고이 잠들라.'라고 피로 써놓은 것.
날씨가 어떤가?

1937. 1.

- 35행의 고이 잠들라의 원문은 'R.I.P.' 라틴어 '*Requiescat in pace*'의 약자.

Parnell

Parnell came down the road, he said to a cheering man:
'Ireland shall get her freedom and you still break stone.'

1938

- 파넬Charles Stewart Parnell은 「파넬의 장례」의 주 참조.
- 정치적으로 막을 내리는 서시에 해당하는 2행시.(Rosenthal 339)
- 스위프트Jonathan Swift적인 신랄한 경구 시.(Henn 41)
- 파넬이 실제로 한 말이 들어 있다고 예이츠가 말한 시.(Albright 792)

파넬

파넬이 길에 나왔다. 그는 환호하는 한 사람에게 말했다.
'아일랜드는 자유를 얻고 당신은 여전히 돌을 부수리라.'

1937. 1.

• 2행의 돌을 부수리라는 '막노동에 종사하리라'는 뜻. 돌을 잘게 부숴 도로 건설에 쓰이게 한다는 것.(역자)

The Statesman's Holiday

I lived among great houses,
Riches drove out rank,
Base drove out the better blood,
And mind and body shrank.
No Oscar ruled the table,
But I'd a troop of friends
That knowing better talk had gone
Talked of odds and ends.
Some knew what ailed the world
But never said a thing,
So I have picked a better trade
And night and morning sing:
Tall dames go walking in grass-green Avalon.

- 1983년판 전집(*PR*)에는 '추가 시편'Additional Poems에다 「아발론」Avalon이라는 가제로 수록하고 있고(*PR* 586), 1992년 에브리맨스 라이브러리Everyman's Library 판에는 정관사 대신 부정관사로 된 제목으로 「어느 한 정치가의 휴일」A Statesman's Holiday로 수록하고 있는 데 반하여(*PR* 371), 그보다 앞선 1989년의 제퍼러스Jeffares 판에는 종래의 전집처럼 정관사를 그대로 사용하고는 괄호를 이용하여 가제처럼 취급하고 있다.(*PR* 444)
- 제목의 정치가는 가공의 인물이지만, 예이츠의 상원의원 시절 자화상일지도 모른다.(Unterecker 287) / 정치가나 국왕, 장군이나 기업가 같은 위대한 인간들의 본성을 드러내는 작품. 정치가는 풍각쟁이나 풍각쟁이가 데리고 다니는 원숭이와 같은 존재. 정치란 소극farce이라는 것.(Albright 806)

정치가의 휴일

나는 저택들 사이에 살았는데,
부유함이 지위를 몰아내었고,
천박한 피가 좋은 피를 몰아내어
마음과 육신이 위축되었다.
식탁에서 판을 치는 오스카 같은 사람은 없지만,
내겐 고급 화제가 사라진 것을 알고
이런저런 잡담을 하는
한 무리의 친구가 있었다.
세상을 괴롭히는 게 무엇인지 아는 사람도 더러 있었지만
아무도 입 밖에 내지 않아,
나는 더 좋은 직업을 골라서
밤과 아침을 노래한다.
휜칠한 마나님들이 푸른 풀밭의 아발론에서 산책한다.

- 2-4행은 평준화된 현대 사회상.(Rosenthal 354)
- 5행의 오스카는 오스카 와일드Oscar Wilde(1854-1900). 더블린 태생으로 당대의 저명한 시인, 극작가. 만찬 자리에서 얘기를 잘했다.(*NC* 516) 예이츠의 아버지와 아는 사이로, 예이츠는 1888년에 처음 그를 만나 그의 화술에 감동했다.
- 13행의 아발론Avalon은 켈트 신화에서 아서 왕King Arthur과 그의 부하들이 묻혔다는 서쪽 바다의 신비스러운 섬. 낙원 혹은 죽은 자들의 왕국.

Am I a great Lord Chancellor
That slept upon the Sack?
Commanding officer that tore
The khaki from his back?
Or am I de Valéra,
Or the King of Greece,
Or the man that made the motors?
Ach, call me what you please!
Here's a Montenegrin lute,
And its old sole string

- 14행의 즈크 의자the Sack는 상원의장의 의자를 가리킨다.(*NC* 516). 양털을 넣은 네모난 커다란 부대에다 즈크 천으로 씌운 의자. 등받이와 팔걸이가 없다. 상원의장의 특전이다.(Albright 806)
- 15행의 대법관은 우리나라의 대법원장격. 의회 개회 중일 때는 상원의 의장 역을 했다. 여기서 어느 한 위대한이라는 말은 어느 실존인물을 말하는데, 나중에 버컨헤드 경Lord Birkenhead이 된 스미스F. E. Smith를 암시하는 듯하다. 1912년에서 1922년까지 상원의장으로 있었다.
- 17행의 사령관은 허버트 고프Sir Hubert Grough. 제3기갑여단의 사령관이었으나 1914년 3월에 벨파스트 방어를 거부하고 사령관직을 내놓았으나, 퇴역되었다가 재임관되었다. 이 항명 사건이 1916년의 부활절 봉기를 촉발했다.(*NC* 516-517)
- 18행의 데 발레라Eamon de Valéra(1882-1975)는 뉴욕 태생으로, 아일랜드계 어머니와 스페인계 아버지 사이에서 태어난 아일랜드 정치가. 1913년 아일랜드 의용군Volunteers에 가입, 1916년 봉기에 참가, 투옥되어 사형선고를 받았으나, 1917년 대사면으로 출옥했다. 나중에 '신페인'Sinn Fein 당수로 선출되어 1919년 비합법 임시정부의 수상이 되었다. 1922년의 아일랜드 자유정부에 반대, 1923년에 내전에 참가, 체포되었으나 그 이듬해에 석방되었다. 1959년에는 에이레 공화국의 대통령으로 선출되었다.「파넬의 장례」Parnell's Funeral II부 주 참조.

나는 '즈크 의자' 위에 잠자는
어느 위대한 대법관인가?
제 군복의 등짝을 찢어 버린
사령관인가?
아니면 데 발레라,
아니면 그리스 왕,
이니면 자동차 만든 사람인가?
옳지, 당신 마음대로 부르세요!
여기에 몬테네그로 류트가 있군.
그런데 그 낡은 현이

- 19행의 그리스 왕은 그리스의 왕권을 되찾아 1935년에 그리스로 되돌아간 조지 2세George II (1890-1947).(*NC* 517)
- 20행의 자동차 만든 사람은 너필드 경Lord Nuffield으로 알려진 모리스 자동차 회사의 윌리엄 모리스William Morris(1877-1963). 그의 기부금으로 옥스퍼드 대학의 응용과학 분야가 인문학 분야를 능가하게 되리라고 여겨졌다.(*NC* 517)
- 22행의 몬테네그로Montenegro는 옛 유고슬라비아 남서부에 있던 가장 작은 공화국. 오스만투르크제국 지배하의 자치 왕국으로 있다가 1878년 독립했다. 몬테카를로Monte Carlo로 하려다 리듬감을 위해 이렇게 썼다고 한다.
- 23행의 낡은 현은 하자 있는 악기. 「나는 아일랜드 여인」I Am of Ireland에도 비슷한 예가 있다.(Albright 807)

Makes me sweet music
And I delight to sing:
Tall dames go walking in grass-green Avalon.

With boys and girls about him,
With any sort of clothes,
With a hat out of fashion,
With old patched shoes,
With a ragged bandit cloak,
With an eye like a hawk,
With a stiff straight back,
With a strutting turkey walk,
With a bag full of pennies,
With a monkey on a chain,
With a great cock's feather,
With an old foul tune.
Tall dames go walking in grass-green Avalon.

1939

• 27행의 그는 류트를 들고 노래하는 상상적인 악사. 예이츠가 몬테카를로에 잠시 머물고 있을 때 원숭이를 데리고 다니는 악사에 관한 얘기를 듣고, 그를 위대한 정치가로 상상한 일이 있다.

나에게 좋은 음악을 만들게 하여
나는 이렇게 즐겁게 노래하는 거야.
훤칠한 마나님들이 푸른 풀밭의 아발론에서 산책한다.

그의 주위에 소년 소녀들을 데리고,
옷은 아무거나 입고,
유행이 지나간 모자를 쓰고,
꿰맨 헌 구두에다,
깡패 누더기 외투를 걸치고,
독수리 같은 눈을 부릅뜨고,
등을 꼿꼿이 바로 세워,
점잔 빼는 칠면조 걸음으로,
잔돈 가득 찬 가방을 둘러메고,
목걸이를 한 원숭이를 데리고,
큼직한 수탉 깃을 달아,
옛날의 너절한 가락으로 말이야.
훤칠한 마나님들이 푸른 풀밭의 아발론에서 산책한다.

1938. 4.

- 34행의 칠면조 걸음은 예이츠 자신의 걸음걸이를 패러디한 것이다.(*NC* 517)
- 38행의 옛날의 너절한 가락은 예이츠 자신의 젊은 시절의 감상적인 시를 말한다. (Unterecker 287)

Crazy Jane on the Mountain

I am tired of cursing the Bishop,
(Said Crazy Jane)
Nine books or nine hats
Would not make him a man.
I have found something worse
To meditate on.
A King had some beautiful cousins,
But where are they gone?
Battered to death in a cellar,
And he stuck to his throne.
Last night I lay on the mountain,
(Said Crazy Jane)
There in a two-horsed carriage
That on two wheels ran

- 늙은 제인의 마지막 모습을 그린 시. 제인은 영국 국왕 조지 5세(1865-1936, 재위 1910-1936)의 비인간적인 처신과 고대의 참다운 왕실의 면모를 대비시키며 비탄의 눈물을 흘리고 있다.(Unterecker 287-288)
- 1929-1931년의 '크레이지 제인 연작시' Words for Music Perhaps의 속편으로서 정치에 대한 환멸감을 드러낸 작품.(Albright 805)
- 7행의 사촌은 편의상 'cousin'을 번역한 말. 그러나 친사촌이라는 뜻은 아니다. 영어의 이 말은 촌수와 상관없이 항렬이 같은 친인척 모두를 말한다. 따라서 고종, 이종만이 아니라, 친족이라 하더라도 같은 항렬인 육촌, 팔촌도 다 포함되는 포괄적인 말.(역자)

산 위의 크레이지 제인

나는 주교를 저주하는 게 싫증났어.
(하고 크레이지 제인이 말했다)
아홉 권의 책이나 아홉 개의 모자도
그를 인간으로 만들지 못할 거야.
나는 곰곰이 생각해 봐야 할
그보다 못한 무언가를 발견했지.
한 국왕에겐 아름다운 사촌 몇 사람이 있었어.
하지만 그들은 어디로 갔지?
맞아 죽어 지하에 가 있고,
그는 왕좌에 달라붙어 있었지.
간밤에 나는 산에 누워 있었어.
(하고 크레이지 제인은 말했다)
두 바퀴로 굴러가는
두 말이 끄는 마차 저기에

- 7-10행은 영국 왕인 조지 5세가 러시아 혁명으로 가까운 인척인 러시아의 황제 니콜라이 2세(1886-1918)와 그의 가족이 1918년 7월에 처참하게 살해됐음에도 수수방관, 자기의 안위만 지킨 처사를 비난하는 대목. 비인간적인 현대 정치는 교회와 주교보다 더 잘못되었음(6행)을 말하고 있다.(*NC* 514-515)
- 13-17행은 이와는 대조적인 쿠훌린Cuchulain과 에버르Emer.(Unterecker 288)

Great-bladdered Emer sat,
Her violent man
Cuchulain sat at her side;
Thereupon,
Propped upon my two knees,
I kissed a stone;
I lay stretched out in the dirt
And I cried tears down.

1939

- 15행의 방광이 큰은 정력이 강하다는 말. 에버르는 아름다움, 목소리, 말씨, 바느질, 지혜, 정숙함의 여섯 가지 타고난 재능이 있었지만 방광의 힘과 크기로 쿠훌린의 선택을 받았다. 그러나 이를 뒷받침할 문헌은 없다.(Albright 806)

방광이 큰 에버르가 앉아 있고,
그녀 옆에 그녀의 사나운 남자
쿠훌린이 앉아 있었지.
그래서 곧,
나는 두 무릎을 꿇어 버티고서
돌 하나에 입맞추었지.
나는 진흙에 벌렁 누워
통곡하면서 눈물을 흘렸지.

1938. 7.

- 17행의 쿠훌린은 아일랜드 전설의 위대한 영웅으로, 아일랜드 신화의 '붉은 가지 기사단'의 중심인물. 「쿠훌린의 바다와의 싸움」Cuchulain's Fight with the Sea의 주 참조.
- 21-22행은 보잘것없는 현대적인 모습에 대한 늙은 제인의 비탄.(Unterecker 288)

Three Marching Songs

I

Remember all those renowned generations,
They left their bodies to fatten the wolves,
They left their homesteads to fatten the foxes,
Fled to far countries, or sheltered themselves
In cavern, crevice, or hole,
Defending Ireland's soul.

Be still, be still, what can be said?
My father sang that song,
But time amends old wrong,
All that is finished, let it fade.

Remember all those renowned generations,
Remember all that have sunk in their blood,

- 이 작품은 1933-1934년에 쓴「같은 가락에 맞춘 세 가지 노래」Three Songs to the Same Tune를 1938년 12월에 개작한 것. 노래 순서를 달리하고, 부분적으로 약간 수정했으며, 후렴은 모두 바꾸었다.
- 광신적인 이념이 불붙인 무질서가 고귀한 역사를 점차 수치스러운 소극으로 바꾸어 놓을 것 같은 시대에 보통 사람들도 이해하고 노래할 수 있는 곡으로 공중질서를 어지럽히는 자들에 맞서려고 쓴 것.(Albright 818-819)

세 행진곡

I

유명한 그 모든 세대들을 기억하라.
그들은 늑대들을 살찌우려 몸을 내놓고,
그들은 여우들을 살찌우려 땅과 집을 내놓고,
아일랜드의 넋을 지키면서
먼 나라로 도망쳤거나, 혹은
동굴이나 바위틈, 구멍 속으로 피신했다.

입 다물어, 입 다물어, 무슨 말 하겠나?
아버지 그런 노래 부르셨네.
하지만 잘못된 옛것을 세월이 고쳐 주노니,
끝난 건 모두 사라지게 버려두자.

유명한 그 모든 세대들을 기억하라.
피 속에 빠진 모든 분들을 기억하라.

- I부는 1933-1934년에 지은 II부와 낱말 하나만 바꾸었을 뿐 거의 같으나 후렴은 완전히 다르다.
- 1행의 기억하라Remember는 「같은 가락에 맞춘 세 가지 노래」 II부의 '정당하게 대접하라'Justify를 대치한 것.(Albright 819)

Remember all that have died on the scaffold,
Remember all that have fled, that have stood,
Stood, took death like a tune
On an old tambourine.

Be still, be still, what can be said?
My father sang that song,
But time amends old wrong,
All that's finished, let it fade.

Fail, and that history turns into rubbish,
All that great past to a trouble of fools;
Those that come after shall mock at O'Donnell,
Mock at the memory of both O'Neills,
Mock Emmet, mock Parnell,
All the renown that fell.

Be still, be still, what can be said?
My father sang that song,

- *PR*에는 20행과 30행의 'that's'를 10행과 일치시켜 'that is'로 고쳐 놓았다.(*PR* 333)
- 23행의 오도넬은 오도넬 형제 중에 형인 레드 휴 오도넬Red Hugh O'Donnell(1572-1602)인 듯하다.「같은 가락에 맞춘 세 가지 노래」II부의 주 참조.
- 24행의 오닐 가문 두 사람은 셰인 오닐Shane O'Neill(1530-1567)과 휴 오닐Hugh O'Neill(1550-1616).「같은 가락에 맞춘 세 가지 노래」II부의 주 참조.

사형대에서 죽은 모든 분들을 기억하라.
도망친 모든 사람, 버텨낸 모든 사람,
버텨내면서, 옛 탬버린 가락처럼
죽음을 감수했던 모든 분들을 기억하라.

입 다물어, 입 다물어, 무슨 말 하겠나?
우리 아버지 그런 노래 부르셨네.
하지만 잘못된 옛것을 세월이 고쳐 주노니,
끝난 건 모두 사라지게 버려두자.

그렇게 하지 않으면 그 역사는 쓰레기로 변하고,
그 모든 위대한 과거가 바보들의 분란거리 된다.
후세 사람들은 오도넬을 조롱할 것이고,
오닐 가문 두 사람의 기억을 조롱하리라.
에밋을 조롱하고, 파넬을 조롱하고,
쓰러진 유명인사 모두를 조롱하리라.

입 다물어, 입 다물어, 무슨 말 하겠나?
우리 아버지 그런 노래 부르셨네.

• 25행의 에밋Robert Emmet(1778-1803)은 예이츠 증조부의 친구. 1803년의 반란을 주도했으나 실패한 뒤 처형되었다. 당시 예이츠의 증조부도 혐의를 받아 몇 시간 동안 투옥되었다. 시집『책임』*Responsibilities*의 서시「조상들이여, 용서하소서」Pardon, Old Fathers의 주 참조. / 파넬Charles Stewart Parnell(1846-1891)은 아일랜드 의회의 지도자. 오셰이O'Shea 부인과의 스캔들로 몰락했다.「파넬의 장례」Parnell's Funeral I부 주 참조.

But time amends old wrong,
All that's finished, let it fade.

II

The soldier takes pride in saluting his Captain,
The devotee proffers a knee to his Lord,
Some back a mare thrown from a thoroughbred,
Troy backed its Helen, Troy died and adored;
Great nations blossom above;
A slave bows down to a slave.

What marches through the mountain pass?
No, no, my son, not yet;
That is an airy spot,
And no man knows what treads the grass.

We know what rascal might has defiled,
The lofty innocence that it has slain,

- II부는 1933-1934년에 쓴 III부와는 1연만 같고 나머지는 전혀 다른 내용.
- 2행의 한쪽 무릎을 내미는 동작은 경의를 표시하는 서양식 절.(역자)

하지만 잘못된 옛것을 세월이 고쳐 주노니,
끝난 건 모두 사라지게 버려두자.

II

군인은 대장에게 경례할 때 자부심을 갖는다.
아랫사람은 그의 주인에게 한쪽 무릎을 내민다.
사람들은 더러 순수혈통의 암말에 돈을 걸고,
트로이는 헬레네를 걸었다. 트로이는 망하고 찬양받았다.
위대한 국가들은 위에서 꽃을 피운다.
노예는 노예 앞에 엎드린다.

산 넘어 고갯길로 무엇이 행진하나?
아니, 아니, 얘야, 아직은 아냐.
저긴 무시무시한 데야.
그래서 무엇이 풀을 밟는지 아무도 몰라.

우리는 불한당이 무얼 더럽혔는지 알고 있다.
그것이 살해한 것은 숭고하고 순수한 것.

- 9행의 무시무시한은 'airy'의 번역. 이 말은 골웨이와 슬라이고 지역의 'eerie'와 발음이 같다. 따라서 이 말은 소름끼칠 정도로 무섭다는 뜻으로 번역된다.(*CP* 379)
- 12-13행을 종래의 의문문에서 서술문으로 바꾼 텍스트가 많으나(*PR* 334 등), 논리상으로 맞지 않을 것 같아 거기에 따를 수가 없다.

Were we not born in the peasant's cot
Where man forgives if the belly gain?
More dread the life that we live,
How can the mind forgive?

What marches down the mountain pass?
No, no, my son, not yet;
That is an airy spot,
And no man knows what treads the grass.

What if there's nothing up there at the top?
Where are the captains that govern mankind?
What tears down a tree that has nothing within it?
A blast of wind, O a marching wind,
March wind, and any old tune,
March, march, and how does it run?

What marches down the mountain pass?
No, no, my son, not yet;
That is an airy spot
And no man knows what treads the grass.

- *PR*에는 17행과 27행의 'down'을 7행의 'through'와 일치시켜 고쳐 놓았다.(*PR* 334)

우리는 인간이 배가 부르면 용서하는
농촌 오두막집에 태어나지 않았던가?
우리가 영위하는 삶이 더욱 무서워지니,
어떻게 마음이 용서할 수 있겠나?

산 넘어 고개 밑으로 무엇이 행진하나?
아니, 아니, 얘야, 아직은 아냐.
저긴 무시무시한 데야.
그래서 무엇이 풀을 밟는지 아무도 몰라.

저 꼭대기에 아무것도 없으면 어쩌나?
인류를 다스리는 대장들은 어디 갔는가?
속이 빈 나무를 무엇이 부숴뜨리나?
한바탕 부는 돌풍, 오 행진하는 바람,
바람을 행진시켜라, 그리고 어느 옛 가락이든,
행진하라, 행진하라. 그런데 그 가락이 어떻더라?

산 넘어 고개 밑으로 무엇이 행진하나?
아니, 아니, 얘야, 아직은 아냐.
저긴 무시무시한 데야.
그래서 무엇이 풀을 밟는지 아무도 몰라.

- 21-22행은 사회구조의 상층부, 귀족 계층의 몰락을 언급하고 있다.(역자)
- 24행은 귀족주의적인 정신문화의 필요성을 말하고 있다.(역자)

III

Grandfather sang it under the gallows:
'Hear, gentlemen, ladies, and all mankind:
Money is good and a girl might be better,
But good strong blows are delights to the mind.'
There, standing on the cart,
He sang it from his heart.

Robbers had taken his old tambourine,
But he took down the moon
And rattled out a tune;
Robbers had taken his old tambourine.

'A girl I had, but she followed another,
Money I had, and it went in the night,
Strong drink I had and it brought me to sorrow,
But a good strong cause and blows are delight.'
All there caught up the tune:
'On, on, my darling man.'

• III부는 1933-1934년에 지은 I부를 옮겨 놓은 것. 단 후렴은 다르다.

III

할아버지는 교수대 밑에서 그 노래를 불렀다.
'신사, 숙녀 여러분, 그리고 인류 모두 내 말 들어요.
돈은 좋은 것, 계집은 더 나은 거겠지.
그렇지만 지독한 매질은 정신에는 기쁨이야.'
저길 봐요, 그분이 마차 위에 서서,
심장에서 우러나온 그 노래를 불렀어요.

강도들이 그의 낡은 탬버린을 빼앗아 갔다네
그러나 그는 달을 끌어내려
곡을 만들어 내었다네.
강도들이 그의 낡은 탬버린을 빼앗아 갔다네.

'나는 계집 하나 있었는데, 딴 놈 따라갔지.
돈이 있었는데, 그날 밤에 없어졌소.
독주를 마셨는데, 술이 내게 슬픔을 가져왔지.
하지만 아주 당당한 명분과 매질은 기쁨이야.'
거기 있는 모두가 그 노래를 따라 했다.
'계속하세요, 계속하세요, 내가 가장 사랑하는 분.'

• 8-9행은 동요「달」The Moon에 대한 암시.(Albright 821)

Robbers had taken his old tambourine,
But he took down the moon
And rattled out a tune;
Robbers had taken his old tambourine.

'Money is good and a girl might be better,
No matter what happens and who takes the fall,
But a good strong cause' — the rope gave a jerk there,
No more sang he, for his throat was too small;
But he kicked before he died,
He did it out of pride.

Robbers had taken his old tambourine,
But he took down the moon
And rattled out a tune;
Robbers had taken his old tambourine.

[30 November 1933 - 27 February 1934; December 1938] 1934; 1939

강도들이 그의 낡은 탬버린을 빼앗아 갔다네.
그러나 그는 달을 끌어내려
곡을 만들어 내었다네.
강도들이 그의 낡은 탬버린을 빼앗아 갔다네.

'돈은 좋은 것, 계집은 더 나은 거겠지.
무슨 일이 벌어지든, 누가 이기든 상관없지.
하지만 아주 당당한 명분은' — 그때 밧줄이 덜렁 당겨졌고,
그 이상 노래하지 못했다, 그의 목구멍이 너무 좁아졌기 때문.
그러나 그는 죽기 전 한바탕 요동쳤다.
자부심에서 그랬던 거야.

강도들이 그의 낡은 탬버린을 빼앗아 갔다네.
그러나 그는 달을 끌어내려
곡을 만들어 냈다네.
강도들이 그의 낡은 탬버린을 빼앗아 갔다네.

1938. 12.

Three Songs to the One Burden

I

The Roaring Tinker if you like,
But Mannion is my name,
And I beat up the common sort
And think it is no shame.
The common breeds the common,
A lout begets a lout,
So when I take on half a score
I knock their heads about.
From mountain to mountain ride the fierce horsemen.

All Mannions come from Manannan,

- 현대문명을 한탄하고, 허약하지만 끈질긴 옛것의 부활을 찬양하는 작품. 자신의 추도시인 「불벤 산 아래」Under Ben Bulbin와 비교해 보면 이론적인 주장이 아닌 실제적인 사례를 제시하고 있다. I부는 시중의 보통 사람들을 매질하는 낭인(땜장이), II부는 평범이라는 질병을 막기 위하여 울타리를 치는 은둔자, III부는 더 높은 품격인 연극이라는 형태를 빌려 전투를 찬양하는 배우를 내세우고 있다.(Albright 814)
- I부는 신화적인 소재를 활용한 땜장이의 아우성.
- 땜장이의 아우성은 새로운 영웅시대를 예고한다.(Albright 815)
- 2행의 매니언Mannion은 가상의 이름. 시끄럽게 떠들고 다니니까 땜장이라는 별명이 붙었지만, 실제로는 14-17행에서 말하듯이 땜장이는 아니고, 떠돌아다니는 비천한 태생의 낭인이다.

하나의 후렴에 맞춘 세 노래

I

'시끄러운 땜장이'라고 해도 좋아요.
그렇지만 내 이름은 매니언.
그리고 나는 보통사람들을 불러 모으죠.
그게 부끄러운 짓이라고 생각지 않아요.
보통사람은 보통사람을 낳고,
쌍놈은 쌍놈을 낳아요.
그래서 내가 몇몇 사람을 끌어모으면
돌아가며 그들의 머리를 쥐어박아요.
산에서 산으로 사나운 기수들이 말을 타고 가네.

매니언 집안은 모두 매내넌의 후예들.

- 9행의 후렴은 슬라이고에 살았던 예이츠의 외삼촌 조지 폴렉스펜George Pollexfen의 하녀 메리 배틀Mary Battle이 그에게 말 타고 다닌 사람들에 대한 얘기를 해 준 것을 더듬어 쓴 것으로 추정된다. 그녀는 초자연적인 기수들에 대한 예지능력이 있었다고 한다.(*NC* 407) / 후렴은 이 세 편의 시에서 드러내는 예이츠의 세 가지 관심을 하나로 통합한다.(Unterecker 278) / 여기서 기수들은 아일랜드와 모든 역사의 비극적 영웅을 암시한다.(Whitaker 258)
- 10행의 매내넌Manannan은 바다의 신 리르의 아들Manannan Mac Lir.(*NC* 408) 150개 섬의 소유자. 영국과 아일랜드 사이의 아일 오브 만Isle of Man은 이 이름에서 유래한다. 다난 족의 가장 유명한 인물 중의 하나. 자유자재로 모습을 바꾸고, 전차를 타고 바다 위를 들판처럼 달릴 수 있다. '청춘의 나라'the Country of Youth의 지배자. / 매니언 집안은 모두 매내넌의 후예라는 주장은 예이츠의 귀족주의 옹호와 관련이 있다.(Unterecker 277-278)

Though rich on every shore
He never lay behind four walls
He had such character,
Nor ever made an iron red
Nor soldered pot or pan;
His roaring and his ranting
Best please a wandering man.
From mountain to mountain ride the fierce horsemen.

Could Crazy Jane put off old age
And ranting time renew,
Could that old god rise up again
We'd drink a can or two,
And out and lay our leadership
On country and on town,
Throw likely couples into bed
And knock the others down.
From mountain to mountain ride the fierce horsemen.

- 19행의 크레이지 제인은 예이츠가 창조한 인물. 그녀는 연작시 「어쩌면 노랫말로」Words for Music Perhaps의 I부에서 VII부까지의 주인공.(Cullingford 280)

해변마다 모두 풍요롭지만
그는 방에 누워본 일이 없어요.
그는 그런 성격이었지요.
그는 쇠를 벌겋게 달군 적도 없었고
냄비나 솥을 땜질한 일도 없어요.
그의 아우성과 고함소리는
떠돌이를 가장 즐겁게 하는 거죠.
산에서 산으로 사나운 기수들이 말을 타고 가네.

크레이지 제인이 나이 먹기 미루고
고함 지르는 시간을 갱신할 수 있다면,
그 옛날 신이 다시 살아날 수 있다면,
우리는 깡통 한둘을 마시고서,
밖에 나가 시골과 도시에서
우리의 주도권을 확보하고,
될성부른 짝들은 잠자리에 들여놓고
딴 사람은 실컷 두들겨 주리니.
산에서 산으로 사나운 기수들이 말을 타고 가네.

- 25행은 예이츠의 우생학적 주장(Albright 815). / 그의 우생학적 시학.(Cullingford 280)

II

My name is Henry Middleton,
I have a small demesne,
A small forgotten house that's set
On a storm-bitten green.
I scrub its floors and make my bed,
I cook and change my plate,
The post and garden-boy alone
Have keys to my old gate.
From mountain to mountain ride the fierce horsemen.

Though I have locked my gate on them,
I pity all the young,
I know what devil's trade they learn
From those they live among,
Their drink, their pitch-and-toss by day,
Their robbery by night;

- II부는 개인적인 소재, 은둔자였던 실존인물을 소재로 하였다.
- 1행의 헨리 미들턴Henry Middleton(1862-1932)은 예이츠 어머니의 외사촌. 아저씨뻘이지만, 세 살 위라서 어릴 때 같이 낚시질도 했다. 만년에는 사람을 피해서 혼자 은둔생활을 했다. 예이츠의 소설『존 셔먼』*John Sherman*(1891)의 모델.(*NC* 408)

II

내 이름은 헨리 미들턴.
나는 넓지 않은 땅을 가지고 있지요.
폭풍우가 할퀸 초지 위에 세워진
망각된 작은 집 한 채.
나는 마루를 닦고 잠자리를 보살펴요.
나는 먹을 걸 장만하고 끼니마다 달리해요.
초소와 정원 담당 소년만이
낡은 출입문 열쇠를 가지고 있지요.
산에서 산으로 사나운 기수들이 말을 타고 가네.

나는 젊은이들 출입 못하게 문을 잠가 두었지만
젊은이들 모두 가엾다고 생각해요.
나는 그들이 함께 사는 사람들에게서
어떤 망할 짓을 배우는지 알고 있어요.
술을 마시고, 낮에는 투전 놀이,
밤이면 절도행각.

- 4행의 망각된 작은 집 한 채는 헨리가 은둔생활을 한 집(Elsinore Lodge). 로시즈 곶Rosses Point에서 가깝고, 유령의 집이라고도 알려져 있다. 밀수업자들의 소굴로도 이용된 집. (*NC* 408) / 1919년 예이츠 내외가 방문했을 때 문이 잠겨 있어 담을 타넘고 들어갔다. 그는 이것저것 널브러진 거실에 있었지만, 예이츠 내외에게 바빠서 만날 시간이 없다는 말을 했다. 1930년에 예이츠의 자녀가 담을 넘고 현관 앞까지 들어갔지만, 정원 지키는 소년에게 쫓겨난 일이 있다.(*NC* 408)

The wisdom of the people's gone,
How can the young go straight?
From mountain to mountain ride the fierce horsemen.

When every Sunday afternoon
On the Green Lands I walk
And wear a coat in fashion,
Memories of the talk
Of henwives and of queer old men
Brace me and make me strong;
There's not a pilot on the perch
Knows I have lived so long.
From mountain to mountain ride the fierce horsemen.

사람들의 지혜가 사라지고 없으니,
젊은이들이 어떻게 똑바로 되겠어요?
산에서 산으로 사나운 기수들이 말을 타고 가네.

매 주일 오후마다 내가
'푸른 땅'을 걸어다니며
유행하는 코트를 걸칠 때,
닭 기르는 여자들과 이상한 늙은이들의
얘기를 들은 옛 추억들이
나를 떠받치고 나를 튼튼하게 하지요.
높은 데에 앉아 있는 지도자는 아무도
내가 그렇게나 오래 살았다는 걸 몰라요.
산에서 산으로 사나운 기수들이 말을 타고 가네.

- 20행의 푸른 땅Greens Lands은 로시즈 근처의 모래 땅.(Albright 815)

III

Come gather round me, players all:
Come praise Nineteen-Sixteen,
Those from the pit and gallery
Or from the painted scene
That fought in the Post Office
Or round the City Hall,
Praise every man that came again,
Praise every man that fell.
From mountain to mountain ride the fierce horsemen.

Who was the first man shot that day?
The player Connolly,
Close to the City Hall he died;

- III부는 1916년의 부활절 봉기라는 정치적인 소재를 다루고 있다.
- 화자는 민요시인.(Whitaker 258)
- 1행의 연기자들은 이 시의 원래 제목이 「애비 극장의 한 연기자」An Abbey Player였다는 사실을 참조.(*NC* 408)
- 2행의 1916년은 부활절 봉기가 일어난 해.
- 4행의 중앙우체국은 1916년 부활절 봉기의 중심지.(Albright 816)

III

모든 연기자들이여, 내 주위에 오세요.
와서 1916년을 찬양하고,
무덤과 진열실에서 오신 분들,
혹은 중앙우체국이나
시청 주변에서 싸웠던 장면이 그려진
그림에서 오신 분들을 찬양하고,
다시 찾아온 모든 사람들을 찬양하고,
쓰러져 죽은 모든 자들을 찬양해요.
산에서 산으로 사나운 기수들이 말을 타고 가네.

그날 맨 먼저 총에 맞은 사람은 누구였지요?
연기자 코널리,
그는 시청 가까이에서 죽었지요.

- 11행의 연기자 코널리는 션 코널리Seán Connolly(?-1916). 1913년 애비 극장에 출연했다. 시민군 대장으로서 부활절 봉기 시, 시청에서 소대병력을 지휘했다. 거기에는 남동생 셋과 여동생 한 명도 가담했다. 4월 24일 부활절 월요일에 총격으로 사망했다.(*NC* 408) / 부활절 봉기 때의 중앙우체국 사령관이었던 제임스 코널리James Connolly(1870-1916)를 연상케도 하여, 정치적인 연기자와 무대 연기자를 의도적으로 혼합시켰다. 인생극장과 극장무대를 하나의 이미지로 겹치게 한 것. 제임스 코널리는 노동운동가로 노동조합 조직의 산파역을 했으며, 1913년 더블린 총파업 때 큰 역할을 했다. 부활절 봉기 때 중앙우체국에서 분전하다가, 한 부대를 다른 건물로 이동시키던 중 총격으로 부상했다. 치유되기 전 군법회의에서 사형선고를 받고, 형장에서 일어설 수가 없어서 의자에 묶인 채 사형당했다.
- 12행의 시청은 리피 강 남쪽에 있다.(*NC* 409)

Carriage and voice had he;
He lacked those years that go with skill,
But later might have been
A famous, a brilliant figure
Before the painted scene.
From mountain to mountain ride the fierce horsemen.

Some had no thought of victory
But had gone out to die
That Ireland's mind be greater,
Her heart mount up on high;
And yet who knows what's yet to come?
For Patrick Pearse had said
That in every generation
Must Ireland's blood be shed.
From mountain to mountain ride the fierce horsemen.

- 19-22행은 그들의 패배가 쿠훌린의 영웅적인 패배와 연관되는 신화가 됨을 말한다. (Henn 11)
- 23-27행은 희극이 비극으로 전환된 미래를 바라보는 것이다.(Whitaker 259)

그는 들것에 실려 목소리만 남겼어요.
그는 재능을 발휘할 세월을 잃었지요.
그렇지 않았더라면 그는 나중에
그림 앞에 등장하여
유명한, 찬란한 한 인물이 되었을지도 모르리라.
산에서 산으로 사나운 기수들이 말을 타고 가네.

더러는 승리하리란 생각을 하지 않았다.
하지만 그들은 죽으러 나갔다.
아일랜드의 마음이 더 위대해지고,
아일랜드의 심장이 높이 올라가도록.
하지만 무슨 일이 닥칠지 누가 알겠나?
왜냐하면 패트릭 피어스가 말하길
어느 세대에서나
아일랜드는 피를 흘려야 한다고 했으니까.
산에서 산으로 사나운 기수들이 말을 타고 가네.

1939. 5. 26. 발표

- 24행의 패트릭 피어스Patrick Pearse(1879-1916)는 시인, 교육자. 더블린에 학교를 세워 아일랜드어의 부활과 보급에 힘썼고, 조국의 해방운동에 정진했다. 부활절 봉기 때 총사령관 및 임시정부의 수반이었다.
- 26행은 「장미 나무」The Rose Tree 18행 참조.

4

가족 시편

Pardon, Old Fathers

Pardon, old fathers, if you still remain
Somewhere in ear-shot for the story's end,
Old Dublin merchant 'free of ten and four'
Or trading out of Galway into Spain;
Old country scholar, Robert Emmet's friend,
A hundred-year-old memory to the poor;
Merchant and scholar who have left me blood
That has not passed through any huckster's loin,
Soldiers that gave, whatever die was cast:
A Butler or an Armstrong that withstood

- 시집『책임』의 서시Introductory Rhymes to Responsibilities. 제목은 편의상 첫 행을 내세운 것.
- 조상들의 전통의 가닥을 살피면서 조상들의 영웅적인 면모를 고양시키고, 자신을 낮추어 혈통을 이어갈 자식이 없음을 사죄하는 시.(Harris 91, 149)
- 예이츠는 조상이 영국에 기원을 두고 있는 데 대해서는 달가워하지 않았고, 가능한 한 영국과는 거리를 두려고 했다.(Albright 519)
- 3행의 1할과 4푼the ten and four은 예이츠가 잘못 알았던 것이라고 한다. '8푼과 6푼'the eight and six이 맞을 듯하다.(*NC* 100-101)
- 3행에서 말하는 더블린 상인은 더블린의 포목장사 저비스 예이츠Jervis Yeats(?-1712)인 듯하다. 그는 영국 요크셔에서 더블린으로 건너온 선조로 추정된다. 그렇지 않으면 그의 상속자인 아들 벤저민Benjamin이거나 예이츠 고조부인 동명의 그의 아들 벤저민(1750-1795). 그 역시 그의 조부와 아버지를 따라 포목상을 했다.(*NC* 100) / 예이츠의 고조부인 벤저민이라고 하는 의견도 있다.(Albright 519)
- 4행의 골웨이와 스페인 간에는 18-19세기에 무역이 활발하게 이루어졌다.(*NC* 101)

조상들이여, 용서하소서

조상들이여 용서하소서. 만약 이 이야기를 마칠 때까지
어디선가 들리는 곳에 아직도 머물러 계신다면.
'1할과 4푼'의 면세 받은 옛 더블린 상인이시거나
골웨이에서 스페인까지 무역을 하셨던 분,
로버트 에밋의 친구인 옛 시골 학자로서,
가난한 사람들에게 백 년간 기억되신 분,
저에게 피를 전해 주신 상인과 학자,
그 피는 어떤 장사꾼의 허리를 통해서도 전해지지 않았던 것.
어떤 주사위가 던져졌든, 목숨 바친 군인들,
네덜란드 사람이 보인 강을 건넜을 때

- 5행의 로버트 에밋Robert Emmet(1778-1803)은 애국자, 국민적 영웅. 나폴레옹 1세 등의 권유로 소위 '기러기 용병단'wild geese을 규합, 아일랜드의 대영 봉기를 획책한, 1803년 반란의 주동자이다. 100명 정도의 동지를 데리고 더블린 성으로 진격했으나 체포되어 처형당했다.
- 5-6행의 시골 학자는 예이츠의 증조부인 존 예이츠 목사Rev. John Yeats(1774-1846). 더블린의 트리니티 대학 출신. 드럼클리프Drumcliff 교구의 목사, 지방 연구학자. 슬라이고와 최초로 인연을 맺은 사람. 에밋 사건 때 의심받아 몇 시간 동안 억류되기도 했다.(*NC* 101)
- 7행의 상인과 학자는 3-4행에서 말하는 예이츠의 조상과 5-6행의 존 예이츠 목사.(*NC* 101) 예이츠는 여기서 상인과 학자의 두 가지 피를 이어받았음을 말한다.
- 8행의 장사꾼huckster은 도붓장수나 행상인. 예이츠가 조롱하는 상인. 이 말은 그의 집안과 차별하기 위해서 사용한 것이다.(*NC* 101)
- 9행의 군인들은 아래에 거론하는 이들.
- 10행의 네덜란드 사람은 윌리엄 3세인 오렌지 공 윌리엄William of Orange(1650-1702, 재위 1689-1702). 제임스 2세를 물리치고 그의 뒤를 이어 부인 메리 2세Mary II(1689-1694)와 함께 영국의 공동 왕이 되었다. / 보인 강the Boyne은 아일랜드 동부로 흐르는 강. 1690년 7월 1일의 보인 강 전투는 아일랜드 역사의 전환기. 제임스 2세가 패했다.(*NC* 101)

Beside the brackish waters of the Boyne
James and his Irish when the Dutchman crossed;
Old merchant skipper that leaped overboard
After a ragged hat in Biscay Bay;
You most of all, silent and fierce old man,
Because the daily spectacle that stirred
My fancy, and set my boyish lips to say,
'Only the wasteful virtues earn the sun';
Pardon that for a barren passion's sake,
Although I have come close on forty-nine,
I have no child, I have nothing but a book,
Nothing but that to prove your blood and mine.

[December 1913] 1914

- 12행의 버틀러Butler는 증조할머니의 가문. 백작 집안. / 암스트롱Armstrong은 예이츠 할아버지 윌리엄William이 1835년에 결혼한 할머니 제인 그레이스 코벳Jane Grace Corbet (1811-1876)의 외가의 성. 예이츠는 이 가문이 제임스 2세 편에서 싸웠다고 생각했으나 고쳤다. 아무튼 할머니 쪽의 두 집안은 군인적인 기질이 강하다.
- 13행의 비스케이 만Biscay Bay은 프랑스 서해안과 스페인 북부 해안 사이의 넓은 만.
- 14행의 선장은 윌리엄 미들턴William Middleton(1770-1832). 슬라이고의 예이츠 모계의 증조부. 아주 용감한 사람이었다고 한다.(*NC* 102)
- 16행은 외조부의 블레이크Blake적인 경구.(Harris 91)

짭짤한 물가에서 제임스와 아일랜드 군사에 맞섰던
버틀러라는 분과 암스트롱이라는 분.
비스케이 만에서 누더기 모자를 잡으려다
배 밖으로 뛰어내린 고물 소형 상선의 선장.
내 상상력을 자극하고 나의 소년 시절 입술이,
'넘치도록 힘을 발휘하는 자만이 태양을 얻는다.'
라고 말하게 했던 나날의 광경 때문에,
그중에서도 말이 없고 사나웠던 나이 든 분이시여,
비록 제가 마흔아홉에 가깝지만,
불모의 열정으로 자식이 없고,
가진 건 책 하나뿐이오니, 당신 피와 제 피를
증명할 거리가 그것밖에 없음을 용서하소서.

1912 - 1914

- 18행의 말이 없고 사나웠던 나이 든 분은 예이츠 외조부인 윌리엄 폴렉스펜William Pollexfen(1811-1892). 건장한 선장이자 상인이었는데 예이츠의 어린 시절에 이미 은퇴해 있었다.(*NC* 102)
- 19-22행은 시만 생산할 뿐, 자식을 생산하지 못함을 끔찍하게 드러낸 대목. 즉 성과 상상적인 비전 사이의 풀리지 않는 갈등을 보여준다.(Harris 77, 91)
- 20행의 불모의 열정은 모드 곤의 냉담한 반응으로 이루지 못한 사랑.(*NC* 102)

In Memory of Alfred Pollexfen

Five-and-twenty years have gone
Since old William Pollexfen
Laid his strong bones down in death
By his wife Elizabeth
In the grey stone tomb he made.
And after twenty years they laid
In that tomb by him and her
His son George, the astrologer;
And Masons drove from miles away
To scatter the Acacia spray
Upon a melancholy man

- 예이츠 가문의 역사를 지역의 전설로 만들려고 시도한 작품.(Harris 93)
- 예이츠의 막내 외삼촌을 추모하면서 외조부와 세 명의 외삼촌과 관련된 얘기를 쓴 것.(역자)
- 예이츠의 다른 어느 추도시보다 가볍고 가락이 빠른 작품.(Albright 560)
- 제목 중의 앨프리드 폴렉스펜Alfred Pollexfen(1854-1916)은 예이츠의 셋째(막내) 외삼촌. 리버풀의 해운회사에서 일하다가 1910년 고향인 슬라이고에 돌아와 형을 대신해서 가업을 이어받았다. 특별한 재능은 없는 평범한 사업가였다. 따라서 그의 죽음은 크게 비극적인 것은 아니었다.(Albright 580)

앨프리드 폴렉스펜을 추모하며

연로하신 윌리엄 폴렉스펜이
그의 부인 엘리자베스 옆
손수 축조한 회색 석조 분묘에다
그의 강건한 뼈를 눕힌 지
이십오 년이란 세월이 흘러갔다.
그리고 이십 년 뒤에 사람들이
그와 그녀 옆에 그의 아들
점성가 조지를 거기에다 눕혔다.
그리고 멀리서 메이슨 회원들이 달려와
그가 호흡하기 시작한 곳에서
생을 마감한 우울했던 그분에게

- 1행의 연로하신 윌리엄 폴렉스펜William Pollexfen(1811-1892)은 예이츠의 외할아버지. 「조상들이여, 용서하소서」Pardon, Old Fathers의 18행에 나온다. 선장이자 상인. 그는 영국 남서부 데번셔Devonshire의 브릭섬Brixham 태생으로 어머니는 아일랜드인이었다. 소년 시절부터 배를 타다가 많은 배의 선주가 되었다. 1833년 미들턴 부인Mrs. Middleton과의 업무관계로 슬라이고에 갔다가, 그녀의 딸 엘리자베스Elizabeth와 결혼하여 정착, 처남과 함께 해운업과 제분업을 했다. 부인과의 사이에 7남매를 두었고, 장녀 수전Susan은 예이츠의 어머니이다.(Hone 13)
- 2행의 엘리자베스Elizabeth Pollexfen(1819-1892)는 예이츠의 외할머니. 온화하고 인내심이 많아, 괄괄한 성품의 남편과는 대조적이었다.(Albright 580)
- 8행의 조지George Pollexfen(1839-1910)는 예이츠의 첫째 외삼촌. 우울증이 있었다. 점성가. (*NC* 162)
- 9행의 메이슨 회원들은 프리메이슨Freemason을 말한다. 협동·자선 단체. 처음에는 석공들의 모임이었다.(역자)

Who had ended where his breath began.
Many a son and daughter lies
Far from the customary skies,
The Mall and Eades's grammar school,
In London or in Liverpool;
But where is laid the sailor John
That so many lands had known,
Quiet lands or unquiet seas
Where the Indians trade or Japanese?
He never found his rest ashore,
Moping for one voyage more.
Where have they laid the sailor John?
And yesterday the youngest son,
A humorous, unambitious man,
Was buried near the astrologer,
Yesterday in the tenth year
Since he who had been contented long,
A nobody in a great throng,

- 12행의 아카시아 향기 운운은 하직 인사로 아카시아 잎을 무덤 안에다 뿌려 주는 메이슨 회원들Masons의 관행을 말한다.(*NC* 161) 이를 메이슨 식 장례라고도 한다.(Cullingford 144)
- 14행의 몰 가the Mall는 슬라이고의 거리 이름. 슬라이고 시가지 북쪽 편을 흐르는 강의 북쪽 길.(*NC* 162)
- 15행의 이즈 문법학교는 슬라이고에 있는 중등과정 학교. 몰 가에 위치했다.

아카시아 향기를 뿌려 주었다.
여러 아들과 딸들은
익숙한 하늘과 몰 가와
이즈 문법학교에서 멀리 떨어진
런던이나 리버풀에 누워 있다.
그렇지만 항해사 존은 어디에 누워 있는가?
평화로운 나라건, 인도 사람이나 혹은
일본 사람과 무역하는 험한 바다건,
그 많은 지역을 잘 알고 계셨던 분.
그분은 육지에서는 편안하지 않아,
더 많은 항해를 하고 싶어 안달했다.
그들은 항해사 존을 어디에 뉘었는가?
그런데 어제는 유머러스하고
야심이 없었던 막내아들이
점성가 옆에 묻혔다.
그는 대가족 속에서 오랫동안
이름 없는 사람으로 만족해 왔던 사람.
어제는 그가 나이 오십이 되자

- 17행의 존John Pollexfen(1845-1900)은 예이츠의 둘째 외삼촌. 배를 즐겨 탔다. 리버풀Liverpool에서 사망했다.(*NC* 162)
- 23행의 존의 무덤은 리버풀에 있다.(Albright 580)
- 25행의 막내아들은 예이츠의 셋째 외삼촌인 앨프리드.

Decided he would journey home,
Now that his fiftieth year had come,
And 'Mr. Alfred' be again
Upon the lips of common men
Who carried in their memory
His childhood and his family.
At all these death-beds women heard
A visionary white sea-bird
Lamenting that a man should die;
And with that cry I have raised my cry.

1917

- *PR*에는 30행의 'would'를 'must'로 고쳐 놓았다.(*PR* 156)
- 30행의 고향에 돌아와는 1910년 리버풀에서 슬라이고에 돌아온 것. 맏형 조지 대신에 가업을 이어받았다.(Albright 580)

고향에 돌아와,
그의 어린 시절과 그의 가족을
기억해 왔던 일반 시민들의 입에
'앨프리드 씨'로 다시 오르내리게
해야겠다고 마음먹은 지
십 년째 되는 날.
이 모든 임종의 자리에서 여인들은
환상적인 흰 바닷새가 애도하는 소리를 들었다,
남자 한 사람이 죽게 된다고.
그리고 그 울음소리와 함께 나도 울음을 터뜨렸다.

1916. 8.

- 33행의 '앨프리드 씨'의 'Mr.'는 '존경할 만한 훌륭한 분'이라는 존칭. 앨프리드는 리버풀에서 그만한 대접을 받았다.(*NC* 162)
- 37행의 환상적인 흰 바닷새는 폴렉스펜 집안의 사람이 죽거나 위험에 처해질 것을 알리며 날카로운 소리로 우는 흉조.

A Prayer for My Daughter

Once more the storm is howling, and half hid
Under this cradle-hood and coverlid
My child sleeps on. There is no obstacle
But Gregory's wood and one bare hill
Whereby the haystack- and roof-levelling wind,
Bred on the Atlantic, can be stayed;
And for an hour I have walked and prayed
Because of the great gloom that is in my mind.

I have walked and prayed for this young child an hour
And heard the sea-wind scream upon the tower,
And under the arches of the bridge, and scream
In the elms above the flooded stream;
Imagining in excited reverie

- 제목의 딸은 앤 버틀러 예이츠Anne Butler Yeats(1919년 2월 16일생). 이 작품은 딸이 태어난 직후 밸릴리 탑Thoor Ballyee에서 착수한 것이다.(*NC* 206)
- 예이츠가 딸에게 그가 늘 추구했지만 도달하지 못한 지상낙원의 즐거운 상황이 주어지도록 기원하는 시.(Harris 145)
- 실제적인 주제는 모드 곤. 마지막 연에 나오는 신랑은 예이츠 자신을 암시한다.(Bloom 326)
- 매력적인 과거의 상실을 애도하고 있다.(Albright 622)
- 미래에 대한 불안감이 짙었던 1919년의 역사적인 순간의 산물이다.(Cullingford 139)
- 모드 곤과 콘 마키에비츠와 대비되는 전통적인 여인상을 피력하였다.(역자)
- 1행의 폭풍우는 페미니즘과 1917년의 볼셰비즘의 대두를 암시한다.(Cullingford 130-131)

딸을 위한 기도

또다시 폭풍우가 아우성치고 있고,
이 요람덮개와 이불에 반쯤 가려
내 딸아이가 자고 있다.
건초더미와 지붕을 쓰러뜨리는
대서양에서 태어난 바람을 멎게 할 수 있는 장애물은
그레고리의 숲과 나지막한 민둥산 하나밖에 없다.
그리하여 나는 한 시간이나 거닐면서 기도했다,
마음속에 있는 크나큰 우울 때문에.

나는 이 아이를 위하여 한 시간 거닐며 기도했다.
그리고 바닷바람이 탑 위로 비명을 지르고,
교각 아래로, 그리고 넘쳐나는 강물 위의
느릅나무 숲에서 비명을 지르는 것을 들었다.
미래의 세월이

- 6행의 그레고리의 숲은 그레고리 여사Lady Gregory의 장원 쿨 파크Coole Park의 숲. 밸릴리 탑에서 그다지 멀지 않은 곳에 있다.
- 10행의 탑은 밸릴리 탑.
- 11행의 교각은 밸릴리 탑 외벽을 스쳐 흐르는 강에 놓인 다리.
- 13-16행은 이 작품 직전에 쓴 「재림」The Second Coming의 4-6행에 유사한 언급이 있다.
  세상에는 오로지 무정부가 풀어헤쳐지고, / 핏빛 조수가 밀려들어, / 어디든지 순수의 의식은 익사한다.
- 13행의 미래의 세월은 좌파의 정치적인 견해를 가진 여인들이 참정권을 획득한 것을 말한다.(Cullingford 139)

That the future years had come,
Dancing to a frenzied drum,
Out of the murderous innocence of the sea.

May she be granted beauty and yet not
Beauty to make a stranger's eye distraught,
Or hers before a looking-glass, for such,
Being made beautiful overmuch,
Consider beauty a sufficient end,
Lose natural kindness and maybe
The heart-revealing intimacy
That chooses right, and never find a friend.

Helen being chosen found life flat and dull
And later had much trouble from a fool,
While that great Queen, that rose out of the spray,
Being fatherless could have her way

- 15행의 바다의 살기 어린 순수는 'the murderous innocence of the sea'의 번역. 살기 어린 순수는 모순어법으로서 남자를 뇌쇄시키는 여자의 미모. 모드 곤을 연상시킨다.(Bloom 326) / 바다는 아일랜드를 둘러싸고 있는 어두운 바다를 시사하며, 야만적인 인간의 군상을 상징하고, 순수는 그런 군중의 무지함을, 살기 어린은 무지한 군중의 성격을 상징한다.(Thurley 114-115) / 바다는 역사의 흐름의 힘. 그것이 순수함은 개성적인 존재가 아니고 초인적인 것이어서이며, 자질구레하거나 원한을 품고 있지 않고, 분열되어 있지 않기 때문이다.(Albright 623)
- 25-32행(4연)은 완벽한 육체가 귀족의 타락을 가져올 위험이 있음을 말한다.(Harris 140)
- 25행의 헬레네는 일찌감치 모드 곤과 연관된다. 8연(57-64행)에 대한 예비적인 언급이다.

광란의 북소리 장단에 춤을 추면서
바다의 살기 어린 순수에서 도래했다고
황홀한 감흥에 들떠 상상하면서.

이 아이에게 아름다움이 주어지되,
제발 낯선 사람의 눈이나 거울 앞의 그녀 눈을
어지럽히는 그런 아름다움이 아니기를.
왜냐하면 그런 것은 아름다움을 지나치게 만들어
아름다움만으로 충분하다고 생각하고,
타고난 고운 마음씨와 올바르게 선택하는
속마음을 드러내는 친근성을 잃게 하여
결코 친구 하나 발견하지 못할지 모르니까.

헬레네는 선택되자 인생이 따분함을 알았고,
나중엔 한 바보에게서 엄청난 재난을 당했다.
한편 물보라에서 태어난 저 위대한 '여왕'은
아비가 없어 제 마음대로 할 수 있었지만,

- 26행의 바보는 헬레네의 본래의 남편이 아니라 그녀를 유괴한 트로이의 왕자 파리스Paris. 예이츠는 맥브라이드를 생각했다.(Albright 623)
- 27행의 저 위대한 여왕은 사랑과 미, 그리고 풍요의 그리스 여신 아프로디테Aphrodite. 그녀의 이름은 거품을 뜻하는 말에서 나온 것이다. 헤시오도스Hesiod는 그녀가 바다에서 탄생했다고 했다.(*NC* 206) / 그녀는 이줄트 곤Iseult Gonne과 관련된다.(Harris 138) / 그녀는 '소름 끼치는 미'terrible beauty의 근원적인 존재.(Cullingford 136)
- 28행의 아비가 없어는 자식 교육에서의 아버지의 역할을 암시한다.(Albright 623)

Yet chose a bandy-leggèd smith for man.
It's certain that fine women eat
A crazy salad with their meat
Whereby the Horn of Plenty is undone.

In courtesy I'd have her chiefly learned;
Hearts are not had as a gift but hearts are earned
By those that are not entirely beautiful;
Yet many, that have played the fool
For beauty's very self, has charm made wise,
And many a poor man that has roved,
Loved and thought himself beloved,
From a glad kindness cannot take his eyes.

May she become a flourishing hidden tree
That all her thoughts may like the linnet be,

- 29행의 다리 굽은 대장장이는 절름발이인 불과 대장장이 신인 헤파이스토스Hephaestus(제우스의 아들로 로마 신화에서는 불카누스). 서방질한 아프로디테의 남편.(Albright 624)
- 31행의 무분별하게 샐러드를 먹는 것은 'eat a crazy salad'의 번역. 지나치게 아름다운 여인들은 어쩔 수 없는 희생자가 되거나, 아니면 그들의 기괴한 소망들이 허용되는 것을 말한다.(Albright 624)
- 32행의 풍요의 뿔은 제우스가 젖을 먹여준 염소(Amalthea)에게서 받은 뿔. 그 염소의 뿔에서 신의 술(감로주)과 음식이 흘러나왔다.(*NC* 206) / 풍요의 뿔은 우생학적으로 정확한 풍요의 상징.(Cullingford 138)

다리 굽은 대장장이를 남편으로 선택했다.
잘생긴 여자들이 고기와 함께
무분별하게 샐러드를 먹는 것은 틀림없다.
그 바람에 풍요의 뿔은 기능을 하지 못한다.

나는 그 애가 예의범절을 으뜸으로 익히도록 하려 한다.
마음씨는 하늘의 선물로 받는 것이 아니고
전적으로 예쁘지는 않은 사람들이 얻게 되는 것이다.
하지만 아름다움 그 자체를 위하여 어릿광대 노릇 하고,
매력이 현명한 것으로 만들었던 많은 사람들,
그리고 떠돌아다니며 사랑하고 사랑받았다고 생각한
많은 가엾은 사내들은
우러나는 친절에서 눈을 뗄 수 없는 법이다.

무성하되 눈에 띄지 않은 나무가 되어
그 아이의 모든 생각이 홍방울새처럼

- 33행의 예의범절에 관한 언급은 귀족적인 미덕의 추구.(Jeffares 213) 예이츠 집안의 중간 이름으로 'Butler'를 쓰는 것은 윗대 할머니 중에 'Butler'의 성을 가진 귀족 집안 출신이 있었기 때문이다.
- 36행의 아름다움 그 자체는 모드 곤을 암시하는 말.(*NC* 206)
- 39행의 가엾은 사내는 예이츠 자신.(*NC* 207)
- 40행의 우러나는 친절은 'a glad kindness'의 번역. 예이츠의 결혼 직후 부인에 대한 흡족한 심정을 표현한 말. 그의 부인을 가리킨다.(*NC* 207)
- 41행의 무성하되 눈에 띄지 않은 나무는 「두 모습의 나무」The Two Trees에서 모드 곤이 처음에는 무성한 나무로 비유되었다가, 그다음에는 말라 버린 나무로 되는 것과 비교할 일.(Albright 624)

And have no business but dispensing round
Their magnanimities of sound,
Nor but in merriment begin a chase,
Nor but in merriment a quarrel.
O may she live like some green laurel
Rooted in one dear perpetual place.

My mind, because the minds that I have loved,
The sort of beauty that I have approved,
Prosper but little, has dried up of late,
Yet knows that to be choked with hate
May well be of all evil chances chief.
If there's no hatred in a mind
Assault and battery of the wind
Can never tear the linnet from the leaf.

An intellectual hatred is the worst,
So let her think opinions are accursed.
Have I not seen the loveliest woman born

• 51행의 번창하지 못했다는 것은 모드 곤이 1918년 12월에 귀국하고 그 뒤 그녀와 마키에비츠 공작부인Constance Markiewicz이 투옥된 사실을 말한다.(*NC* 207)

너그러운 생각의 음향을 주위에 뿌려 주는
제발 그런 일 외에는 하지 않게 되기를.
또한 흥겨움 외에는 추적을 시작하는 일 없고,
또한 흥겨움 외에는 다투는 일 없기를.
오 부디 그 애가 정겨운 영원한 한 곳에 뿌리박은
어느 푸른 월계수처럼 살게 되기를.

내 마음은 요즘 메말라 비렸다.
내가 사랑했던 마음들, 내 마음에 들었던
그런 종류의 아름다움이 거의 번창하지 못했으니까.
하지만 증오심으로 숨이 막힌다는 것은
모든 해악 중에서 으뜸이 되리라는 건 안다.
마음속에 증오심이 없다면
바람의 공격과 타격이 홍방울새를
결코 나뭇잎에서 떼어 놓을 수 없는 것이다.

지적인 증오심은 가장 나쁜 것.
그러니 소신을 갖는다는 건 저주라고 여기게 하라.
풍요의 뿔의 입에서 태어난

- 57-60행(8연)은 모드 곤이 실패를 피했으면 하는 예이츠의 소망.(Jeffares 213)
- 57행의 지적인 증오심은 여자들의 굳은 정치적인 소신으로 인한 증오심. 모드 곤의 예에서 볼 수 있는 것으로서, 이에 대한 거부와 딸을 숲 속의 눈에 띄지 않은 나무(41행)와 홍방울새(42행)에 일치시키려는 것은 여성을 남성문화에 종속시키려는 의도.(Cullingford 130, 137)

Out of the mouth of Plenty's horn,
Because of her opinionated mind
Barter that horn and every good
By quiet natures understood
For an old bellows full of angry wind?

Considering that, all hatred driven hence,
The soul recovers radical innocence
And learns at last that it is self-delighting,
Self-appeasing, self-affrighting,
And that its own sweet will is Heaven's will;
She can, though every face should scowl
And every windy quarter howl
Or every bellows burst, be happy still.

And may her bridegroom bring her to a house
Where all's accustomed, ceremonious;
For arrogance and hatred are the wares
Peddled in the thoroughfares.

- 60-64행은 모드 곤의 예.(역자)
- 60행의 가장 아름다웠던 여인은 모드 곤. 맥브라이드 소령Major MacBride을 남편으로 선택한 것은 헬레네가 바보의 선택을 받은 것이나 아프로디테가 대장장이를 선택한 것과 유사하다.(*NC* 207)

가장 아름다웠던 여인이
그녀의 소신 있는 마음 때문에
그 뿔과 차분한 성정들이 인식하는 모든 이득을
성난 바람이 가득 찬 낡은 풀무와
교환하는 것을 내가 목격하지 않았던가?

그러니 모든 증오가 물러나고,
영혼이 근원적인 무구함을 회복하여,
마침내 자신을 즐겁게 하고, 달래고, 두려워하고,
자신의 아름다운 뜻이 곧 하늘의 뜻이라는 걸
알게 된다는 사실을 염두에 둔다면,
이 아이는, 모든 사람이 얼굴을 찌푸리고
사방에서 바람이 아우성치거나 혹은 풀무란 풀무가
한꺼번에 터진다 해도, 여전히 행복할 수 있으리라.

그리고 이 아이의 신랑은 모든 게 관습화되고,
범절이 있는 그런 가정에 데리고 가도록.
왜냐하면 오만과 증오는
큰길에서 거래되는 상품들이니까.

- 66행의 근원적인 무구함radical innocence은 15행의 살기 어린 순수와 대조된다.(*NC* 207) / '영혼의 영원한 순결'perpetual virginity of the soul의 뜻.(Bloom 327)
- 73-80행(10연)은 예이츠의 귀족주의적인 이념의 천명.(역자)
- 74행의 그런 가정은 귀족 계층의 가정.

How but in custom and in ceremony
Are innocence and beauty born?
Ceremony's a name for the rich horn,
And custom for the spreading laurel tree.

[26 February - June 1919] 1919

순수함과 아름다움이 관습과 범절 밖에서
어떻게 태어나겠는가?
범절은 풍요의 뿔의 이름이고,
관습은 가지가 뻗는 월계수의 이름이다.

1919. 6.

- 77행의 순수함은 귀족적인 순수.(Harris 146)

A Prayer for My Son

Bid a strong ghost stand at the head
That my Michael may sleep sound,
Nor cry, nor turn in the bed
Till his morning meal come round;
And may departing twilight keep
All dread afar till morning's back,
That his mother may not lack
Her fill of sleep.

Bid the ghost have sword in fist:
Some there are, for I avow
Such devilish things exist,
Who have planned his murder, for they know
Of some most haughty deed or thought
That waits upon his future days,
And would through hatred of the bays
Bring that to nought.

- 기독교적인 언급이 있는 몇 안 되는 작품 중의 하나.(Ellmann 144) / 자신의 아들의 탄생과 예수의 탄생을 대위시켜 역사적인 변화를 이끌어 내는 주제를 다루었다.(Albright 657)
- 1행의 건장한 혼령에게 명하여는 마이클의 어린 시절, 학교 친구들이 그를 놀릴 때 쓰게 된 말.(Albright 658)

아들을 위한 기도

건장한 혼령에게 명하여 머리맡에 지키고 서서
나의 마이클이 깊이 잠잘 수 있도록 하시고,
그의 아침 식사 시간이 돌아올 때까지
울지도 않고, 몸부림도 치지 않게 하소서.
그리고 아침이 돌아올 때까지
떠나가는 황혼이 온갖 두려움을 멀리 떼어 놓아,
그의 엄마가 푹 잠을 자는 데
부족함이 없도록 하소서.

그 혼령이 손에 칼을 쥐고 있게 하소서.
몇몇 마귀 같은 것들이 있어요.
그를 죽이려고 계획했던 것들이
몇몇 있다고 나는 장담하니까요.
왜냐하면 그들은 그의 앞날에 시중드는
가장 고귀한 어떤 행위나 사상에 대해 알고,
그 명성에 대한 증오로 하여
그것을 말살하려 하니까요.

- 2행의 나의 마이클Michael은 1921년 8월 22일에 옥스퍼드 주에서 태어난 아들.(*NC* 237)
- 10행의 몇몇 마귀 같은 것들은 『비전』에서 자동기술에 수반하는 신기한 현상을 얘기하고 있다.(*NC* 237-238)

Though You can fashion everything
From nothing every day, and teach
The morning stars to sing,
You have lacked articulate speech
To tell Your simplest want, and known,
Wailing upon a woman's knee,
All of that worst ignominy
Of flesh and bone;

And when through all the town there ran
The servants of Your enemy,
A woman and a man,
Unless the Holy Writings lie,
Hurried through the smooth and rough
And through the fertile and waste,
Protecting, till the danger past,
With human love.

1922

- 17행의 당신은 예수 그리스도.(*NC* 238)
- 25-32행은 헤롯 왕의 유아 학살 사건이 일어났을 때 요셉과 마리아가 아기 예수를 안고 이집트까지 피신한 일화.
- 25행의 당신 적은 헤롯Herod.(*NC* 238)
- 27행의 성스러운 글들은 성서.『마태복음』 제2장.(*NC* 238)

당신께서는 날마다 모든 것을
무에서 만들어 내실 수 있고,
아침 별들이 노래하도록 가르칠 수 있지만,
표현할 언어가 없어서
가장 단순한 당신의 소망도 말로 할 수 없으십니다.
그리고 한 여인의 무릎 위에서 울어 젖히면서
실과 뼈의 가장 수치스러운
모든 것을 알고 있었습니다.

그리고 당신 적의 졸개들이
도시 구석구석 헤집고 다녔을 때,
'성스런 글들'이 거짓말하지 않는다면,
한 여인과 한 사내가
위험이 사라질 때까지 인간의 사랑으로 지키면서,
부드러운 곳 거친 곳을 가로질러,
비옥한 곳 메마른 곳을 가로질러,
허둥지둥 헤매고 다녔다지요.

1921. 12.

- 28행의 한 여인과 한 사내는 마리아와 요셉. 그들은 헤롯 왕을 피해 예수를 이집트로 데리고 가서 헤롯 왕이 죽을 때까지 거기에 머물러 있었다.(*NC* 238)
- 29행의 인간의 사랑은 신화적인 수호천사나 혼령 대신 부모의 보살핌에 역점을 둔 것. (Albright 658)

Are You Content?

I call on those that call me son,
Grandson, or great-grandson,
On uncles, aunts, great-uncles or great-aunts,
To judge what I have done.
Have I, that put it into words,
Spoilt what old loins have sent?
Eyes spiritualised by death can judge,
I cannot, but I am not content.

He that in Sligo at Drumcliff
Set up the old stone Cross,
That red-headed rector in County Down,
A good man on a horse,
Sandymount Corbets, that notable man

- 예이츠가 마지막 시집이 되리라고 예상한 『새 시집』*New Poems*의 마지막 작품으로 마무리하려던 시.(Unterecker 276)
- 「다시 찾은 시립 미술관」The Municipal Gallery Revisited VII의 3-8행에서 자신에 대한 평가는 자기 주변의 친구들에 대한 평가로 대신해 달라고 했는데, 여기서는 조상의 기준으로 자신을 평가하면서 거기에 미치지 못한다고 호되게 평하고 있다.(Albright 802)
- 8행의 나는 만족할 수 없다라는 말은 제목의 질문에 대한 대답.(Rosenthal 343)
- 10행의 그분은 예이츠의 증조부 존 예이츠John Yeats(1774-1846). 더블린의 트리니티 대학 출신. 1805년에 드럼클리프 교구목사로 부임, 평생을 거기서 보냈다.(*NC* 402)

너는 만족하는가?

나는 나를 두고 아들, 손자,
혹은 증손자라고 부르는 분들,
숙부들, 숙모들, 당숙들, 혹은 당숙모들을 찾아뵙는다.
내가 해온 일을 판단하기 위해서다.
달리 말해서, 옛 조상들이
육신으로 전해준 것을 내가 망쳐 버렸는가?
죽음으로 영혼이 되어버린 눈들이 판단할 수 있지만,
나는 할 수 없는 일. 아무튼 나는 만족할 수 없다.

슬라이고의 드럼클리프에서
고색창연한 돌 '십자가'를 세운 그분,
다운 주의 교구목사였던 붉은 머리의
말타기 좋아하신 멋진 그분,
샌디마운트의 코벳 가문의 인사들,

- 12행의 그분은 예이츠의 조부인 윌리엄 버틀러 예이츠William Butler Yeats(1806-1862). 젊었을 때는 아일랜드 최고의 기수였다. 예이츠는 그의 이름을 승계받았다. 다운Down 주의 모이러Moira 교구의 목사보로 있다가 털라이시Tullyish의 교구목사가 되었다. 은퇴 후 처가의 본거지인 샌디마운트 성 근처로 거처를 옮겼다. 예이츠가 태어난 곳은 이 성 근처.(*NC* 403)
- 13행의 샌디마운트의 코벳 가문의 인사들은 할머니 친정집안 사람들. 할머니의 처녀 때 이름은 제인 코벳Jane Corbet(1811-1876). 그녀의 남자형제는 둘이었는데 그중 로버트Robert (?-1872)는 샌디마운트 성의 소유자로 예술가적인 기질을 지녀서, 그림과 정원 꾸미기에 열중했는데 사업에 실패하여 파산했다. 동생인 패트릭Patrick은 한때 페낭Penang(말레이시아 서쪽 해안의 섬으로 영국 식민지)의 지사로 있었다.(Conner 32)

Old William Pollexfen,
The smuggler Middleton, Butlers far back,
Half legendary men.

Infirm and aged I might stay
In some good company,
I who have always hated work,
Smiling at the sea,
Or demonstrate in my own life
What Robert Browning meant
By an old hunter talking with Gods;
But I am not content.

- 14행의 윌리엄 폴렉스펜William Pollexfen(1811-1892)은 예이츠의 외할아버지.
- 15행의 밀수업자 미들턴은 윌리엄 미들턴William Middleton(1770-1832)으로 선주이자 무역상. 밀수도 감행하여 도피행각도 벌였다. 예이츠의 외할머니의 아버지.
- 16행의 버틀러 가문은 12세기에 영국에서 건너온 앵글로 노르만Anglo-Norman계로, 존 왕King John(재위 1199-1216) 때 아일랜드의 왕실 주류관리관(butler)으로 임명된 뒤 버틀러 가문을 형성했다. 예이츠의 4대조인 고조부 벤저민 예이츠Benjamin Yeats(1750-1795)가 1773년 메리 버틀러Mary Butler(1751-1834)와 결혼한 인연으로, 버틀러를 예이츠의 할아버지에서부터 예이츠의 자녀에 이르기까지 중간 이름으로 사용하였다. 이는 그만큼 자랑스럽다는 의미이다.

연로하신 저 유명한 윌리엄 폴렉스펜,
밀수업자 미들턴, 멀리 거슬러 올라가
절반은 전설적인 버틀러 가문 인사들.

허약해지고 나이가 들어 내가 그들 사이에
조금은 잘 어울려 지내고 있을지 모르지.
바다를 바라보고 미소 지으면서
늘 일하기 싫어했던 나,
혹은 나 자신의 삶 가운데서
로버트 브라우닝이 말했던 '신들'과 대화하는
한 늙은 사냥꾼인 양 과시하고 있는 나.
하지만 나는 만족하지 못한다.

1938. 4. 발표

- 17행은 늙음에 대한 불안감의 표현.(Jeffares 294)
- 22행의 로버트 브라우닝Robert Browning(1812-1889)은 빅토리아 시대의 대표적인 시인. 다음에 언급되는 것은 1833년에 익명으로 발표한 그의 첫 시 작품인『폴린』*Pauline*의 한 구절(323-324행). 이 작품은 철학자 존 스튜어트 밀John Stuart Mill의 사사로운 비평과 더불어 독자의 이해가 부족할 것 같아 30년간 묻어 두었다가 공개했다.

5

쿨 파크 시편

In the Seven Woods

I have heard the pigeons of the Seven Woods
Make their faint thunder, and the garden bees
Hum in the lime-tree flowers; and put away
The unavailing outcries and the old bitterness
That empty the heart. I have forgot awhile
Tara uprooted, and new commonness
Upon the throne and crying about the streets
And hanging its paper flowers from post to post,
Because it is alone of all things happy.
I am contented, for I know that Quiet
Wanders laughing and eating her wild heart
Among pigeons and bees, while that Great Archer,

- 「일곱 숲 속에서」는 동명의 시집의 서시에 해당한다.
- 제목의 일곱 숲은 골웨이 주Co. Galway에 있는 그레고리 여사Lady Isabella Augusta Persse Gregory(1852-1932)의 장원인 쿨 파크Coole Park 경내의 일곱 개의 숲. 숲 전체를 일곱 지역으로 나눠 이름을 붙였다. 그 이름을 열거하면 'Shan-Walla, Kyle-dortha, Kyle-na-no, Pairc-na-lee, Pairc-na-carraig, Pairc-na-tarav, Inchy'.
- 3-4행의 부질없는 울부짖음과 … 해묵은 슬픔은 모드 곤에 대한 실연에서 온 것.
- 5행의 티아우르Tara는 미스 주Co. Meath에 있는 '티아우르의 언덕'The Hill of Tara. 선사시대의 무덤들이 있고 고대 아일랜드 상왕High King들의 터전으로 상상되는 곳. 따라서 한 국가로서의 아일랜드의 상징이며 귀족적인 것을 연상시킨다.(Rosenthal 24) / 뿌리 뽑힌 것은 얼마 전에 그 유적지가 발굴되고 엄청나게 훼손되었음을 말한다. (*NC* 74; Albright 483)

일곱 숲 속에서

나는 일곱 숲 속 비둘기들의 나직한 천둥소리와
정원의 보리수 꽃 속 꿀벌들의
윙윙거리는 소리를 듣고 부질없는 울부짖음과
가슴을 텅 비우는 해묵은 슬픔을 치워 버렸다.
나는 티아우르가 뿌리 뽑힌 것과
왕좌에 새로 오른 천박함,
그리고 거리를 휩쓸며 아우성치고 다니는 것과
기둥마다 종이꽃이 걸려 있는 것을 잠시 잊어버렸다.
왜냐하면 망각만이 모든 것 중 단 하나 행복한 것이니까.
나는 만족한다. 왜냐하면 나는 침묵의 여인이
어슬렁거리며 웃고 비둘기와 꿀벌 사이에서
그녀의 거친 마음을 삭이고 있다는 것을 알고 있고

- 6행의 왕좌에 새로 오른 천박함new commonness Upon the throne은 빅토리아 여왕의 후계자 에드워드 7세와 알렉산드라Alexandra를 가리킨다.(Ellmann 101; *NC* 74) / 그는 빅토리아 여왕의 방종한 아들(Albright 483). / 이 말은 '티아우르'로 상징되는 귀족적인 아일랜드가 천박한 영국에 의해 통치됨을 암시한다.(Rosenthal 24)
- 7-8행은 에드워드 7세와 왕비의 등극(1901)을 전후하여 더블린 거리에서의 축하 광경. 종이꽃은 더블린 거리를 장식한 것.(*NC* 74)
- 10-14행은 계시적인 예언.(Albright 482)
- 10행의 침묵의 여인은 'Quiet'의 번역. 그녀는 동명의 시 「침묵 아가씨」Maid Quiet의 주인공.(Ellmann 100) / 그녀는 모드 곤을 가리킬 것이다.(*NC* 74)

Who but awaits His hour to shoot, still hangs
A cloudy quiver over Pairc-na-lee.

1903 / August, 1902

- 13행의 위대한 궁수는 그녀를 사랑하는 어떤 인물. 사수좌射手座, Sagitarius, 인마궁人馬宮, the Archer.(*NC* 74) / 그는 정해진 시간이 되면 보복의 활을 쏘려고 대기하고 있다.(Rosenthal 25)

한편으로 활 쏠 시간만 기다리는 저 위대한 궁수가
아직도 파크나리 위 구름 속에 화살집을 걸어 두고 있으니까.

1902. 8.

• 14행의 파크나리는 일곱 숲 중의 하나. 울창한 숲. 따라서 사냥과 관련이 있다.

At Galway Races

There where the course is,
Delight makes all of the one mind,
The riders upon the galloping horses,
The crowd that closes in behind:
We, too, had good attendance once,
Hearers and hearteners of the work;
Aye, horsemen for companions,
Before the merchant and the clerk
Breathed on the world with timid breath.
Sing on: somewhere at some new moon,
We'll learn that sleeping is not death,
Hearing the whole earth change its tune,
Its flesh being wild, and it again
Crying aloud as the racecourse is,
And we find hearteners among men
That ride upon horses.

1909

- 경마대회에서의 기수와 관객 간의 관계를 부러워하면서 그와 유사했던 옛날의 시인과 청중(독자)과의 관계를 회복시켜 보려는 꿈을 쓴 것.(Albright 515)
- 제목의 골웨이 경마대회Galway race는 골웨이의 연중행사.
- 5행의 우리는 시인들. 예이츠는 시인들을 귀족 계층에 비유하고 있다.(*NC* 96)

골웨이 경마대회에서

경마장이 있는 그곳에서는
즐거움이 모두를 한마음 되게 한다.
구보하는 말을 타고 가는 기수들,
그 뒤로 바짝 밀려드는 군중들.
우리 역시 한때는 귀 기울이고
격려해 주던 멋진 청중들을 거느렸다.
그럼, 장사치와 서기 따위가
이 세상에 소심한 숨결을 불어 젖히기 전에는
우리들은 기수들을 동료로 삼았었다.
노래를 계속 불러라. 새 달이 뜨면 어딘가에서,
우리는 땅의 속살이 활기를 띠고, 땅덩이가 가락을 바꾸어
온 땅덩이가 경마장에서처럼 우렁차게
다시 아우성치는 소리를 들으면서,
잠자는 것이 죽음이 아니란 걸 알고,
기수들 사이에서
격려하는 사람들을 발견한다.

1908 여름 혹은 10. 21.

- 7-8행은 저속한 중산층의 발언권이 강해지고, 세상이 천박하게 되는 것을 말한다.
- 7행의 장사치와 서기 따위는 기수들과는 대비되는 중산층. 예이츠는 이들을 경멸했다.
- 9행의 기수들은 단순하고, 활달하고 열정적인 사람들의 상징.(*NC* 96) 그들은 시인들을 존경했던 계층의 후예들이다.

A Friend's Illness

Sickness brought me this
Thought, in that scale of his:
Why should I be dismayed
Though flame had burned the whole
World, as it were a coal,
Now I have seen it weighed
Against a soul?

1910

- 제목의 친구는 그레고리 여사Lady Gregory. 그녀는 예이츠에게 '어머니, 친구, 누나와 동생 관계'로 여겨졌다(1909년 2월 4일 자의 예이츠의 일기).(*NC* 96)
- 그레고리 여사가 예이츠에게 얼마나 중요한 인물인가를 말하는 시.(Unterecker 109)
- 그녀의 영혼을 불멸의 세계령anima mundi과 같은 것으로 찬양하고 있다.(Harris 53).
- 「기분」Moods과 같은 형식의 7행시.(Albright 515)

친구의 병환

친구가 아프다는 소식을 듣고
병의 그 척도로 이런 생각을 했다.
내가 이제 영혼과 대비시킨
세상의 무게가 측정된 것을 봤으니,
화염이 몽땅 온 세상을
석탄인 양 태워버렸다 하더라도
내가 왜 당황해야 한단 말인가?

1909. 2.

- 1행의 아프다는 소식은 그레고리 여사의 아들에게서 받은 편지를 말한다(1909년 2월 4일 자의 예이츠의 일기). 이틀 뒤의 그레고리 여사의 편지에는 거의 죽을 뻔했다는 대목이 있다(2월 6일 자의 일기).(*NC* 96)
- 2행의 병의 그 척도는 'that scale of his'의 번역. 이때 'his'는 'sickness'. 참다운 가치를 올바르게 평가하는 천칭의 소유자인 'sickness'의 의인화. 정의의 저울scale of Justice의 예와 유사하다.(Albright 515).
- 7행은 수사적 의문문. 「기분」의 7행과 유사하다.(Albright 515)

These Are the Clouds

These are the clouds about the fallen sun,
The majesty that shuts his burning eye:
The weak lay hand on what the strong has done,
Till that be tumbled that was lifted high
And discord follow upon unison,
And all things at one common level lie.
And therefore, friend, if your great race were run
And these things came, so much the more thereby
Have you made greatness your companion,
Although it be for children that you sigh:
These are the clouds about the fallen sun,
The majesty that shuts his burning eye.

1910

- 1909년에 그레고리 여사Lady Gregory가 병석에 있을 때 그녀를 위해 쓴 시.(Unterecker 109)
- 그녀가 이룩한 업적의 가치와 그녀가 창조한 위대함을 확신시켜 주는 내용의 작품.(*NC* 95)
- 엘레지elegy.(Albright 514)

이것들은 구름들

이들은 장엄한 석양을 에워싸고
불타는 눈을 감게 하는 구름들이죠.
약자들이 강자의 성취에 손을 대어,
드높이 올라간 것 굴러떨어지게 하여
불협화음이 화음 뒤를 바짝 뒤따라,
만물이 공통의 한 평면 위에 놓여 있군요.
그러니 친구여, 당신의 위대한 경주가 끝나고
사태가 이렇게 되었다면, 비록 당신이
한숨짓는 건 후손들 위함이라 해도,
그만큼 더 많이 위대함을 벗으로 만든 거지요.
이것들은 장엄한 석양을 에워싸고
불타는 눈을 감게 하는 구름들이죠.

1910. 5.

- 2행의 구름들은 예이츠가 못마땅해한 반귀족주의자들, 가톨릭 중산층을 가리킨다.(역자)
- 4행의 드높이 올라간 것은 쿨 파크의 실제 건물을 지칭한 것이다.
- 7행의 친구는 그레고리 여사.

Upon a House Shaken by the Land Agitation

How should the world be luckier if this house,
Where passion and precision have been one
Time out of mind, became too ruinous
To breed the lidless eye that loves the sun?
And the sweet laughing eagle thoughts that grow
Where wings have memory of wings, and all
That comes of the best knit to the best? Although
Mean roof-trees were the sturdier for its fall,
How should their luck run high enough to reach
The gifts that govern men, and after these
To gradual Time's last gift, a written speech
Wrought of high laughter, loveliness and ease?

1910

- 제목의 토지 분쟁은 소작농을 줄이는 법령으로 야기된 일. 이 법령이 시행되면 쿨 파크의 수입이 감소되리라는 것이 예이츠의 염려.(Albright 513) / 1909년에 통과된 토지 개혁에 관한 법령Land Act을 배경으로 한다. 이 법령은 대지주의 영지를 농민에게 매각해야 하는 것을 골자로 하였다.(Harris 59)
- 고급문화의 몰락에 대한 애도와 평등주의의 팽배에 대한 공포감.(Rosenthal 95)
- 예이츠의 위대한 엘레지의 원형.(Thurley 45)
- 2행의 이 저택은 골웨이Galway의 쿨 파크에 있었던 그레고리 여사의 저택. / 황폐해져서라는 말은 쿨 파크 저택이 파괴되리라는 예이츠의 몇 가지 예언 중 첫 번째 예언. 1932년에 건물이 헐리게 되었다.(Albright 513)

토지 분쟁에 붕괴되는 한 가문에 관하여

태곳적부터 열정과 정밀함이 하나가 되어 왔던
이 저택이 너무나 황폐해져서
태양을 사랑하는 부릅뜬 눈을 기를 수 없다면,
그리고 날개가 날개의 기억을 가진 곳에서 자라나는
아름다운 웃음이 깃든 독수리 사상들과
최선과 최선의 짜임에서 오는 그 모든 것을 길러낼 수 없다면
세상이 어떻게 더 좋아질 수 있겠는가?
오두막들이 그 가문의 몰락으로 더 견고해진들
어떻게 그들의 행운이 높이 흐르고 흘러
사람을 다스리는 그런 재능에 이르게 할 수 있겠으며,
그런 재능 다음에 점진적인 시간의 마지막 선물인
격조 높은 웃음과 아름답고 평이한 문체에 이를 수 있겠는가?

1910. 8. 7.

- 3행의 태양을 사랑하는 부릅뜬 눈은 독수리의 눈. 원문은 'lidless eye'(눈꺼풀 없는 눈, 깜박이지 않는 눈). 예이츠는 눈을 깜박이지 않고 해를 바라볼 수 있는 것은 독수리밖에 없다고 믿었다. 독수리는 적극적인, 객관적인 인간을 상징한다.(*NC* 93) / 독수리의 눈과 태양은 고도로 단련된 영원한 정신의 상징.(Whitaker 151)
- 5행의 독수리 사상은 윌리엄 블레이크William Blake의 독수리와 관련된다.(*NC* 93)
- 8행의 오두막들은 'Mean roof-trees'의 번역으로, 경작자들이 사는 집의 환유.(Albright 513)
- 10행의 사람을 다스리는은 그레고리 여사의 남편 그레고리 경Sir William Gregory(1817-1892)을 지칭한다. 정치가, 실론Ceylon 총독을 역임했다.
- 12행의 문체는 'written speech'의 번역. 그레고리 여사의 연극 작품들과 두 권의 아일랜드 전설집의 문체를 말한다.(Albright 513)

To a Squirrel at Kyle-na-no

Come play with me;
Why should you run
Through the shaking tree
As though I'd a gun
To strike you dead?
When all I would do
Is to scratch your head
And let you go.

1917

• 제목의 카일너노Kyle-na-no는 '견과의 숲'Wood of Nuts이라는 뜻. 쿨 파크의 일곱 숲 중에서 북단에 있는 것. 예이츠는 이곳에서 산책하는 것을 즐겼다고 한다.

카일너노에서 다람쥐에게

이리 와 나하고 놀자.
내가 너를 쏴 죽일
총이라도 가지고 있는 듯
왜 너는 흔들리는 가지 사이로
도망치는 거야?
내가 하고 싶은 건
너의 머리를 긁어 주고
놓아주는 것뿐인데.

1912. 9.

• 6행의 내가 하고 싶은 건은 동물 애호가적인 생각. 예이츠는 곤들매기 낚시와 새 사냥은 해보았으나 동물 사냥은 꺼려서 하지 않았음을 시사한다.(*NC* 160)

To a Friend Whose Work Has Come to Nothing

Now all the truth is out,
Be secret and take defeat
From any brazen throat,
For how can you compete,
Being honour bred, with one
Who, were it proved he lies,
Were neither shamed in his own
Nor in his neighbours' eyes?
Bred to a harder thing
Than Triumph, turn away
And like a laughing string
Whereon mad fingers play
Amid a place of stone,
Be secret and exult,

- 그레고리 여사에게 쓴 것이지만, 그녀는 휴 레인 경Sir Hugh Lane에게 쓴 것으로 알고 있었다.
- '레인 논쟁'에 연관시켜 쓴 세 작품 중의 하나.(Parkinson, *Early* 106)
- 그녀에 대한 불후의 찬사.(Bloom 173)
- 쿨 파크가 몰수되는 처지에 놓인 그녀를 배경으로 하고 있다. 그녀는 가문의 전통을 지키려 애썼지만 허사로 돌아가고 말았다.

헛된 노력을 하고 말았던 한 친구에게

이제 모든 사실이 드러났으니
가만히 계시면서 놋쇠 같은
어떤 목소리한테라도 져버리세요.
명예로운 신분으로 양육된 분이시니,
자신이나 이웃의 눈에
거짓말한다는 것이 판명되더라도
수치를 모르는 그런 자와
어떻게 경쟁할 수 있겠어요?
당신은 '우쭐대기'보다 힘든 일을 하도록
양육된 신분이시니 외면해 버리시고,
돌무더기 사이에서
미친 손가락들이 연주하는
웃음을 터뜨리는 예술가처럼
가만히 황홀감에 잠기세요.

- 2-3행의 놋쇠 같은 어떤 목소리는 물질주의적인 중산층을 암시한다. 윌리엄 마틴 머피William Martin Murphy의 신문의 논조이다.(Unterecker 119)
- 4행의 명예로운 신분으로 양육된 분이시니는 귀족주의적인 교양을 말한다.
- 7행의 수치를 모르는 그런 자는 윌리엄 마틴 머피 같은 사람.(*NC* 112)
- 9행의 '우쭐대기'는 'Triumph'의 번역.
- 11행의 돌무더기는 물질만능의 사회. 예수가 처형된 해골산을 연상시킨다.
- 13행의 예술가는 'string'의 번역. 낭만주의 시에서 예술가가 악기의 현에 비유되는 예가 많다.(Albright 529)
- 14행의 황홀감은 세속적인 것을 초월한 비극적 환희tragic joy.

Because of all things known
That is most difficult.

1913

인간이 아는 모든 것들 중에서도
그게 가장 어려운 일이니까요.

1913. 9. 16.

Shepherd and Goatherd

Shepherd. That cry's from the first cuckoo of the year.
I wished before it ceased.

Goatherd. Nor bird nor beast
Could make me wish for anything this day,
Being old, but that the old alone might die,
And that would be against God's Providence.
Let the young wish. But what has brought you here?
Never until this moment have we met
Where my goats browse on the scarce grass or leap
From stone to stone.

Shepherd. I am looking for strayed sheep;
Something has troubled me and in my trouble
I let them stray. I thought of rhyme alone,
For rhyme can beat a measure out of trouble

- 로버트 그레고리Robert Gregory(1881-1918)를 추모해서 쓴 목가eclogue, 전원시pastoral. 그에 대한 추모 시 세 편 중 첫 번째 것.(*NC* 146) / 그는 1918년 1월 23일에 이탈리아 전선에서 전투기 조종사로 참전하던 중 격추되어 전사했다(Harris 114). 이탈리아 동맹군의 오인사격으로 판명되었다(Tuohy 169).
- 전통적인 전원시적 비애를 그리고 있으나, 사후 영혼의 삶에 대한 비정통적인 생각을 드러냈다.(Cullingford 107)

양치기와 염소치기

양치기. 저 소리는 금년 들어 처음 듣는 뻐꾸기 울음소리지요.
그치기 전에 소원을 빌었어요.

염소치기. 늙으니까,
요즘에는 새나 짐승에게 빌 거리가 없어졌어,
늙은이들만 죽게 해달라는 것 말고는.
그런데 그런 소망은 '하느님의 섭리'에 어긋나겠지.
젊은이나 빌라고 그래. 헌데 자넨 어떻게 이리 왔지?
내 염소가 풀도 거의 없는 데서 풀을 뜯거나
바위 사이를 뛰어다니는 이런 곳에서 지금까지는
우리가 만난 적이 없었지.

양치기. 저는 길 잃은 양을 찾고 있어요.
무언가 저를 어지럽히는 게 있어서 그 바람에 저는
양들이 길을 잃게 놔뒀어요. 저는 시 짓기에만 골몰했거든요.
왜냐하면 시는 고통으로부터 가락을 만들어낼 수 있고,

- 시의 주제는 로버트 그레고리의 다이몬Daimon.(Albright 566)
- 예이츠의 자전적인 요소가 많은 시. 양치기는 젊은 시절의 예이츠, 염소치기는 늙은 시절의 예이츠를 말한다.(Henn 123)
- 제목의 양치기는 로버트 그레고리의 현세에서의 삶, 염소치기는 사후 영혼의 행적 추적.(Ellmann 231)
- 귀족적인 질서의 방어라는 정치적인 의도가 깔린 시.(Harris 126)

And make the daylight sweet once more; but when
I had driven every rhyme into its place
The sheep had gone from theirs.

Goatherd. I know right well
What turned so good a shepherd from his charge.

Shepherd. He that was best in every country sport
And every country craft, and of us all
Most courteous to slow age and hasty youth,
Is dead.

Goatherd. The boy that brings my griddle-cake
Brought the bare news.

Shepherd. He had thrown the crook away
And died in the great war beyond the sea.

Goatherd. He had often played his pipes among my hills,
And when he played it was their loneliness,
The exultation of their stone, that cried

- 17-20행은 로버트 그레고리 관련 건. 훌륭한 운동선수여서 승마와 활쏘기에 능했다. (*NC* 147)

환한 대낮을 다시 한 번 감미롭게 할 수 있으니까요.
그렇지만 제가 시 구절을 모두 제자리에 갖다 넣었을 때
그 양들이 자기들 무리에서 사라졌어요.

염소치기. 잘 알겠네,
그렇게나 훌륭한 목동이 어찌하여 맡은 일에 소홀했는가를.

양치기. 시골의 온갖 운동경기와 온갖 기술 겨루기에서
가장 뛰어났고, 우리 중에서 동작 느린 노인들과
성급한 청년들에게 가장 예의바르던 그분이
작고했습니다.

염소치기. 나한테 그리들 케이크를 갖다주는 소년이
그 소식을 사실대로 전해 주었네.

양치기. 그분은 양치기 지팡이를
내던지고 바다 건너 큰 전쟁에서 전사했대요.

염소치기. 그 친구는 내 산에서 자주 피리를 불었지.
그가 연주했을 때 그의 손가락 아래에서 울부짖은 것은
산골의 고독이었고, 산골에 있는 바위의

- 19행의 가장 예의바르던은 로버트 그레고리의 지배적인 특징.(Harris 121)
- 25행의 산골의 고독은 로버트 그레고리의 골웨이 풍경화의 본질에 대한 것.(*NC* 147)

Under his fingers.

Shepherd. I had it from his mother,
And his own flock was browsing at the door.

Goatherd. How does she bear her grief? There is not a shepherd
But grows more gentle when he speaks her name,
Remembering kindness done, and how can I,
That found when I had neither goat nor grazing
New welcome and old wisdom at her fire
Till winter blasts were gone, but speak of her
Even before his children and his wife?

Shepherd. She goes about her house erect and calm
Between the pantry and the linen-chest,
Or else at meadow or at grazing overlooks
Her labouring men, as though her darling lived,
But for her grandson now; there is no change
But such as I have seen upon her face
Watching our shepherd sports at harvest-time
When her son's turn was over.

- 31-33행은 그레고리 여사와 예이츠와의 우정관계를 보여 주는 부분이다.
- 31행은 예이츠가 궁했을 때 그에게 돈을 빌려주어 저널리즘을 포기할 수 있었던 일을 말하고 있다.(*NC* 147)

황홀함이었네.

양치기. 저는 그분 어머니에게서 양치기 지팡이를 받았고,
그분의 양떼는 문간에서 풀을 뜯고 있었어요.

염소치기. 그녀는 슬픔을 어떻게 견디고 있는가?
그녀의 이름을 말할 때 그녀가 베푼 인정을 기억하고
더 점잖은 사람으로 성장하지 않는 목동은 없소.
그러니 염소도 없었고 목초지도 없었을 때,
겨울의 질풍이 사라질 때까지 그녀의 난롯가에서
처음 찾아온 손님과 옛 지혜를 직접 발견한 내가 어찌
그의 자녀와 부인 앞일망정 그녀 얘기를 하지 않을 수 있겠는가?

양치기. 그녀는 집 안에서 식품 저장실 찬장과 리넨 장 사이를
꼿꼿한 자세로 침착하게 왔다 갔다 하십니다.
아니면 아끼던 아들이 살아 있는 것처럼,
그러나 지금은 그녀의 손자를 대신해서,
목장이나 목초지에서 그녀의 일꾼들을 보살피고 계십니다.
추수 때 목동들의 경기를 관람하실 때는
그녀의 아들 차례가 끝났을 때 제가 본 그녀의 얼굴 모습과
조금도 다름없었습니다.

- 33행의 처음 찾아온 손님은 1897년 여름에 예이츠가 처음으로 쿨 파크를 방문한 일. 옛 지혜는 그레고리 여사가 관심을 가졌고, 예이츠가 동조했던 아일랜드의 민담.(*NC* 147)
- 35-42행은 그레고리 여사의 흔들림 없는 생활 자세와 용기를 보여준다.(Harris 126)

Goatherd. Sing your song.
I too have rhymed my reveries, but youth
Is hot to show whatever it has found,
And till that's done can neither work nor wait.
Old goatherds and old goats, if in all else
Youth can excel them in accomplishment,
Are learned in waiting.

Shepherd. You cannot but have seen
That he alone had gathered up no gear,
Set carpenters to work on no wide table,
On no long bench nor lofty milking-shed
As others will, when first they take possession,
But left the house as in his father's time
As though he knew himself, as it were, a cuckoo,
No settled man. And now that he is gone
There's nothing of him left but half a score
Of sorrowful, austere, sweet, lofty pipe tunes.

Goatherd. You have put the thought in rhyme.

• 47행의 늙은 염소치기와 늙은 염소들은 젊은 영혼의 양과는 대조적인 늙은 영혼들.

염소치기. 자네 노래를 부르게.
나 또한 나의 환희의 감정을 시로 지어 보았네.
하지만 젊은 피는 뜨거워서 발견한 건 무엇이든 보여줄 수 있지.
그리고 그 일을 마치기까지는 일할 수도 없고 기다릴 수도 없지.
다른 일의 성취에는 젊은이가 늙은 것들보다 낫다고 한다면,
늙은 염소치기와 늙은 염소들은
기다릴 줄은 아는 거야.

양치기. 어르신께서는 그분만이
사람들이 재산을 얻으면 그렇게 하듯이
이것저것 세간을 늘리지도 않았고,
목수를 시켜 넓은 식탁이나 긴 의자를 만들거나
젖 짜는 시설을 높이지도 않은 것을 보셨을 겁니다.
그분은 아버지가 살았을 때처럼 집을 그대로 놔두었습니다.
마치 자기 자신이 한 곳에 가만있지 못하는 사람,
말하자면 뻐꾸기라는 것을 아는 것처럼 말입니다.
그분이 죽고 없으니 이제 남은 것은 대여섯 곡의
슬픔에 찬, 엄격하고도 감미로운 숭고한 피리 곡조뿐입니다.

염소치기. 자넨 그 생각을 시로 지어 놓았지.

- 50-55행은 로버트 그레고리의 성격을 말하고 있다. 그는 처음부터 가정생활이나 세속에 얽매이지 않고 영혼을 육신에서 분리하는 측면이 있었다.(Albright 566)
- 55행의 뻐꾸기는 둥지를 짓지 않고 다른 새의 둥지를 이용하는 새.

Shepherd. I worked all day,
And when 'twas done so little had I done
That maybe 'I am sorry' in plain prose
Had sounded better to your mountain fancy.

[*He sings.*]

'Like the speckled bird that steers
Thousands of leagues oversea,
And runs or a while half-flies
On his yellow legs through our meadows,
He stayed for a while; and we
Had scarcely accustomed our ears
To his speech at the break of day,
Had scarcely accustomed our eyes
To his shape at the rinsing-pool
Among the evening shadows,
When he vanished from ears and eyes.
I might have wished on the day
He came, but man is a fool.'

Goatherd. You sing as always of the natural life,
And I that made like music in my youth

- 65행의 점박이 새는 부엉이가 아니고, 여기서는 철새로 그려졌다.(Albright 567)

양치기. 하루 종일 지었습니다.
그 작업이 끝났을 때, 저는 제대로 하지 못해서
아마 '죄송합니다.'라는 평범한 말이
어르신의 산山의 환상에 더 좋게 들렸을 것입니다.
[그는 노래한다.]

'바다로 수천 리 항해해 와서,
우리 목장을 통해
노란 다리로 내달리거나 잠시
절반쯤 비상하는 점박이 새처럼,
그는 잠시 머물렀다. 그리고 우리는
동이 틀 때 그의 말투에
우리 귀를 익숙하게 하자마자,
저녁 어스름에 멱 감는
물웅덩이에서의 그의 모습에
우리 눈을 익숙하게 하자마자,
그는 우리 귀와 눈에서 사라졌네.
나는 그가 찾아올 날을 바랐을지 몰라.
하지만 인간은 바보로구나.'

염소치기. 자네는 늘 자연의 삶을 노래하는군.
젊었을 때 음악을 좋아하게 된 내가

- 75행의 자연의 삶은 목동의 노래.(Albright 567)

Hearing it now have sighed for that young man
And certain lost companions of my own.

Shepherd. They say that on your barren mountain ridge
You have measured out the road that the soul treads
When it has vanished from our natural eyes;
That you have talked with apparitions.

Goatherd. Indeed
My daily thoughts since the first stupor of youth
Have found the path my goats' feet cannot find.

Shepherd. Sing, for it may be that your thoughts have plucked
Some medicable herb to make our grief
Less bitter.

Goatherd. They have brought me from that ridge
Seed-pods and flowers that are not all wild poppy.
[*Sings.*]
'He grows younger every second

- 78행의 몇몇 잃어버린 친구들은「로버트 그레고리 소령을 추모하며」In Memory of Major Robert Gregory에서 거론하는 예이츠의 친구들일 것이다.(*NC* 148)
- 81행의 그 영혼이 나다니는 길은 예이츠의 신비주의occultism에 대한 관심을 표명한 자서전적인 내용.(*NC* 148)

지금 그걸 들으니 그 젊은이와 나 자신의
몇몇 잃어버린 친구들이 생각나 한숨 쉬었네.

양치기. 우리의 자연의 눈에서 그 영혼이 사라졌을 때
어르신께서는 어르신의 척박한 산 능선에다
그 영혼이 나다니는 길을 내어놓았다는 소문이 있습니다.
또한 유령들과 대화를 했다는 말도 있습지요.

염소치기. 정말이지
맨 처음 멍청한 경험을 한 젊은 시절 이래로
일상적인 생각이 염소들이 다니지 못하는 길을 찾아낸 거지.

양치기. 노래해 주세요. 어르신의 생각은
우리의 슬픔을 덜어줄 어떤 약초를 뜯어 주었을
테니까요.

염소치기. 죄다 야생 양귀비는 아닌 씨앗 주머니와 꽃들을
그런 생각이 그 산 능선에서 나에게 갖다주었지.
[*노래한다.*]
'그의 생일을 모두 계산해 본다면

- 87행의 죄다 야생 양귀비는 아닌은 진정한 계시와 위안은 마취제 같은 것이 아니라는 것.(Albright 567)
- 89-112행은 염소치기의 노래. 예이츠의 연옥의 매력적인 비전들 중의 하나를 보여준다.(Albright 567)

That were all his birthdays reckoned
Much too solemn seemed;
Because of what he had dreamed,
Or the ambitions that he served,
Much too solemn and reserved.
Jaunting, journeying
To his own dayspring,
He unpacks the loaded pern
Of all 'twas pain or joy to learn,
Of all that he had made.
The outrageous war shall fade;
At some old winding whitethorn root
He'll practise on the shepherd's flute,
Or on the close-cropped grass
Court his shepherd lass,
Or put his heart into some game
Till daytime, playtime seem the same;
Knowledge he shall unwind
Through victories of the mind,
Till, clambering at the cradle-side,

- 91행의 매초마다 젊어진다는 것은 이 작품의 주된 테마로, 로버트 그레고리가 젊어지고 그의 삶을 거꾸로 살아간다는 것이다. 이러한 생각은 인도 사상에서 비롯된다.(*NC* 148)
- 95행의 새벽dayspring은 에마누엘 스베덴보리Emanuel Swedenborg(1688-1772)의 '그들의 젊음의 새벽을 향해서'라는 구절의 회상.(*NC* 148)

너무나 엄숙한 것같이 보였던
그가 매초마다 젊어진다.
그가 꿈꾸었던 것 때문에
혹은 그가 몸 바친 야심들 때문에,
너무나 엄숙하고 차분했다.
그는 자신의 새벽으로의
소풍나들이와 여행을 하면서,
공부해야 할 온갖 고통이나 즐거움의,
그가 창조했던 모든 것의
잔뜩 감긴 실꾸리를 푼다.
잔인무도한 전쟁은 사라지리라.
그는 어느 늙은 꾸불꾸불한
흰 산사나무 밑에서 목동의 피리를 불리라.
아니면 바짝 깎은 초원에서
양치기 아가씨에게 구애하거나,
낮이 될 때까지 어떤 경기에 몰두하리라,
놀이 시간은 밤낮이 없는 것 같으니까.
그는 정신의 승리를 통해서
지식을 풀어헤쳐 내버리리라.
마침내 요람 가장자리로 기어오르면서,

- 96행의 소풍나들이의 원문은 ‘jaunting’. 마차 이용이 당시 아일랜드의 관행이었다.
- 99행의 실꾸리의 원문은 ‘pern’. 이는 ‘spool’과 같은 뜻.
- 103행의 바짝 깎은 초원은 악이 서린 바위투성이 지역과 대조적인 선의 지역. 블레이크를 거쳐 스베덴보리로 전해진 천국의 한 요소.(Albright 568)

He dreams himself his mother's pride,
All knowledge lost in trance
Of sweeter ignorance.'

Shepherd. When I have shut these ewes and this old ram
Into the fold, we'll to the woods and there
Cut out our rhymes on strips of new-torn bark
But put no name and leave them at her door.
To know the mountain and the valley have grieved
May be a quiet thought to wife and mother,
And children when they spring up shoulder-high.

[22 February - 19 March 1918] 1919

- 113행의 늙은 숫양은 풍요로운 족장. 회복된 질서 이미지 중의 하나.(Harris 125)

모든 지식을 깡그리 잃은 채,
더욱 감미로운 무지의 황홀 속에서
자신을 어머니의 자랑으로 생각한다.'

양치기. 제가 이 암컷 양들과 이 늙은 숫양을
우리 안에 몰아넣고, 숲에 나가 거기서
나무껍질 새로 벗겨 거기에 우리 시를 새깁시다.
그러나 이름은 적지 말고 그녀의 문간에다 놓아둡시다.
산과 골짜기가 애도해 왔다는 사실을 알게 되면
부인과 어머니에게, 그리고 어깨 높이로 성장할 때의
자녀들에게 조용한 사색거리가 되겠지요.

1918. 3. 19.

- 116행의 이름은 적지 말고는 엘레지를 누가 불렀는가를 아무도 모르게 하자는 것. (Albright 568)
- 117행의 산과 골짜기는 각각 염소들과 양들의 터전.(Albright 568)

In Memory of Major Robert Gregory

I

Now that we're almost settled in our house
I'll name the friends that cannot sup with us
Beside a fire of turf in th' ancient tower,
And having talked to some late hour
Climb up the narrow winding stairs to bed:
Discoverers of forgotten truth
Or mere companions of my youth,
All, all are in my thoughts to-night being dead.

- 제목의 로버트 그레고리 소령은 제1차 세계대전 때 비행사로 참전했다가 1918년 1월 23일에 이탈리아 북방 전선에서 동맹군인 이탈리아군의 오인으로 피격되어 전사했다.(Tuohy 169) / 예이츠 부부가 결혼(1917년 10월 21일)한 3개월 뒤의 일.(Unterecker 132) / 그는 다재다능한 사람으로서 명문 사립학교 해로Harrow 스쿨을 거쳐 옥스퍼드를 나온 뒤, 런던의 슬레이드 미술학교Slade School에서 수학했다.(Albright 551) / 예이츠는 로버트를 훌륭하게 양육된 귀족계층의 상징으로 여겼다.(Unterecker 133) / 그의 죽음은 봉건적인 공동체의 붕괴 신호.(Harris 114)
- V부까지 네 사람의 혼령을 불러 냄은 예이츠 삶의 네 가지 측면을 보여 주는 것.(Tuohy 169)
- 그레고리를 르네상스적인 인물로 상정하여 르네상스적인 시 형식을 활용하여「양치기와 염소치기」Shepherd and Goatherd에서는 전원시 형식의 추도시를 썼고, 여기서는 에이브러햄 카울리Abraham Cowley(1618-1667)의 시 형식을 활용했다.(Albright 552)

로버트 그레고리 소령을 추모하며

I

이제 우리 집에 거의 정착했으니
나는 고색창연한 탑의 이탄泥炭 불 곁에서
식사를 함께할 수 없는 친구들의 이름을 대려 한다.
그리고 어느 정도 늦은 시간까지 얘기하고 나서
좁은 나선형 계단으로 올라가 잠을 청하려 한다.
망각된 진리를 발견한 사람들이거나,
내 젊은 시절의 단순한 동료들.
모두, 모두 죽었으니 오늘 밤 내 마음에 떠오른다.

- 1행의 우리 집은 1917년에 예이츠가 구입한 노르만 시대의 탑(Thoor Ballylee)과 부속 초가집 두 채. 당시 35파운드에 구입하여 로버트와 함께 수리계획을 짰다. 많은 돈을 들여 대충 수리한 뒤, 1919년 여름에 입주하여(Unterecker 132) 1929년까지 여름철에 주로 거주했다.(*NC* 133)
- 5행의 나선형 계단은 4층인 이 탑 내부에 마련되어 있는 계단. 1933년도의 시집 이름에도 나온다. / 이 계단은 건물의 중심에 있었다. 따라서 중심적인 상징이다.(O'Neill 122) / 지혜를 향하여 영혼이 상승하는 상징이기도 하다.(Albright 552)
- 6행의 망각된 진리를 발견한 사람들은 초자연적인 신비주의 전통occult tradition에 관심을 가진 사람들.(*NC* 133)

II

Always we'd have the new friend meet the old
And we are hurt if either friend seem cold,
And there is salt to lengthen out the smart
In the affections of our heart,
And quarrels are blown up upon that head;
But not a friend that I would bring
This night can set us quarrelling,
For all that come into my mind are dead.

III

Lionel Johnson comes the first to mind,
That loved his learning better than mankind,
Though courteous to the worst; much falling he
Brooded upon sanctity

- 17행의 라이오넬 존슨Lionel Johnson(1867-1902)은 라이머즈 클럽Rhymers' Club의 한 사람. 술로 재능을 탕진한 학자적인 시인.(O'Neill 122)
- III, IV, V부에서 이미 죽은 존슨, 싱, 조지 폴렉스펜을 거론하는 것은 이들이 로버트 그레고리와는 다른 형태로 나타났지만 그의 재능을 조금씩 가진 사람들이기 때문이다. 그레고리는 이 세 사람의 복합체로 여겨진다는 것.(Albright 552)

II

우리는 새 친구를 그전 친구와 늘 만나게 했고,
한쪽이 냉담해 보이면 우리는 마음이 상한다.
그리고 우리 마음의 애정 속에
그 아픔을 오래가게 하는 자극제가 있고,
그리하여 그런 일로 언쟁이 벌어진다.
그렇지만 내가 오늘밤 불러내는 친구 중에는
우리를 다투게 할 수 있는 사람은 아무도 없다.
왜냐하면 내 마음에 떠오르는 사람은 모두 죽었으니까.

III

라이오넬 존슨이 맨 먼저 생각난다.
가장 골치 아픈 친구에게도 따뜻하게 대했지만,
사람보다는 학문을 더 사랑했던 사람.
꽤 넘어지곤 했지만 신성에 대한 생각을 깊이 했다.

- 18행의 가장 골치 아픈 친구는 다우슨Ernest Dowson(1867-1900). 라이머즈 클럽의 한 사람. 과음을 잘했다.
- 19행은 사람들과 어울리기보다는 서재에 파묻힌 사람임을 말한다.(Albright 552)
- 20행의 꽤 넘어지곤은 존슨 역시 술을 좋아해 비틀거린 일이 있었음을 말한다. 존슨이 술을 마시다가 의자에서 떨어져 죽었다는 헛소문이 있었다.(Albright 552) / 신성에 대한 생각은 그가 술을 몇 잔 마시면 열렬한 가톨릭 신앙을 고백하곤 해서 곧 수도원에 들어갈 거라고 친구들이 생각했을 정도였다는 것.(Albright 552)

Till all his Greek and Latin learning seemed
A long blast upon the horn that brought
A little nearer to his thought
A measureless consummation that he dreamed.

IV

And that enquiring man John Synge comes next,
That dying chose the living world for text
And never could have rested in the tomb
But that, long travelling, he had come
Towards nightfall upon certain set apart
In a most desolate stony place,
Towards nightfall upon a race
Passionate and simple like his heart.

V

And then I think of old George Pollexfen,

- 25행의 존 싱John Synge(1871-1909)은 애비 극장에서 예이츠와 같이 활동한 극작가.
- 26행은 존슨은 현실세계를 벗어나려 한 반면에 싱은 현실세계로 향했다는 것. 하지만 두 사람 다 죽었다.(Albright 553)
- 27행의 떠돌아다니다가는 바이올린을 들고 유럽을 여행한 일.

그리하여 마침내 그의 모든 고전 학문은
그가 꿈꾸었던 무한한 성취를
그의 사상에 조금 더 가까이 갖다준
호른의 긴 질풍 같은 가락소리 같았다.

IV

그리고 다음에는 탐구심이 대단했던 존 싱이 나타난다.
죽어가면서도 산 사람들을 표본으로 선택한 사람.
오래오래 떠돌아다니다가 해가 지고 밤이 될 무렵,
더할 수 없이 황량한 돌밭 같은 곳에 떨어져 사는
어떤 사람들을 만나지 않았더라면,
해가 지고 밤이 될 무렵, 자기 마음처럼 열정적이고 소박한
어떤 종족을 만나지 않았더라면,
무덤 속에서 결코 편안하게 쉬지 못했을 사람.

V

그다음에 생각나는 건 노년의 조지 폴렉스펜.

- 28-31행은 예이츠가 싱에게 아일랜드 서해안의 골웨이 만에 있는 작은 세 섬으로 이루어진 애런 제도Aran Islands에 가서 농부들의 생활과 분위기에 젖어보라고 권고하고, 그 결과 훌륭한 작품을 쓰게 된 사연.(*NC* 135)
- 33행의 조지 폴렉스펜George Pollexfen(1839-1910)은 예이츠의 큰외삼촌. 젊을 때는 체력단련과 승마에, 중년에는 점성술에 빠졌다가 말년에는 우울증에 시달렸다. 예이츠는 그와 함께 신비학을 연구했다.(*NC* 135-136)

In muscular youth well known to Mayo men
For horsemanship at meets or at racecourses,
That could have shown how pure-bred horses
And solid men, for all their passion, live
But as the outrageous stars incline
By opposition, square and trine;
Having grown sluggish and contemplative.

VI

They were my close companions many a year,
A portion of my mind and life, as it were,
And now their breathless faces seem to look
Out of some old picture-book;
I am accustomed to their lack of breath,
But not that my dear friend's dear son,

- 34행의 마요는 마요 주Co. Mayo.
- 37행의 엄격한은 폴렉스펜의 엄한 성격을 말한다. 그는 무척 규칙적이었고, 늙어서도 바벨을 이용하여 몸을 다듬었다.(Albright 553)
- 38-39행은 폴렉스펜이 자연현상에서 초자연적인 결정요인을 탐구했음을 말한다. (Albright 553-554)

건장했던 청년 시절엔 마요 사람들에겐
승마대회나 경마장에서의 말타기로 유명했던 사람.
그 격정의 사나이가 보여 주었던 것은
순종의 말과 엄격한 사람들이, 그들의 온갖 열정에도 불구하고,
결국은 점점 굼떠지고 명상에 빠져 살 수밖에 없다는 사실이었으리라.
일대일 대좌로, 사각 대좌로, 혹은 삼각 대좌로
힘이 빠진 성난 별들처럼.

VI

그들은 나의 오랜 세월, 나와 가까운 벗들이었다.
말하자면 내 마음과 내 삶의 일부여서,
이제 그들의 숨결 없는 얼굴들이
오래된 사진첩에서 내다보고 있는 것 같다.
나는 그들의 숨이 끊어진 일에 익숙해 있지만,
다정했던 내 친구의 귀한 아들인,

• 39행의 일대일 대좌, 사각 대좌, 삼각 대좌는 두 개의 혹성이 지구를 중심으로 각각 180도, 90도, 120도를 이루고 있음을 가리키는 점성학의 용어. 당시 점성학은 태양과 달을 포함한 10개 혹성이 지구를 중심으로 돈다고 상정하고, 한 인간의 출생 시의 혹성의 위치관계가 그 사람의 선천적인 성격, 소질, 인생의 방향 등을 암시한다고 보았다. 일대일 대좌opposition는 거의가 부조화 좌상을, 사각 대좌square는 항상 부조화 좌상을, 삼각 대좌trine는 조화 좌상. 이 좌상이 겹치면 세 혹성이 정삼각형을 이루는 행운의 좌상이 된다. 이를 'grand trine'이라고 한다.

Our Sidney and our perfect man,
Could share in that discourtesy of death.

VII

For all things the delighted eye now sees
Were loved by him; the old storm-broken trees
That cast their shadows upon road and bridge;
The tower set on the stream's edge;
The ford where drinking cattle make a stir
Nightly, and startled by that sound
The water-hen must change her ground;
He might have been your heartiest welcomer.

VIII

When with the Galway foxhounds he would ride
From Castle Taylor to the Roxborough side
Or Esserkelly plain, few kept his pace;
At Mooneen he had leaped a place

- 47행의 우리의 시드니는 로버트 그레고리를 가리킨다. 다방면에 재능이 있어서 엘리자베스 시대의 필립 시드니Philip Sidney(1554-1586) 같은 인물임을 말한다.(*NC* 136)
- 49-50행은 이 탑을 구입하도록 예이츠에게 권고한 사람이 로버트 그레고리였기 때문이다.(*NC* 137)

우리의 시드니, 우리의 완벽한 인간이
무례한 사신의 제물이 되리라고는 믿기지 않는다.

VII

왜냐하면 지금 좋게 보이는 모든 것은
모두 그가 좋아했던 것이기 때문.
길과 다리 위 그늘 드리운, 태풍에 부러진 늙은 나무들,
시냇물 가에 자리잡고 서있는 탑,
밤이 되면 소들이 물 마시고 휘젓는 여울,
그리고 뇌조 암컷들은 그 소리에 놀라
자리를 옮기지 않으면 안 된다.
너희를 가장 반가워할 사람은 그였을지 모르리.

VIII

그가 골웨이 여우사냥개들과 함께 테일러 성에서
록스버러 언덕, 혹은 에서켈리 들판까지 달렸을 때
그와 보조를 맞추는 자 거의 없었다.
그가 무어닌의 한 곳에서 도약했을 때,

- VIII부(57-64행)는 로버트 그레고리의 미망인의 부탁으로 추가된 연.(Albright 554)
- 58행의 록스버러는 그레고리 여사가 어린 시절에 성장한 곳.(*NC* 137)

So perilous that half the astonished meet
Had shut their eyes; and where was it
He rode a race without a bit?
And yet his mind outran the horses' feet.

IX

We dreamed that a great painter had been born
To cold Clare rock and Galway rock and thorn,
To that stern colour and that delicate line
That are our secret discipline
Wherein the gazing heart doubles her might.
Soldier, scholar, horseman, he,
And yet he had the intensity
To have published all to be a world's delight.

X

What other could so well have counselled us
In all lovely intricacies of a house
As he that practised or that understood

• 65행은 이 지역의 풍경과 지리적인 특징. 크롬웰은 이 지역을 가리켜, 목매달 만한 나무도 없고, 빠뜨려 죽일 물도 없고, 파묻을 흙도 없는 곳이라고 말했다고 한다.(Henn 114)

하도 아슬아슬하게 뛰어넘어
참관자 절반은 놀라서 눈을 감았다.
재갈 물리지 않고 경주했던 곳은 어디였던가?
하지만 그의 마음은 말의 속도를 앞질렀다.

IX

우리는 차가운 클레어 암석과 골웨이 바위와 산사나무에,
저 준엄한 색채와 저 미묘한 선에
위대한 화가가 탄생했다고 생각했다.
그 색채와 선은 우리의 보이지 않는 정신,
그 속에서 바라보는 마음은 힘을 배가한다.
군인이요 학자이며, 기수였던 그 사람.
그러면서도 세상의 기쁨이 되도록
모든 것을 드러낸 열정적인 사람.

X

금속공예나 목공예,
석고상이나 돌 조각의 모든 작품을
다루어 보았거나 이해했던 그 사람만큼

- 67행의 위대한 화가라고 지칭한 것은 상상력과 주관적인 환희가 돋보이는 풍경화를 그렸다는 관점에 의한 예이츠의 평가.(Albright 554)

All work in metal or in wood,
In moulded plaster or in carven stone?
Soldier, scholar, horseman, he,
And all he did done perfectly
As though he had but that one trade alone.

XI

Some burn damp faggots, others may consume
The entire combustible world in one small room
As though dried straw, and if we turn about
The bare chimney is gone black out
Because the work had finished in that flare.
Soldier, scholar, horseman, he,
As 'twere all life's epitome.
What made us dream that he could comb grey hair?

XII

I had thought, seeing how bitter is that wind
That shakes the shutter, to have brought to mind
All those that manhood tried, or childhood loved
Or boyish intellect approved,
With some appropriate commentary on each;
Until imagination brought

한 집안의 온갖 아름다운 작품 속에서
우리에게 잘 얘기해준 사람이 있었을까?
군인이요, 학자이며, 기수였던 그 사람,
마치 한 가지 일에만 정통했던 사람처럼
무슨 일이든 완벽하게 해냈던 그 사람.

XI

어떤 사람들은 젖은 나뭇단에 불을 지피고,
다른 사람들은 작은 방에서 연소 가능한 세계를,
마치 마른 짚처럼 몽땅 태우리라.
그리하여 회고해 보면 굴뚝은 말끔히 비어 깜깜하다.
왜냐하면 불이 일렁이던 그 순간 일이 끝났기 때문.
군인이요, 학자이며, 기수였던 그 사람,
말하자면 모든 삶의 축도였던 그 사람.
무엇이 우리에게 그가 흰머리 빗으리란 생각을 하게 했던가?

XII

덧문을 뒤흔드는 저 바람 얼마나 매서운가 짐작하면서,
나는 어른이 되어 상대했거나, 어린 시절에 사랑했던,
혹은 소년다운 지성이 수긍했던, 그 모든 사람에 대하여
얼마간의 적절한 논평을 더해 거론하고,
한 사람 한 사람 내 마음에 떠올려 보려고 했었다.
마침내 상상력이 한층 더 반가움을 가지고 왔다.

A fitter welcome; but a thought
Of that late death took all my heart for speech.

1918

하지만 최근의 저 죽음에 대한 생각은
내 마음을 송두리째 앗아가 말문을 막히게 한다.

1918. 6. 14.

An Irish Airman Foresees His Death

I know that I shall meet my fate
Somewhere among the clouds above;
Those that I fight I do not hate,
Those that I guard I do not love;
My country is Kiltartan Cross,
My countrymen Kiltartan's poor,
No likely end could bring them loss
Or leave them happier than before.
Nor law, nor duty bade me fight,
Nor public men, nor cheering crowds,
A lonely impulse of delight
Drove to this tumult in the clouds;
I balanced all, brought all to mind,
The years to come seemed waste of breath,

- 1행의 나는 로버트 그레고리Robert Gregory.(*NC* 138)
- 3행의 싸우는 상대방은 이탈리아 전선에 투입된 독일 병사.(*NC* 138)
- 4행의 내가 지키는 자들은 영국인.(*NC* 138)
- 5-6행은 아일랜드의 서부지역이 정신적으로 황폐한 현대 아일랜드가 망각해 버린 이상적인 지역임을 말하는 대목.(Harris 114)

한 아일랜드 비행사의 죽음 예견

나는 저 위 구름 사이 어딘가에서
내 운명과 마주치리라는 걸 알고 있다.
내가 싸우는 상대방을 나는 미워하지 않는다.
내가 지키는 자들을 나는 사랑하지 않는다.
내 고장은 킬타탄 크로스,
내 고장 사람들은 킬타탄의 가난한 이들,
종말이 그들에게 손실을 가져오거나
전보다 그들을 행복하게 해줄 순 없으리.
법이나 의무가 나를 싸우도록 명하지도 않았고,
어느 공인이나 환호하는 군중도 그러지 않았다.
즐거움에 대한 고독한 충동이
구름 속의 이런 난장판으로 몰고 왔다.
나는 모든 걸 균형 잡아보고, 모든 걸 염두에 두었다.
다가오는 세월은 호흡의 낭비 같았고,

- 5행의 킬타탄 크로스Kiltartan Cross는 쿨 파크Coole Park와 인접한 동네. 그레고리 가의 영지였다.(*NC* 138)
- 11-12행은 예술가의 도피(프랭크 커모드Frank Kermode의 주장).(Harris 15)
- 11행의 즐거움에 대한 고독한 충동은 공적인 목적의 거부. 예이츠가 말하는 비극적 희열, 즉 자기방기와 자기완성의 융합의 예.(Albright 556)
- 13행의 모든 걸 균형 잡아보고라는 것은 적과 친구, 손실과 이득, 과거와 미래가 병치된 것을 말한다.(Albright 556) / 균형은 완벽한 인간의 미덕.(Unterecker 134)

A waste of breath the years behind
In balance with this life, this death.

1919

지나간 세월도 호흡의 낭비 같았다,
이러한 삶, 이러한 죽음과 균형을 맞추어 보면.

1918

The New Faces

If you, that have grown old, were the first dead,
Neither catalpa-tree nor scented lime
Should hear my living feet, nor would I tread
Where we wrought that shall break the teeth of Time.
Let the new faces play what tricks they will
In the old rooms; night can outbalance day,
Our shadows rove the garden gravel still,
The living seem more shadowy than they.

1922

- 예이츠의 시 작품에서 자신이 쿨 파크의 참다운 주민임을 처음으로 드러낸 시.(Harris 63)
- 10년 뒤인 1922년에 발표했다. 성인成人의 연애시로도 읽힌다.(Rosenthal 244-245)
- 1행의 당신은 그레고리 여사. 당시 60세. 예이츠는 서른한 살 때인 1896년에 그녀를 처음 만났고, 그녀는 당시에 수수한 옷을 입은 마흔다섯 살의 부인이었다.(*NC* 237)
- 2행의 개오동나무 밑에는 벤치가 있었다.

새로운 얼굴들

만약 연로한 당신이 먼저 세상을 버리신다면,
개오동나무도, 향기 나는 참피나무도 더는
저의 살아 있는 발자국 소리 듣지 못할 것입니다. 그땐 제가
'시간'의 이빨을 부러뜨리기 위해 우리가 공들인 그곳을 다시 찾지
　　않을 테니까요.
새로운 얼굴들이 옛 방에서 그들 마음대로 놀게 해두어요.
밤은 낮보다 더 무게가 있을 터이니,
우리의 유령은 여전히 정원의 자갈길을 배회하고,
살아 있는 자들은 우리보다 더 희미하게 보이겠지요.

1912. 12.

- 4행의 우리가 공들인 그곳은 그레고리 여사와 함께 만든 애비 극장the Abbey Theatre. 그녀가 죽으면 그 극장의 계획이 끝장나리라고 예상되지만 그들의 노력은 시간의 지배를 벗어날 것이다. 시간의 이빨을 부러뜨리는 것은 그레고리 여사가 병에서 회복되어 살아남으리라는 것을 말한다.(Harris 63) / 우리가 공들인 그곳은 쿨 파크 전체를 말한다. 저택 안팎을 왔다 갔다 하면서 연극 작품을 구상했던 공간.(*NC* 237)
- 7-8행은 그들이 죽어서도 쿨 파크의 주인이 될 것이라는 것을 말한다.(Harris 64)
- 8행의 우리는 'they'의 번역. they는 7행의 'Our shadows'를 가리키기 때문이다.(역자) / 8행은 상징주의적인 발상. 시먼스Symons에 의하면, 상징주의는 꿈을 진실이라고 보고 현상계는 진실이 아니라고 보았다.(Albright 657)

Coole Park, 1929

I meditate upon a swallow's flight,
Upon an aged woman and her house,
A sycamore and lime-tree lost in night
Although that western cloud is luminous,
Great works constructed there in nature's spite
For scholars and for poets after us,
Thoughts long knitted into a single thought,
A dance-like glory that those walls begot.

There Hyde before he had beaten into prose
That noble blade the Muses buckled on,
There one that ruffled in a manly pose
For all his timid heart, there that slow man,

- 그레고리 여사가 세입자로서 작고할 때까지 세를 내고 거주할 수 있는 조건으로 1927년에 산림청에다 쿨 파크의 저택과 토지를 팔지 않으면 안 되었던 상황을 배경으로 한 작품.(Unterecker 210)
- 1행의 제비는 제비처럼 단기 체류함을 말한다(17행 참조). 제비의 비상은 부분적으로는 모드 곤으로 말미암은 신병과 절망으로부터 구해준 그레고리 여사의 영향하에서 예이츠 자신의 시적인 비상을 말한다.(Bloom 380)
- 2행의 연로한 여인과 그녀의 집은 77세가 된 그레고리 여사와 쿨 파크의 저택. / 그녀는 헬레네와 모드 곤의 맹목적인 파괴력에 대비되는 존재.(Thurley 197)
- 6행은 자연과 대비되는 인간의 작업.(역자)

1929년 쿨 파크

나는 생각해 본다, 제비가 날아든 것에 대하여,
그리고 한 연로한 여인과 그녀의 집에 대하여,
비록 서쪽 하늘의 저 구름이 환하게 빛나지만
밤엔 실종되는 큰단풍나무, 참피나무에 대하여,
우리 뒤를 이을 후배 학자들과 시인들을 위해
자연의 심술 속에 거기 벌인 큰 작업들에 대하여,
여러 생각을 장기간 하나로 짜맞추어 간,
저 저택이 탄생시킨 춤 같은 영광에 대하여.

거기엔 뮤즈들이 단단히 차고 있던 고귀한 칼을
산문으로 연마해 내기 전의 하이드가 있었고,
소심함에도 불구하고 사내다운 포즈로
부산했던 한 사람, 거기에는 동작이 굼뜬,

- 7-8행은 그레고리 여사의 저택에서 그녀의 중재로 학자들과 시인들의 여러 생각이 조정되어 갔음을 말한다.(Thurley 198)
- 8행의 저 저택은 'those walls'의 번역. / 춤 같은 영광은 'dance-like glory'의 번역.(역자) 휘황찬란한 초월적인 이미지.(Harris 227). 다양한 천재들을 결합시킨 일.(Albright 711)
- 9-10행은 시의 칼을 학문적인 보습으로 만들었다는 예이츠의 독창적인 은유. (Unterecker 210)
- 10행의 하이드Dr. Douglas Hyde(1860-1949)는 시인, 학자. 1893년 게일어 연맹The Gaelic League을 결성했다. 1885년 예이츠와 친교를 맺고 1899년 여름에 예이츠와 함께 쿨 파크에 머물렀다.
- 11-12행은 예이츠 자신.(*NC* 285)

That meditative man, John Synge, and those
Impetuous men, Shawe-Taylor and Hugh Lane,
Found pride established in humility,
A scene well set and excellent company.

They came like swallows and like swallows went,
And yet a woman's powerful character
Could keep a swallow to its first intent;
And half a dozen in formation there,
That seemed to whirl upon a compass-point,
Found certainty upon the dreaming air,
The intellectual sweetness of those lines
That cut through time or cross it withershins.

Here, traveller, scholar, poet, take your stand
When all those rooms and passages are gone,
When nettles wave upon a shapeless mound
And saplings root among the broken stone,
And dedicate—eyes bent upon the ground,

- 13행의 존 싱John Synge(1871-1909)은 『서역의 인기인』*The Playboy of the Western World*의 작자. 「로버트 그레고리 소령을 추모하며」In Memory of Major Robert Gregory의 주 참조.
- 14행의 쇼테일러John Shawe-Taylor(1866-1911)는 그레고리 여사의 언니 엘리자베스Elizabeth의 아들로 토지 분쟁을 잘 해결했다. 정치 개혁자.(*NC* 286) / 휴 레인Sir Hugh Lane은 그레고리 여사의 언니 프랜시스Frances의 아들. 쇼테일러Shawe-Taylor와는 이종사촌 간.

명상적인 존 싱 그 사람과
성품이 격렬했던 그들, 쇼테일러, 휴 레인이 거기서
자부심의 확고한 토대는 겸손이란 걸 발견했다.
잘 마련된 무대풍경과 훌륭한 동료배역들.

그들은 제비처럼 날아와 제비처럼 날아갔다.
그렇지만 한 여인의 강인한 인품이
제비 한 마리의 초심을 붙들어 놓을 수 있었다.
그리고 나침반의 중심점 위에
빙빙 도는 것 같던 대여섯 기의 편대가
꿈꾸는 허공에서 확실한 것을 발견했다,
시간을 초월하거나 시간을 거슬러 가는
그런 시행詩行들의 지적인 아름다움을.

나그네여, 학자여, 시인이여, 걸음을 멈추어라,
그 모든 방과 복도들이 사라지고,
볼품없는 흙더미 위에 쐐기풀이 나부끼고,
무너진 돌 사이에 잔 나무들이 뿌리내릴 때.
그리고—땅에다 시선을 향하게 하고,

- 17행의 제비처럼은 피타고라스의 경우를 참조. 피타고라스의 경우, 제비는 나태함의 이미지이다. 또한 제비는 해마다 잠시 찾아왔다가 가버리므로 꾸준하지 못할 뿐만 아니라 시간의 흐름을 차단한다.(*NC* 287)
- 26-28행은 그레고리 여사가 죽고 나면 집이 헐리리라는 것. 그녀가 1932년에 작고하자 곧 헐렸다.(Albright 711)

Back turned upon the brightness of the sun
And all the sensuality of the shade—
A moment's memory to that laurelled head.

1931

- 31행의 저승 혼령은 'shade'의 번역.(역자) / 유령과의 만남은 이 시를 쓸 당시에는 거론된 사람 중 셋은 이미 고인이 되었고, 나머지 사람들이 다 죽어서 유령이 되어 만날 때를 상정해서 말한 것이다.(Unterecker 211)

밝은 햇살에다 등을 돌리고
저승 혼령의 모든 감성을 가지고—
월계관을 쓴 그 머리에다 잠시 추모의 시간을 바쳐라.

1928. 9. 7.

- 32행의 월계관을 쓴 그 머리는 그레고리 여사의 머리.(Unterecker 211)

For Anne Gregory

'Never shall a young man,
Thrown into despair
By those great honey-coloured
Ramparts at your ear,
Love you for yourself alone
And not your yellow hair.'

'But I can get a hair-dye
And set such colour there,
Brown, or black, or carrot,
That young men in despair
May love me for myself alone
And not my yellow hair.'

'I heard an old religious man
But yesternight declare
That he had found a text to prove
That only God, my dear,

- 제목의 앤 그레고리Ann Gregory는 1911년생. 그레고리 여사의 손녀이자 로버트 그레고리 소령의 딸.

앤 그레고리에게

'너의 귓전을 감싸고 있는
저 거창한 벌꿀빛 머리채로 해서
절망에 빠진 젊은이가
너 자신만을 위해
너를 결코 사랑하지 않을 거야,
그리고 너의 금발도 마찬가지.'

'하지만 저는 머리 염색약을 구해서,
절망에 빠진 젊은이들이
내 금발이 아니고,
나 자신만을 위해 나를 사랑하도록
갈색이나, 흑색이나, 혹은 붉은,
그런 물을 들일 수 있어요.'

'나는 바로 어젯밤 신심 깊은 한 늙은이가
이런 말 하는 걸 들었지.
'얘야, 오직 하느님만이
너의 금발이 아니라, 너 자신만을 보고

• 2행의 머리채는 편의상 'ramparts'의 번역. 'ramparts'는 성읍을 둘러싸고 있어서 적으로부터 방어하는 구실을 하는 성벽. 여기서는 귀를 둘러싸고 귀를 보호하는 머리카락의 은유.(역자)

Could love you for yourself alone
And not your yellow hair.'

1932

너를 사랑할 수 있다고 하는
성경구절을 찾아냈단다.'라고 말하는 걸.'

1930. 9.

Coole Park and Ballylee, 1931

Under my window-ledge the waters race,
Otters below and moor-hens on the top,
Run for a mile undimmed in Heaven's face
Then darkening through 'dark' Raftery's 'cellar' drop,
Run underground, rise in a rocky place
In Coole demesne, and there to finish up
Spread to a lake and drop into a hole.
What's water but the generated soul?

Upon the border of that lake's a wood
Now all dry sticks under a wintry sun,

- *PR*에는 'Park'를 뺀 제목을 사용하고 있다.(작품 254, *PR* 243)
- 당초 7연으로 된 것 중 6연을 떼어내어 따로 「선택」The Choice이라는 제목을 붙였다. (Albright 711)
- 귀족적인 전통, 낭만주의의 열정, 의미심장한 아일랜드 역사의 죽음을 알리는 시. (Harris 232)
- 「1929년 쿨 파크」Coole Park 1929의 속편으로서 한 가문의 파멸이라는 비극적인 주제를 그레고리 여사와 예이츠 자신의 것으로 변경했다.(Albright 711)
- 1연에서 등장시키고 있는 강물이 지하로 연결되어 있음은 쿨 파크 영지의 일부였던 밸릴리 탑의 지역과 하나임을 말한다.(Unterecker 212)
- 1행의 창턱은 밸릴리 탑Thoor Ballylee의 창문턱.
- 2행의 수달과 붉은 뇌조는 젊은 활기의 이미지.(Whitaker 221)
- 3행의 햇빛 속에는 'in Heaven's face'의 번역. 3행의 햇빛과 5행의 검은빛은 각각 삶과 죽음의 상징.(Unterecker 212)

1931년 쿨 파크와 밸릴리

창턱 밑 강물이 물살을 일으키며 경주한다.
물속엔 수달, 물 위에는 붉은 뇌조들.
햇빛 속에 일 마일이나 제법 훤히 달리다가
'눈먼' 래프터리의 푹 꺼진 '포도주 광'을 통해
검은빛을 띠고 땅속을 달려가
쿨 파크 영지, 바위 많은 곳에 솟아오르고,
거기서 마감하려 호수에 퍼지다가 구멍에 떨어진다.
물은 생성된 영혼이 아니고 무엇이겠느냐?

호수 가장자리, 겨울 태양 아래
지금은 온통 바싹 마른 막대기 숲,

- 4행의 래프터리Anthony Raftery(1784-1834)는 유랑시인. 천연두로 맹인이 된 사람. 그레고리 여사가 1900년에 그의 무덤에 비석을 세워주었다.
- 5행의 검은빛의 강물은「1929년 쿨 파크」의 '제비'에 대비되는 이미지.(Thurley 198)
- 7행의 마감하려와 구멍에 떨어진다는 귀족주의의 재생에 대한 희망을 포기하는 것을 암시하는 말. 이와 유사한 것이 여러 군데 있다. 3연 8행의 '살해', 4연 8행의 '최후의 상속자', 5연 8행의 '소진', 6연 1행의 '최후의 낭만주의자들' 등.(Harris 231-232) / 구멍은 'hole'의 번역. 수중 묘혈의 은유로 쓰인 말 같다. 'hole'은 물밑 깊은 곳을 말하기도 하므로 '깊은 바닥'으로 옮길 수도 있다. 하지만 이 시가 암시하는 내용이나 호수 자체의 성격상 물이 지하로 빠져나가는 것을 감안할 때 적절한 다른 말을 찾을 수 없다.(역자) 'a lake which, as there is no escape for its water except a narrow subterranean passage, doubles or trebles its size in winter.' 참조.(*Autobiographies* 389)
- 8행의 생성된 영혼은 'generated soul'의 번역. / 물과 영혼의 관계는 물에서 영혼이 탄생한다는 신플라톤주의자 포르피리오스Porphyrios(234-305?)의 사상과 연관된다.(*NC* 288)

And in a copse of beeches there I stood,
For Nature's pulled her tragic buskin on
And all the rant's a mirror of my mood:
At sudden thunder of the mounting swan
I turned about and looked where branches break
The glittering reaches of the flooded lake.

Another emblem there! That stormy white
But seems a concentration of the sky;
And, like the soul, it sails into the sight
And in the morning's gone, no man knows why;
And is so lovely that it sets to right
What knowledge or its lack had set awry,
So arrogantly pure, a child might think
It can be murdered with a spot of ink.

Sound of a stick upon the floor, a sound
From somebody that toils from chair to chair;

- 11행의 비극적인 신발은 그리스 비극에서 배우가 신은 반장화를 말한다.
- 12행의 극적인 대사 모두는 실제로 소리가 났다기보다는 화자의 마음속에 일어난 환상. / 내 마음은 'my mood'의 번역. 이때 'mood'는 울적한 심정의 뜻이다.(역자) 그 심정의 구체적인 내용은 뒤에 이어지는 상념들.(Whitaker 218-219)
- 14행은 무척 즐거웠던 백조에 대한 과거의 기억.(Harris 235) / 갑자기 비상하는 백조는 영감의 상징.(Whitaker 219) / 이제는 잡을 수 없는 영감.(Bloom 381) / 백조는 인간의 영혼에 비유한 것.(Rosenthal 308-309)

자연이 비극적인 신발을 신었고
극적인 대사 모두 내 마음의 거울이라,
나는 거기 너도밤나무 숲 속에 섰다.
갑자기 비상하는 백조의 천둥소리에
몸을 돌려 나뭇가지가 눈을 가리는
넘칠 듯 번쩍이는 호수 자락들을 내다보았다.

거기 또 하나의 표상이! 질풍 같은 저 흰 것,
하늘의 기운이 오로지 뭉친 것 같다.
혼령처럼, 시야에 들어와 맴돌다가
날이 새자 사라지니, 아무도 영문을 모른다.
그리고 그건 하도 아름다워
지식이나 지식의 결여가 그르친 걸 바로잡는다.
워낙 어엿하고 순결해서 잉크 한 방울로도
살해될 수 있으리라 어린아이가 생각할지 모르리.

마룻바닥의 지팡이 소리,
의자에서 의자로 겨우 옮겨가는 누군가의 소리.

- 15행의 가리는은 'break'의 번역. 한때 과거형 'broke'로 고친 적도 있다.(Harris 235)
- 17행의 또 하나의 표상은 혼령의 또 하나의 상징. 영혼보다는 덧없는 것으로서, 불완전한, 일시적인 세계를 구원하는 혼령이 순간적으로 성취된 것을 암시한다.(Whitaker 219)
- 20행에서 백조가 사라지는 것은 인간의 덧없음을 말한다.(Thurley 199)
- 23행의 잉크 한 방울은 전체를 망치는 것.
- 26행의 누군가는 그레고리 여사를 지칭한다.(*NC* 289) / 당시 80세였던 그녀는 투병 중인 자신에 대한 언급에 화를 냈다고 한다.(Malins 127)

Beloved books that famous hands have bound,
Old marble heads, old pictures everywhere;
Great rooms where travelled men and children found
Content or joy; a last inheritor
Where none has reigned that lacked a name and fame
Or out of folly into folly came.

A spot whereon the founders lived and died
Seemed once more dear than life; ancestral trees,
Or gardens rich in memory glorified
Marriages, alliances and families,
And every bride's ambition satisfied.
Where fashion or mere fantasy decrees
We shifts about—all that great glory spent—
Like some poor Arab tribesman and his tent.

We were the last romantics—chose for theme
Traditional sanctity and loveliness;
Whatever's written in what poets name
The book of the people; whatever most can bless

- 32행의 최후의 상속자는 그레고리 여사의 외아들인 로버트가 제1차 세계대전 때 전사했기 때문이다.(*NC* 290)
- 38행의 아랍인 운운한 것은 유목민으로 전락하여 흔적을 남기지 못함을 말한다. (Thurley 200)

고명한 분들의 손이 장정한 귀한 책들,
오래된 대리석 흉상들, 어디든 걸려 있는 옛 그림들,
견문 넓은 분들과 아이들이 만족하고 즐거워했던 큼직한 방들,
이름과 명성이 부족한 사람이거나
어리석음으로부터 어리석음으로 치닫는 자 아무도
다스린 적 없는 곳의 최후의 상속자.

터 잡은 분들이 살다가 죽은 곳은
한때 목숨보다 소중했던 것 같았다.
조상이 가꾼 나무들이나 추억이 많은 정원들은
결혼과 제휴 관계 그리고 가족들을 영광스럽게 했고,
그리고 모든 새댁들의 꿈을 만족시켰다.
우리는 어떤 가난한 아랍인과 그의 천막처럼,
유행이나 단순한 환상이 명하는 곳으로 떠돌아다닌다.
—위대한 그 모든 영광이 소진되었으니까—

우리는 최후의 낭만주의자들—
전통의 거룩함과 아름다움을 주제로 삼았느니,
민중의 책이라고 시인들이 명명한 거기 씌어있는 것,
인간의 마음을 가장 복되게 하거나

- 39행의 원문 'We'를 *PR*에서는 'Man'으로 바꾸어 놓았다.(*PR* 244)
- 43행의 민중의 책은 래프터리가 사용한 말.(Albright 713)

The mind of man or elevate a rhyme;
But all is changed, that high horse riderless,
Though mounted in that saddle Homer rode
Where the swan drifts upon a darkening flood.

1932

- 46-48행은 비극적인 상실감의 표현.(Rosenthal 309)
- 46-47행의 어둠이 깔리는 물 위 백조는 활기가 죽어가는 이미지.(Whitaker 221)

운율을 고양시키는 것이면 무엇이건 주제로 삼았느니.
하지만 이제 모든 것이 변하였다. 어둠이 깔리는 물 위
백조가 떠다니는 곳, 호메로스는 말안장에 올라타고 내달렸건만,
저 고귀한 말을 타고 달리는 자 없구나.

1931. 2.

- 48행의 말은 천마(Pegasus)를 말한다.(*NC* 291) / 오쉰Oisin이 탔던 말.(Thurley 200)

6

유랑인 시편

The Three Beggars

'Though to my feathers in the wet,
I have stood here from break of day,
I have not found a thing to eat,
For only rubbish comes my way.
Am I to live on lebeen-lone?'
Muttered the old crane of Gort.
'For all my pains on lebeen-lone?'

King Guaire walked amid his court
The palace-yard and river-side
And there to three old beggars said,
'You that have wandered far and wide
Can ravel out what's in my head.
Do men who least desire get most,
Or get the most who most desire?'
A beggar said, 'They get the most

- 거지를 소재로 한 일련의 작품 중 첫 번째 것. 우화parable. 끈질긴 욕망이 불행을 가져온다는 것.(Albright 533, 535)
- 돈이 모든 죄악의 뿌리임을 말하는 도덕적인 내용의 시.(Unterecker 122)
- 전체 얘기는 이탤릭체로 된 1연과 마지막 연에 등장하는 늙은 두루미의 논평과 상호 보완된다.(Thurley 64)

거지 세 사람

'내 깃털까지 진흙 속에 있지만
나는 동이 틀 때부터 여기 서있었다.
나는 먹을 것이라곤 발견하지 못했다.
내가 가는 길에 쓰레기가 있을 뿐.
난 연준모치만 먹고 살아야 하는가?
온갖 고생 다 하고도 잔챙이만?'
하고 거르트의 늙은 두루미가 중얼거렸다.

과이어 왕은 자기의 궁정 안에서
뜰과 강변을 산책했다.
거기서 거지 셋에게 말했다.
'넓은 천지를 돌아다닌 자네들이니
내 머릿속의 의문을 풀어낼 수 있겠지.
욕심이 가장 적은 자가 가장 많이 얻는지,
욕심이 가장 많은 자가 가장 많이 얻는지?'
그중 하나가 말했다. '사람이나 마귀가

- 5행의 연준모치는 'lebeen-lone'의 번역. 이는 'minnows'나 그것의 먹잇감을 말한다.(Albright 534) 연준모치는 잉엇과의 민물고기. 낚시 미끼로 많이 사용된다.
- 7행의 거르트는 'Gort'의 표기. 쿨 파크 남쪽 2마일 거리에 있는 골웨이 주Co. Galway의 한 마을. / 늙은 두루미는 예이츠 자신.(Henn 92)
- 8행의 과이어 왕King Guaire(?-663)은 현재의 거르트Gort 지역의 전설적인 왕. 코넛Connacht의 왕으로서 너그러운 인품을 지녔다. 문화 창달에 힘썼다.(*NC* 116)

Whom man or devil cannot tire,
And what could make their muscles taut
Unless desire had made them so?'
But Guaire laughed with secret thought,
'If that be true as it seems true,
One of you three is a rich man,
For he shall have a thousand pounds
Who is first asleep, if but he can
Sleep before the third noon sounds.'
And thereon, merry as a bird
With his old thoughts, King Guaire went
From river-side and palace-yard
And left them to their argument.
'And if I win,' one beggar said,
'Though I am old I shall persuade
A pretty girl to share my bed';
The second: 'I shall learn a trade';
The third: 'I'll hurry to the course
Among the other gentlemen,
And lay it all upon a horse';
The second: 'I have thought again:
A farmer has more dignity.'
One to another sighed and cried:
The exorbitant dreams of beggary,
That idleness had borne to pride,

감당할 수 없는 자들이 가장 많이 얻습니다.
욕망이 그렇게 하지 않았다면
어떻게 그들의 근육을 긴장하게 할 수 있겠습니까?'
그러나 과이어는 속마음을 드러내지 않고 웃었다.
'그것이 그럴듯한 진실이라면
자네들 셋 중 하나가 부자가 되겠네.
왜냐하면 셋째 번 정오 종이 울리기 전에
잠들 수 있기만 하다면 맨 먼저 잠드는 자가
일천 파운드의 돈을 받게 될 테니까.'
그러고 나서 과이어 왕은 새처럼 명랑한 기분으로
해묵은 그 생각을 하면서
강변과 궁정 뜰을 나와
그들끼리 논쟁하도록 내버려두었다.
그중 한 거지가 말했다. '내가 그 돈을 차지한다면
늙긴 하지만 나는 예쁜 아가씨를 꼬셔서
잠자리를 같이할까봐.'
둘째가 말했다. '난 사업을 할 거야.'
셋째가 말했다. '나는 경마장으로 곧장 뛰어가
다른 양반들 틈에 끼어
말 한 마리에 그 돈 몽땅 걸 거야.'
둘째가 다시 말했다. '나는 생각을 다시 했어.
농부가 되는 것이 더 위엄이 있겠어.'
서로가 서로에게 한숨 쉬고 소리쳤다.
게으름이 오만함과 결합하여
거지들이 멋대로 꾼 터무니없는 꿈들이

Sang through their teeth from noon to noon;
And when the second twilight brought
The frenzy of the beggars' moon
None closed his blood-shot eyes but sought
To keep his fellows from their sleep;
All shouted till their anger grew
And they were whirling in a heap.

They mauled and bit the whole night through;
They mauled and bit till the day shone;
They mauled and bit through all that day
And till another night had gone,
Or if they made a moment's stay
They sat upon their heels to rail,
And when old Guaire came and stood
Before the three to end this tale,
They were commingling lice and blood.
'Time's up,' he cried, and all the three
With blood-shot eyes upon him stared.
'Time's up,' he cried, and all the three
Fell down upon the dust and snored.

'Maybe I shall be lucky yet,
Now they are silent,' said the crane.
'Though to my feathers in the wet

그들 이빨 사이에서 쉴 새 없이 노래되어 나왔다.
거지들의 달의 광란을
두 번째 땅거미가 가지고 왔을 때
동료들을 잠들지 못하게 하려고
아무도 핏발 선 눈을 감지 않았다.
모두가 소리쳐 분노가 치밀어 올랐고
그들은 한데 뒤엉켜 구르고 있었다.

그들은 밤새도록 물어뜯고 그랬다.
그들은 날이 밝을 때까지 물어뜯고 그랬다.
그들은 그날 내내 그리고 또
하룻밤이 다 지나갈 때까지 물어뜯고 그랬다.
그러지 않고 그들이 잠깐 쉬기라도 하면
그들은 쭈그리고 앉아 욕을 해댔다.
그리고 과이어가 이 이야기를 끝장내려
그들 셋 앞에 나와서 섰을 때,
그들은 이와 피를 뒤섞고 있었다.
'시간 다 됐어.' 하고 그가 소리치자,
세 사람 모두 핏발 선 눈으로 그를 응시했다.
'시간 다 됐어.' 하고 그가 소리쳤는데,
세 사람 모두 땅바닥에 쓰러져 코를 골았다.

'나는 아마 아직은 운이 괜찮을 거야.
이제 그들은 잠잠해졌어.' 하고 두루미가 말했다.
'진흙 속에 깃털까지 빠져 있지만

I've stood as I were made of stone
And seen the rubbish run about,
It's certain there are trout somewhere
And maybe I shall take a trout
If but I do not seem to care.'

1913

나는 돌로 만들어진 것처럼 서서
쓰레기가 떠돌아다니는 것을 보았지.
어디엔가 송어가 있는 건 확실해.
무심한 듯 느긋하게 있기만 해도
아마 나는 송어 한 마리는 잡을 거야.'

1913. 11. 15.

• 66행의 송어trout는 5행의 연준모치에 비하면 고급 식품.(역자)

The Three Hermits

Three old hermits took the air
By a cold and desolate sea,
First was muttering a prayer,
Second rummaged for a flea;
On a windy stone, the third,
Giddy with his hundredth year,
Sang unnoticed like a bird:
'Though the Door of Death is near
And what waits behind the door,
Three times in a single day
I, though upright on the shore,
Fall asleep when I should pray.'

- 재생에 대한 견해를 천명한 시. 당시의 접신학회接神學會 또는 신지학회神智學會, Theosophical Society의 견해와 달라 뜨거운 논쟁을 불러일으켰다.(*NC* 116)
- 중심적인 논의는 예이츠의 초기 '황금여명회'Hermetic Order of the Golden Dawn 시절의 동양의 지혜.(Thurley 64)
- 내세에 대한 추상적인 명상의 휘황함의 비유담.(Albright 534)
- 세 등장인물인 은둔자들은 인간의 가엾은 모습들.(Thurley 64) 하지만 그들의 대화내용은 본질적으로 성인들의 대화 같다.(Rosenthal 105)
- 영국 서식스Sussex 주의 한 집(Stone Cottage)에 세 들어 살면서 한동안 비서로 있었던(1913-1915) 에즈라 파운드Ezra Pound(1885-1972)의 영향을 받은 문체의 작품.(*NC* 116)
- 두 거지가 화신化身에 대한 논쟁을 하고, 늙은 거지 한 사람은 말없이 새처럼 노래한다는 줄거리. 처음의 두 사람은 그들의 대화로 봐서 이승에 묶여 있는 반면에, 셋째 사람은 노래로써 이승에서 벗어난다는 줄거리.(Albright 534)

세 은둔자

늙은 세 은둔자가 차갑고 황량한
바닷가에서 바람을 쐬었다.
첫째 은둔자가 중얼중얼 기도를 드렸다.
둘째 은둔자가 벼룩을 잡으려 옷을 뒤졌다.
셋째 은둔자는 백 살이라 현기증이 나서
바람 센 바위 위에 앉아
들릴 듯 말 듯 새처럼 중얼중얼 노래했다.
"'죽음의 문'이 가까이 있고,
문 뒤에는 무엇인가 기다리고 있지만,
나는 하루에 세 번씩
기도해야 할 때는
해안에 꼿꼿이 서있어도 잠이 와요.'

- 3행의 첫째 은둔자는 태만죄로 고통을 받는 자.(Unterecker 122) 지나친 의식의 저주를 받아 이상이나 계시를 추구하느라 삶을 헛되게 희생한 사람.(Rosenthal 105)
- 4행의 둘째 은둔자는 태평스러운 낙관론자.(Unterecker 122)
- 5행의 셋째 은둔자는 다른 두 사람과는 달리 예이츠가 축복이라고 간주하는 환상적인 희열visionary gaiety에 이미 도달한 사람.(Unterecker 122)
- 7행의 새처럼 … 노래했다는 것은 인간이 더 높은 차원으로 올라갈 때 새로 화한다는 상상력의 표현이다. 예이츠의 작품에서 많은 예를 볼 수 있다.(Albright 534-535) / 7행의 원문 끝의 콜론(1950년의 전집 제2판, 1956년의 결정판)은 마침표라야 한다고 올브라이트Albright는 주장했다. 그 근거는 8-12행의 언설은 셋째 은둔자의 것이 아니기 때문이라는 것.(Albright 535)
- 10-11행의 하루에 세 번씩 기도해야 할 때는 가톨릭교회의 삼종기도(아침, 정오, 저녁 시간의 기도)를 말한다.(역자)

So the first, but now the second:
'We're but given what we have earned
When all thoughts and deeds are reckoned,
So it's plain to be discerned
That the shades of holy men
Who have failed, being weak of will,
Pass the Door of Birth again,
And are plagued by crowds, until
They've the passion to escape.'
Moaned the other, 'They are thrown
Into some most fearful shape.'
But the second mocked his moan:
'They are not changed to anything,
Having loved God once, but maybe
To a poet or a king
Or a witty lovely lady.'
While he'd rummaged rags and hair,
Caught and cracked his flea, the third,
Giddy with his hundredth year,
Sang unnoticed like a bird.

1913

- 18행의 둘째 은둔자의 탄생의 문을 다시 통과한다는 말은 힌두교에서 말하듯이 현세에서 완전하지 못한 인간은 완전한 인간이 되어 열반에 도달하게 되도록 사후에 다시 태어나게 한다는 것.(Thurley 64)

첫째가 그렇게 말하자, 이제 둘째가,
'생각과 한 일을 모두 따져보면
우리가 한 만큼 받을 뿐이지요.
그러니까 의지가 약해서 실패한
거룩한 사람들의 망령들이
탄생의 문을 다시 통과하여
수난을 당하고 생을 벗어날 때까지
군중에게 시달리게 된다는 것은
분간하기 어려운 것은 아니지요.'
상대방 은둔자가 신음하듯 말했다.
'그들은 아주 무시무시한 것으로 변하지요.'
그러나 둘째 은둔자가 비꼬아 말했다.
'그들은 한때 하느님을 사랑했으니까
딴 것으로 변하는 것이 아니라
시인이나 왕으로
혹은 재치 있는 예쁜 여인으로 변할 거요.'
둘째 은둔자가 누더기 옷과 머리를 뒤져
벼룩을 잡아 죽이는 동안,
셋째 은둔자는 나이 백 살로 현기증이 나서
들릴 듯 말 듯 새처럼 중얼중얼 노래했다.

1913. 3. 5.

- 19행의 수난passion은 약한 의지를 뛰어넘는 아주 거룩한 긍정적인 의미.(Thurley 65)

Beggar to Beggar Cried

'Time to put off the world and go somewhere
And find my health again in the sea air,'
Beggar to beggar cried, being frenzy-struck,
'And make my soul before my pate is bare.'

'And get a comfortable wife and house
To rid me of the devil in my shoes,'
Beggar to beggar cried, being frenzy-struck,
'And the worse devil that is between my thighs.'

'And though I'd marry with a comely lass,
She need not be too comely—let it pass,'
Beggar to beggar cried, being frenzy-struck,
'But there's a devil in a looking-glass.'

'Nor should she be too rich, because the rich
Are driven by wealth as beggars by the itch,'

- 1910년에 시작된 한 여인(Mabel Dickinson)과의 얼마간의 관계가 암시되어 있는 작품. 예이츠가 쿨 파크에 머물고 있을 때 그녀에게서 임신했다는 전보를 받았다. 그 전보 내용은 허위라는 사실이 나중에 드러났다. 이런 일로 해서 그레고리 여사는 예이츠의 안정을 위해 바람직한 결혼을 권유했다.(Jaffares 175-176)

거지가 거지에게 외쳤다

'세상사 훌훌 털어버리고 어디론가 가서
바닷바람을 쐬면서 건강을 되찾고,
머리가 비기 전에 죽음준비 해야 할 때야.' 하고
광기에 찬 거지가 거지에게 외쳤다.

'그리고 편하게 해줄 아내를 얻고 집을 장만해
내 신발 속 저 망할 놈을 쫓아내고,
그보다 골치 아픈 허벅지 사이 저 놈을 없애야 할 때.' 하고
광기에 찬 거지가 거지에게 외쳤다.

'그래서 한 예쁜 아가씨와 결혼하고 싶지만,
그 여자가 너무 예쁠 것까지는 없지—그건 그렇고.
하지만 거울 속에는 마귀 한 마리가 있네.' 하고
광기에 찬 거지가 거지에게 외쳤다.

'그 여자는 돈이 너무 많으면 안 돼.
부자는 거지가 이에 쫓기듯 돈에 쫓겨 다니고,

- 3행의 죽음준비 운운은 원문의 'make my soul'의 번역. 아일랜드 사람들의 표현.(*NC* 117)
- 10행의 너무 예쁠 것까지는 없지라는 말은 「딸을 위한 기도」A Prayer for my Daughter 17-19행의 진술과 유사하다.
- 11행의 거울 속에는 … 있네라는 말은 「나무의 두 모습」The Two Trees 21-23행 참조.

Beggar to beggar cried, being frenzy-struck,
'And cannot have a humorous happy speech.'

'And there I'll grow respected at my ease,
And hear amid the garden's nightly peace,'
Beggar to beggar cried, being frenzy-struck,
'The wind-blown clamour of the barnacle-geese.'

1914

유머 있는 즐거운 대화가 불가능하니까.' 하고
광기에 찬 거지가 거지에게 외쳤다.

'그러면 나는 걱정 없이 점차 존경받게 될 거고,
밤마다 평화로운 정원에서 바람에 실려 오는
흑기러기들의 요란한 소리를 듣게 될 거야.' 하고
광기에 찬 거지가 거지에게 외쳤다.

1913. 3. 5.

- 19행의 흑기러기들의 요란한 소리는 거지의 계획에는 적절한 종결. 「고담준론」High Talk 12행에 기러기가 나온다.(Albright 536)

Running to Paradise

As I came over Windy Gap
They threw a halfpenny into my cap,
For I am running to Paradise;
And all that I need do is to wish
And somebody puts his hand in the dish
To throw me a bit of salted fish:
And there the king is *but as the beggar.*

My brother Mourteen is worn out
With skelping his big brawling lout,
And I am running to Paradise;
A poor life, do what he can,
And though he keep a dog and a gun,
A serving-maid and a serving-man:
And there the king is *but as the beggar.*

- 자유로운 초월적인 정신을 표현했다.(Rosenthal 104)
- 1행의 바람 고개의 원문은 'Windy Gap'. 아일랜드 서북부의 여러 곳에 있는 지명. 두 산 사이의 바람 센 고갯길.(*NC* 117) / 골웨이 만Galway Bay 남쪽의 산속 계곡. 게일어로 'Gleannna-Gae'.(Albright 536)

천국으로 달려감

내가 '바람 고개'를 넘어올 때
사람들이 내 모자에다 반 페니를 던져 주었다.
내가 천국으로 달려가고 있으니까.
그래서 내가 필요로 하는 것은 기도하는 것뿐.
그러면 누군가가 집시에 한 손 넣어
절인 생선 한 토막을 던져 준다.
헌데 *거긴* 왕도 *거지와 마찬가지.*

내 아우 무르틴은 시골의 몸집 큰
시끄러운 녀석을 두들기느라 지쳐 있고,
나는 천국으로 달려가고 있다.
가엾은 놈, 할 수 있는 건 해보라지.
개 한 마리, 총 한 자루 가졌고,
시중드는 아가씨와 사내가 하나 있긴 하지만.
헌데 *거긴* 왕도 *거지와 마찬가지.*

- 7행 후렴의 거긴은 천국. 후렴은 이탤릭체이지만 그중 동사 'is'만은 그렇지 않은 것은 '존재한다'는 뜻으로 강조하기 위해서이다.(Unterecker 123) 그러나 번역에서는 그런 속뜻을 살릴 수가 없어 무시했다.(역자) / 이 말은 성서에 있는 말로, 『흠정성서』*King James Bible*에 'is'를 이탤릭체로 해놓은 예를 따라 글씨체를 그 반대로 한 것.(Albright 536)
- 8행의 무르틴의 원문은 'Mourteen'. 아일랜드 농부의 흔한 이름. 'Martin'과 유사하다.(Conner 127)

Poor men have grown to be rich men,
And rich men grown to be poor again,
And I am running to Paradise;
And many a darling wit's grown dull
That tossed a bare heel when at school,
Now it has filled an old sock full:
And there the king is *but as the beggar.*

The wind is old and still at play
While I must hurry upon my way
For I am running to Paradise;
Yet never have I lit on a friend
To take my fancy like the wind
That nobody can buy or bind:
And there the king is *but as the beggar.*

1914

가난한 사람들이 부자가 되고
부자가 다시 가난뱅이 되었는데,
나는 천국으로 달려가고 있다.
학교 다닐 때 뒤꿈치를 드러낸
귀염둥이 재주꾼이 멍청해져,
이젠 헌 양말에 돈을 가득 채웠네.
헌데 *거긴 왕도 거지와 마찬가지.*

내가 갈 길을 재촉해야 할 동안
바람은 예전처럼 여전히 불고 있다.
내가 천국으로 달려가고 있으니까.
하지만 아무도 돈으로 사거나 잡아둘 수 없는
바람처럼 마음에 드는 친구
한 사람도 만나본 적 없네.
헌데 *거긴 왕도 거지와 마찬가지.*

1913. 9. 20.

• 18행의 뒤꿈치를 드러낸은 런던에서의 어린 시절, 예이츠가 양말 뒤꿈치의 구멍 난 자리를 감추기 위하여 발뒤꿈치에다 잉크를 칠했던 사건과 연관된다.(*NC* 118)

The Hour before Dawn

A cursing rogue with a merry face,
A bundle of rags upon a crutch,
Stumbled upon that windy place
Called Cruachan, and it was as much
As the one sturdy leg could do
To keep him upright while he cursed.
He had counted, where long years ago
Queen Maeve's nine Maines had been nursed,
A pair of lapwings, one old sheep,
And not a house to the plain's edge,
When close to his right hand a heap
Of grey stones and a rocky ledge
Reminded him that he could make,
If he but shifted a few stones,
A shelter till the daylight broke.

- 조급하게 천국으로 달려가는 「천국으로 달려감」Running to Paradise의 주인공과는 달리, 느긋하게 잠자면서 시간이 영원으로 내닫게 하는 거지의 자세를 그렸다.(Albright 537)
- 농촌의 민담을 소재로 한 작품. 예이츠는 두 거지의 논쟁에 어느 편에도 서지 않았다. (Unterecker 123-124)
- 거지를 동원한 우의적인 시.(Thurley 65)
- 걸인에 관한 시 중 가장 야심적인 작품.(Bloom 173)

날이 새기 전

명랑한 얼굴로 욕지거리해 대는 녀석,
목발에 걸친 누더기 한 뭉치가
크루어컨이라는 바람 센 곳에서
넘어질 뻔했는데, 그건 마치
욕지거리하면서 튼튼한 한쪽 발로
겨우 몸을 가눌 수 있는 정도였다.
그는 옛적에 메브 여왕의
아홉 아들 형제 '마이니'들이 양육된 곳에서
한 쌍의 푸른 도요, 한 마리 늙은 양을 세어본 적 있었지만
들판 가장자리 집 한 채는 세지 못했다.
그때 그의 오른손 곁에 있는
회색 돌더미와 튀어나온 바위를 보고
돌 몇 개를 옮기기만 하면
동이 틀 때까지 몸을 의탁할 자리를
만들 수 있으리란 생각이 들었다.

- 3행의 크루어컨은 'Cruachan'의 표기. 로스코먼 주Co. Roscommon에 있는, 평지에 둘러싸인 작은 언덕. 코넛Connacht의 여왕 메브Maeve의 도읍으로 추정되는 곳.(*NC* 118)
- 7행의 메브 여왕은 아일랜드의 전설적인 여왕. 아일랜드 상왕High King의 딸. 남편 올릴Ailell과 함께 아일랜드 서부지역을 다스렸다. 남편과 얼스터Ulster를 공격한 것으로 유명하다.
- 8행의 아홉 아들 형제 '마이니'들은 메브 여왕과 올릴 사이의 아들들. 이름이 같아 수 어미를 붙였다(Maines). 아홉이 아니라 실은 일고여덟 명이라고 한다.(*NC* 118)

But while he fumbled with the stones
They toppled over; 'Were it not
I have a lucky wooden shin
I had been hurt'; and toppling brought
Before his eyes, where stones had been,
A dark deep hollow in the rock.
He gave a gasp and thought to have fled,
Being certain it was no right rock
Because an ancient history said
Hell Mouth lay open near that place,
And yet stood still, because inside
A great lad with a beery face
Had tucked himself away beside
A ladle and a tub of beer,
And snored, no phantom by his look.
So with a laugh at his own fear
He crawled into that pleasant nook.

'Night grows uneasy near the dawn
Till even I sleep light; but who
Has tired of his own company?

그러나 그가 서투르게 다루는 바람에
돌 몇 개가 굴러떨어졌다.
'행운의 나무 정강이가 없었으면 다칠 뻔했다.'
그리고 돌무더기가 무너지는 통에
그 자리에 캄캄하고 깊숙한 구멍 하나가
바위 속에 나있는 것이 보였다.
그는 예사 바위가 아니라는 확신으로
숨이 막혀 도망칠 생각을 했다.
왜냐하면 옛날 얘기에 의하면
그 근방에 지옥 입이 벌리고 있다고 했으니까.
그렇긴 하지만 그는 그대로 서있었다.
왜냐하면 그 안에 맥주에 취한
큼직한 얼굴의 청년 한 사람이
술 국자와 맥주통 옆에 웅크리고 코를 골고 있었다.
얼굴 모습으로 보아 허깨비는 아니었다.
그리하여 그는 겁먹은 자신에 실소하면서
구석진 쾌적한 그곳으로 기어 들어갔다.

'새벽이 가까워지니 밤이 뒤숭숭해지는군.
그래도 나는 살짝 잠이 드네.
하지만 자신과 벗 삼는 것을 누가 지겨워했던가?

- 25행의 지옥 입은 크루어컨의 동굴the Cave of Cruachan로 아일랜드의 지옥문으로 알려져 있다.(*NC* 118)

What one of Maeve's nine brawling sons
Sick of his grave has wakened me?
But let him keep his grave for once
That I may find the sleep I lost.'

'What care I if you sleep or wake?
But I'll have no man call me ghost.'

'Say what you please, but from daybreak
I'll sleep another century.'

'And I will talk before I sleep
And drink before I talk.'
And he
Had dipped the wooden ladle deep
Into the sleeper's tub of beer
Had not the sleeper started up.

'Before you have dipped it in the beer
I dragged from Goban's mountain-top
I'll have assurance that you are able
To value beer; no half-legged fool

싸움질 좋아하던 메브의 아홉 아들 형제 중
누가 제 무덤에 넌더리나서 나를 깨웠지?
그렇지만 내가 잃어버린 그 잠을 찾을 수 있도록
한 번만이라도 제 무덤을 지키고 있게 놔둬.'

'당신이야 자든 말든 내가 무슨 상관이오?
하지만 날 유령이라 부르면 가만두지 않겠소.'

'마음대로 말하세요. 그렇지만 동이 틀 때부터
난 또 한 세기를 잘 거요.'

'그리고 잠들기 전에 말을 하고
말하기 전에 술을 마시리다.'
그리고 그는
잠자는 자가 깜짝 놀라 벌떡 일어나지 않았더라면
맥주 술통 깊숙이
그 술 뜨는 나무 국자를 집어넣었으리라.

'가우왠의 산꼭대기에서 끌고 온
그 맥주 속에다 국자를 집어넣기 전에
당신이 맥주의 가치를 아는지 알아봐야겠소.
새벽이 되기 전 늦잠 자는 시간에

• 49행의 가우왠은 'Goban'의 표기. 그는 아일랜드의 요정인 다난Dannan 족에게 무기를 만들어 준 대장장이. 술을 빚기도 했다. 「그레 록」The Grey Rock 10행 주 참조.

Shall dip his nose into my ladle
Merely for stumbling on this hole
In the bad hour before the dawn.'

'Why, beer is only beer'
'But say
'I'll sleep until the winter's gone,
Or maybe to Midsummer Day,'
And drink, and you will sleep that length.'

'I'd like to sleep till winter's gone
Or till the sun is in his strength.
This blast has chilled me to the bone.'

'I had no better plan at first.
I thought to wait for that or this;
Maybe the weather was accursed
Or I had no woman there to kiss;
So slept for half a year or so;
But year by year I found that less
Gave me such pleasure I'd forgo
Even a half-hour's nothingness,

이 구덩이에 빠졌다는 단지 그런 이유로
나의 술 뜨는 국자에다 어떤 외다리 바보라도
그의 코를 갖다대게 하지는 않을 테요.'

'뭐라고요, 술은 술일 따름인데.'
'그렇거든
'겨울이 끝날 때까지 잠을 자든가,
한여름까지 잠자셨나.' 밀하고 마셔 봐요.
그렇게 하면 당신은 그만큼 오래 잠잘 것이오.'

'난 겨울이 다 갈 때까지나
태양이 힘을 쓸 때까지 자고 싶소.
이 질풍이 뼛속까지 오싹하게 했거든.'

'처음에 나도 달리 더 좋은 방도가 없었소.
나는 이것저것 기다려 볼까 했소.
날씨가 저주받았든지 아니면
거기서 내가 키스할 여인이 없었던 거지요.
그래서 반 년 정도 잠만 잔 것이지요.
그러나 해를 거듭함에 따라 알게 되었소,
그런 즐거움도 점점 줄어들어
단 반 시간의 무위조차 삼가곤 함을.

- 58행의 한여름은 'Midsummer Day'의 번역.(역자) 6월 24일은 세례 요한 축일. 하지 이틀 뒤에 해당한다.(*NC* 118)

And when at one year's end I found
I had not waked a single minute,
I chose this burrow under ground.
I'll sleep away all time within it:
My sleep were now nine centuries
But for those mornings when I find
The lapwing at their foolish cries
And the sheep bleating at the wind
As when I also played the fool.'

The beggar in a rage began
Upon his hunkers in the hole,
'It's plain that you are no right man
To mock at everything I love
As if it were not worth the doing.
I'd have a merry life enough
If a good Easter wind were blowing,
And though the winter wind is bad
I should not be too down in the mouth
For anything you did or said
If but this wind were in the south.'

그리고 한 해가 지난 뒤 나는 단 일 분도
깨어 있지 않았다는 걸 발견하고서는
지하의 이 동굴을 선택한 것이오.
나는 그 속에서 모든 시간을 잠자면서 보낼 거요.
내 잠은 이제 구백 년이 되었을 거요.
푸른 도요새들이 바보처럼 울어 젖히고
나 역시 바보짓을 했을 때처럼
양들이 바람 향해 울부짖는 것을 발견하는
그런 아침나절들이 없었더라면 말이오.'

거지 양반은 구덩이에 쪼그리고 앉아서
화를 내며 말을 시작했다.
'이건 분명해요. 내가 사랑하는 모든 걸
그만한 가치가 없는 일인 것처럼 조롱하기엔
당신이 적절한 사람이 못 된다는 것 말이오.
만약 멋진 부활절 바람이 불어 온다면
나는 아주 즐거운 삶을 누릴 것이오.
그리고 겨울바람이 좋지는 않지만
나는 당신이 한 일이나 말한 것 때문에
크게 낙담하지는 않을 거요.
만약 이 바람이 남쪽 바람이기만 하다면 말이오.'

• 85행의 멋진 부활절 바람은 3월 22일부터 4월 25일 사이의 부활절 시기에 부는 바람. 아일랜드의 3월 바람은 춥기로 유명하다.(*NC* 118)

'You cry aloud, O would 'twere spring
Or that the wind would shift a point,
And do not know that you would bring,
If time were suppler in the joint,
Neither the spring nor the south wind
But the hour when you shall pass away
And leave no smoking wick behind,
For all life longs for the Last Day
And there's no man but cocks his ear
To know when Michael's trumpet cries
That flesh and bone may disappear,
And souls as if they were but sighs,
And there be nothing but God left;
But I alone being blessèd keep
Like some old rabbit to my cleft
And wait Him in a drunken sleep.'
He dipped his ladle in the tub
And drank and yawned and stretched him out,
The other shouted, 'You would rob

- 93행의 시간의 관절 운운하는 것은 시간은 외다리의 유랑인 같은 늙은 절름발이라는 것.(Albright 537)
- 98-103행은 시간의 수레바퀴에서 벗어나기보다는 삶에 다시 역점을 두는 대목. (Whitaker 66)

'봄이 오거나 바람 방향이 1도라도 달라지면
참 좋겠다고 당신은 큰소리로 떠드는데,
시간의 관절이 더 연해진다 하더라도
당신은 봄도 남풍도 가지고 오지 못할 것이고,
이 세상을 하직하면서 당신은
연기가 날 양초 심지를 남겨 놓지도 못할
그런 시간밖에 가지고 오지 못하리란 것을 모르시는군.
왜냐하면 모든 생명은 최후의 날을 동경하는 법.
그리고 살과 뼈가 사라지고
영혼들은 마치 한숨소리에 불과하며
남은 것이라곤 하느님밖에는 없으리라는
미카엘 천사의 나팔 소리가 언제 나는가를 알고자
귀를 쫑긋하지 않는 사람은 없을 테니까.
그렇지만 나는 나 혼자만이 축복을 받아
어느 늙은 토끼처럼 굴속에 칩거하고서
술취해 잠자면서 그분을 기다리고 있는 거죠.'
그는 술 국자를 술통에다 집어넣어 퍼마시고
하품하더니 팔을 뻗어 그를 힘껏 밀어내었다.
상대방이 고함쳤다. '당신은 내 인생에서

- 102행의 미카엘 천사의 나팔은 최후의 심판 날에 분다.
- 106행은 소극적인 자세를 말한다.(Albright 537)

My life of every pleasant thought
And every comfortable thing,
And so take that and that.' Thereon
He gave him a great pummelling,
But might have pummelled at a stone
For all the sleeper knew or cared;
And after heaped up stone on stone,
And then, grown weary, prayed and cursed
And heaped up stone on stone again,
And prayed and cursed and cursed and fled
From Maeve and all that juggling plain,
Nor gave God thanks till overhead
The clouds were brightening with the dawn.

1914

온갖 즐거운 생각과 편안하게 해주는
온갖 것을 모두 빼앗아 가려고 하는군.
그래서 이것저것 다 차지하려 드는군.'
그 말을 하고는 주먹으로 크게 한 대 쳤다.
하지만 잠자는 그자의 지식이나 관심거리 대신에
돌덩이에 대고 쳤을지도 몰랐다.
그러고는 돌덩이에 돌덩이를 쌓아 올린 뒤에
지친 나머지 기도하고 저주하고는
다시 돌에다 돌을 쌓아 올리고는
기도하고 저주하고 저주하다가
메브와 요술 부리는 그 들판으로부터 빠져나왔다.
그는 하느님께 감사의 뜻도 표하지 않았다.
동이 터서 머리 위 구름들이 밝게 빛나기까지는.

1913. 10. 19.

- 120행의 빠져나왔다는 꿈에서 현실세계로 돌아옴을 말한다.(Unterecker 123)

Two Songs of a Fool

I

A speckled cat and a tame hare
Eat at my hearthstone
And sleep there;
And both look up to me alone
For learning and defence
As I look up to Providence.

I start out of my sleep to think
Some day I may forget
Their food and drink;

• 예이츠의 후기 시에서 어릿광대the Fool의 성격은 무척 중요하다. 예이츠는『비전』에서 그 성격을 다음과 같이 규정하고 있다.
'그는 바람에 날리는 지푸라기. 마음이 없고 바람만 있을 뿐, 행위는 없고 정처 없이 떠돌아다닐 뿐인데, 때로는 '하느님의 아들'The Child of God이라고 불리기도 한다. 신통치 못할 때는 그의 손발과 눈, 그의 의지와 감정은 알 수 없는 무의식의 환상에 복종하고, 그 반면에 신통할 때는 온갖 지혜를 터득하곤 한다. 자연계가 그의 마음에다 그가 필요로 하는 것들과는 관계 없는, 심지어 그의 욕구와는 관계가 없는 그림과 사건을 슬그머니 제시한다. 그의 생각은 목적 없는 환희이다. 그의 행동은 그의 생각과 마찬가지로 목적이 없다. 그리하여 그가 즐거움을 발견하는 것은 이러한 무목적성에 있다.'(Unterecker 153-154)

어릿광대의 노래 두 편

I

얼룩배기 고양이와 길들인 산토끼가
나의 난롯가에서 먹고
거기서 잠을 잔다.
그리고 내가 '신의 섭리'를 올려다보듯
둘은 학습과 방어를 위해
나만 쳐다본다.

나는 잠자다 말고 생각한다.
그들의 먹이와 마실 걸
어느 날 잊어버릴지도 모른다고.

- 달의 제28상을 위해서 쓴 시 두 편 중의 하나. 또 한 편은「또 한 편의 어릿광대에 관한 노래」Another Song of a Fool.(Unterecker 153)
- 제목의 어릿광대는 현자를 희화한 인물. 자신에게 부과된 것이면 아무리 사소한 일이라도 소홀히 하지 않으려는 책임감에 쩔쩔 매는 사람.(Albright 598)
- I부는 결혼 후에 이줄트 곤에 대한 책임감을 느끼면서 은근히 걱정하는 것이 배경에 깔려 있는 작품. 책임감에 대한 '어릿광대'의 고심.(Rosenthal 198)
- 1행의 얼룩배기 고양이와 길들인 산토끼는 제퍼레스Jeffares에 의하면 예이츠 부인과 가엾게도 떠돌아다니는 잊혀진 이줄트 곤을 가리킨다.(*NC* 181; Unterecker 154)
- 4행의 신의 섭리는 'Providence'의 번역.(역자)
- 4-6행은 어릿광대의 책임감에 대한 언급.(역자)
- 5행의 방어는 신변의 위험 관련 사항. 구체적인 예는 다음의 10-12행.(역자)

Or, the house door left unshut,
The hare may run till it's found
The horn's sweet note and the tooth of the hound.

I bear a burden that might well try
Men that do all by rule,
And what can I
That am a wandering-witted fool
But pray to God that He ease
My great responsibilities?

1919

- 11행의 뿔피리는 뿔을 이용해 만든 피리. 사냥꾼이 사냥개에게 신호를 보내는 도구.
- 11행과 12행의 감미로운 가락과 사냥개의 이빨은「또 한 편의 어릿광대에 관한 노래」의 9행에서 말하는 '감미롭고 가혹하게'와 상통하는 말.(Unterecker 154)

혹은, 문을 잠그지 않아,
산토끼가 뛰어나가 뿔피리의 감미로운 가락과
사냥개의 이빨을 발견할지 모른다고.

나는 매사를 규칙대로 행하는 자들이
되어볼 만하다는 그런 부담을 갖고 있다.
그런데 역마살 낀 어릿광대인 내가
나의 무거운 책임들을 가볍게 해달라고
하느님께 기도하는 것 외에
달리 무엇을 할 수 있겠는가?

1918. 7 - 9.

- 14행의 부담은 짐.(Albright 598) / 책임감.(역자)

II

I slept on my three-legged stool by the fire,
The speckled cat slept on my knee;
We never thought to enquire
Where the brown hare might be,
And whether the door were shut.
Who knows how she drank the wind
Stretched up on two legs from the mat,
Before she had settled her mind
To drum with her heel and to leap?
Had I but awakened from sleep
And called her name, she had heard,
It may be, and had not stirred,
That now, it may be, has found
The horn's sweet note and the tooth of the hound.

1919

• II부는 I부보다 더 염려되는 상황이다.(역자)

II

나는 난롯가의 삼발의자 위에서 잤다.
얼룩배기 고양이가 내 무릎 위에서 잤다.
우리는 갈색 산토끼가 어디에 있을까 하거나,
문이 잠겨 있는지 어떤지를
꼬치꼬치 생각해보지 않았다.
누가 알겠나, 산토끼가 발꿈치를 동동 굴러
뛰어나갈 작정을 하기 전,
매트에서 두 발을 딛고 기지개를 켜
바람을 어떻게 마셨는지를?
내가 잠에서 깨어나
산토끼 이름을 부르기만 했더라도,
아마 듣고 꼼짝하지 못했을 텐데.
어쩌면 지금 뿔피리의 감미로운 가락과
사냥개의 이빨을 발견했을지도 모르리라.

1918. 7 - 9.

- 2행의 내 무릎 위에서 잤다는 것은 고양이가 자기 부인처럼 실제로 무릎 위에서 잤음을 말한다.(Unterecker 154)
- 9행의 바람을 마셨다는 것은 길들인 산토끼가 아직도 야성을 지니고 있음을 말한다.(Rosenthal 258)

Another Song of a Fool

This great purple butterfly,
In the prison of my hands,
Has a learning in his eye
Not a poor fool understands.

Once he lived a schoolmaster
With a stark, denying look;
A string of scholars went in fear
Of his great birch and his great book.

Like the clangour of a bell,
Sweet and harsh, harsh and sweet,
That is how he learnt so well
To take the roses for his meat.

[Summer 1918]

- 제목의 어릿광대Fool의 성격은『비전』에서 명확하게 규정한 바 있다. 예이츠의 후기 시에 중요한 구실을 하는 인물. 바로 앞의「어릿광대의 노래 두 편」Two Songs of a Fool I부의 주 참조.
- 앞의 작품「어릿광대의 노래 두 편」과 함께 달의 제28상을 위해서 쓴 것.(Unterecker 153)
- 희곡『모래시계』*The Hour-Glass*(1914)의 마지막 주제를 발전시킨 작품.(Albright 598)

또 한 편의 어릿광대에 관한 노래

내 두 손 안에 잡혀 있는
큼직한 이 보랏빛 나비는
가엾은 어릿광대가 아니면 이해 못하는
지식을 눈에 간직하고 있어요.

한때 그는 학교 선생님으로 살았지,
접근하기 어려운 굳은 모습.
학생들은 그의 큼직한 회초리와
큼직한 책을 무서워하면서 갔겠지.

요란한 종소리처럼, 감미롭고 가혹하게,
가혹하고 감미롭게,
그게 장미꽃들을 먹이로 알게끔
그가 그렇게 잘 배웠던 방식이다.

1919 발표

- 2행의 나비는 「톰 오로클리」Tom O'Roughley 주 참조. 거기서는 넓은 영역의 사상을 갖춘 지혜를 상징한다.(*NC* 181) / 『모래시계』의 주인공 '현자'Wise Man가 죽자 그의 입에서 흰 나비가 나왔다. 이를 어릿광대가 잡아 황금상자에 넣었는데, 천사가 그것을 낙원으로 가지고 갔다. 나비는 영혼의 옛 상징. 예이츠는 그 연극에서 나비를 현학적인 학문으로부터의 즐거운 탈출과 연관시켰다. 『비전』에서 나비는 학교선생(지식인)의 영혼이 달의 제28상과 1상 사이의 끝을 지나가서 되는 대로 자연으로 변하여 무지하게 된다.(Albright 598)
- 5행의 학교 선생님은 『모래시계』의 주인공인 '현자'.

The Hero, the Girl, and the Fool

The Girl. I rage at my own image in the glass
That's so unlike myself that when you praise it
It is as though you praised another, or even
Mocked me with praise of my mere opposite;
And when I wake towards morn I dread myself,
For the heart cries that what deception wins
Cruelty must keep; therefore be warned and go
If you have seen that image and not the woman.

The Hero. I have raged at my own strength because
you have loved it.

The Girl. If you are no more strength than I am beauty
I had better find a convent and turn nun;
A nun at least has all men's reverence
And needs no cruelty.

The Hero. I have heard one say

• 1922년에 처음 발표했을 때의 제목은 'Cuchulain The Girl and the Fool'. 18-29행을 뽑아 따로 제목을 붙여('The Fool by the Roadside') 시 전집에 넣어 놓았다가 1956년의 결정판에 다시 전문을 수록하되 제목의 특정인 'Cuchulain' 대신 'The Hero'로 바꾸었다.

영웅과 아가씨, 그리고 어릿광대

아가씨. 거울에 비친 내 모습 화가 나요.
그건 나와 하도 달라서 당신이 칭찬할 때
당신이 딴 사람을 칭찬하거나 심지어,
나와는 반대의 것을 찬양하고 날 조롱하는 것 같아요.
그리하여 아침에 잠이 깰 때 내 자신이 두려워요.
속임수가 이기려면 잔인해야 한다고 심장이 울부짖으니까요.
그러니 당신이 그 이미지만을 보고 그 속의 여자를 보지 못하면
야단맞고 돌아가요.

영웅. 나는 내 힘에 화가 났소,
당신이 그걸 좋아했으니까.

아가씨. 내가 예쁘지 못하듯 당신이 힘이 없으면
나는 수도원을 찾아가 수녀 되는 게 낫겠어요.
수녀는 적어도 모든 남성의 존경을 받고
잔인함도 필요 없지요.

영웅. 나도 사람들이 하는 말 들었소,

• 1-17행은 예이츠와 이줄트 곤 사이의 상상적인 대화. 단 대화자는 '아가씨'The Girl와 '영웅'The Hero.(*NC* 257)

That men have reverence for their holiness
And not themselves.

The Girl. Say on and say
That only God has loved us for ourselves,
But what care I that long for a man's love?

The Fool by the Roadside. When all works that have
From cradle run to grave
From grave to cradle run instead;
When thoughts that a fool
Has wound upon a spool
Are but loose thread, are but loose thread;

When cradle and spool are past
And I mere shade at last
Coagulate of stuff
Transparent like the wind,
I think that I may find
A faithful love, a faithful love.

- 16행은「앤 그레고리에게」For Anne Gregory 15-16행 참조.(*NC* 490)
- 19행의 그 대신은 그와 반대로의 뜻.(역자)

남자들은 그들의 성스러움을 존경하지
그들 자신은 아니라는 말을.

아가씨. 말해 봐요, 말해요,
하느님만이 우리 자신을 위하여 사랑했다는 말을.
하지만 그렇게나 오랫동안 왜 한 남자한테 마음 두었겠어요?

길가의 어릿광대. 요람에서 무덤까지 달려갔던
모든 일이 그 대신
무덤에서 요람으로 달려갈 때,
어릿광대가 실감개에 감았던 생각이
풀린 실에 불과할 때,
풀린 실에 불과할 때,

요람과 실감개가 지나가고
마침내 그림자에 불과한 내가
바람처럼 투명한 것으로
굳어질 때,
나는 충실한 연인을,
충실한 연인을 발견할지 모르리.

1922 발표

- 24행의 실감개는 플라톤의『국가』에 나오는 물레 가락을 상기시킨다.(*NC* 257)
- 24-27행은 죽고 난 뒤를 말한다.(역자)

예이츠의 고장 슬라이고Sligo

슬라이고는 예이츠의 증조부가 드럼클리프 교구의 목사로 임명되면서 최초로 인연을 맺은 곳이다. 예이츠는 더블린에서 태어난 뒤 얼마 안 돼 가족과 함께 영국으로 건너가지만 어린 시절 많은 시간을 외가가 있는 슬라이고에서 보냈다. 슬라이고 서쪽에는 대서양이, 북쪽과 남쪽에는 각각 불벤 산Ben Bulben과 녹내리 산Knocknarea이, 동쪽에는 길 호수Lough Gill가 자리하고 있다. 이러한 지리적인 특징으로 예이츠가 살던 당시까지도 이 지역은 많은 신화와 전설을 간직하고 있었다.

로시즈 곶Rosses Point

예이츠 외가의 여름 별장이 있었던 로시즈 곶 해변가.
뒤로는 길게 뻗은 불벤 산의 머리 부분이 보인다. '로시즈'는 아일랜드 말로 곶이나 반도라는 뜻이다. 이 곶의 작은 바위 위에서 잠들면, 요정이 혼을 빼앗아가 버리기 때문에, 눈을 뜨면 바보가 되어버린다는 전설이 있다.

쿠흘린 조각상Statue of Cuchulain

쿠흘린은 아일랜드 전설의 위대한 영웅으로, 일설에 의하면 다난Danaan족의 태양신Lugh을 아버지로 하는, 초자연적인 능력을 가진 반신반인이다. 1916년 부활절 봉기의 영도자 패트릭 피어스가 독립전쟁을 승리로 이끄는 영웅의 상징으로서 그를 숭배하였다. 1934년 아일랜드 정부는 부활절 봉기의 사령부였던 중앙우체국 홀에 쿠흘린 조각상을 세웠다. 예이츠의 시에서 쿠흘린은 예이츠 자신의 인격이 투영된 마스크이기도 하다.

1913년의 애비극장The Abbey Theatre

더블린의 애비 가에 위치, 거리 이름을 따서 1904년에 개관한 극장이다. 1889년 예이츠와 조지 무어 및 에드워드 마틴이 결성한 아일랜드 문예극장Irish Literary Theatre이 아일랜드 국립 극장 협회Irish National Theatre Society로 개편되면서 본부로 사용되었다. 처음에는 예이츠와 그레고리 여사 및 존 싱의 작품들이 연출되어 새로운 아일랜드 연극의 중심이 되었다. 1951년 불에 탔으나, 1966년에 재건되었다.

부활절 봉기 시의 오코넬 가O'Connell St.

부활절 봉기는 1916년 부활절 주간에 영국으로부터의 독립을 성취하기 위해 아일랜드 공화주의자들이 주도하여 일으킨 무력봉기이다. 봉기의 지휘부였던 중앙우체국 앞 오코넬 거리에서 총격전이 있었다. 주모자 15명은 전쟁 중이라는 명분으로 군사재판에 회부, 5월 3일에서 12일 사이에 처형되었고, 이들 중 모드 곤의 전남편 맥브라이드도 끼어있었다. 예이츠는 당시 옥스퍼드에 체재 중이었다.

예이츠와 두 자녀

예이츠는 1889년 모드 곤Maud Gonne을 처음 만나 2년 뒤 그녀에게 청혼하지만 거절당하였고, 이후 네 차례나 더 청혼하지만 실패하였다. 결국 1917년 조지 하이드리스Georgie Hyde-Lees와 결혼하여 2년 뒤에 딸 앤Anne Butler Yeats을 얻고 그다음에는 아들 마이클Michael Butler Yeats을 얻었다.

그레고리 여사Lady Gregory

예이츠가 시에서도 노래했듯이 일생에서 가장 가깝게 지낸 세 명의 여성 중 하나가 그레고리 여사였다(나머지 두 명은 모드 곤과 올리비아 셰익스피어). 예이츠가 그레고리 여사의 쿨 파크 저택을 처음 방문한 시기는 1897년, 그의 나이 32세 때였다. 이때부터 그레고리 여사와 함께 아일랜드 민담을 발굴·수집하고 극장 설립을 논의하였다.

쿨 파크Coole Park 저택

그레고리 여사의 쿨 파크 저택 정면 입구의 모습(1887년).
지금은 헐리고 주추만 남아 있다.

쿨 파크의 가로수

쿨 파크 저택의 진입로. 서양감탕나무ilex tree가 빽빽하게 들어서 아치 형을 이루고 있다.

예이츠 연보

1865 6월 13일 더블린의 샌디마운트로Sandymount Avenue에서 존 버틀러 예이츠John Butler Yeats와 수전 폴렉스펜Susan Pollexfen의 2남 2녀 중 맏아들로 태어남.

1867 런던의 리젠트 공원 근처로 옮김.
아버지는 법률 공부를 포기하고 화가로 변신함.

1872 향후 2년간 아일랜드의 슬라이고Sligo의 외가에서 외조부모 슬하에서 자람.

1877 1881년까지 런던 근교 해머스미스Hammersmith 소재 고돌핀 학교Godolphin School에서 공부하고, 휴가는 외가에서 보냄.

1881 예이츠 일가, 더블린 근교의 호스Howth로 옮김.
예이츠는 더블린 소재의 학교에 다님.

1884 예이츠, 더블린의 메트로폴리탄 미술학교Metropolitan Art School에 입학.

1885 『더블린대학보』*Dublin University Review*에 첫 시를 발표.
정치적인 귀양살이에서 풀려나 파리에서 돌아온 존 오리어리John O'Leary를 만남.

1888 9월, 『아일랜드 농촌 민담집』*Fairy and Folk Tales of the Irish Peasantry* 편집.
예이츠 가족, 런던(Bedford Park)으로 이사함.
신지학회 비교회神知學會 秘敎會, Esoteric Section of the Theosophical Society에 참여함.

1889 1월 런던에서 시집 『오쉰의 방랑과 기타 시편』*The Wanderings of Oisin and Other Poems*을 출간하고, 모드 곤Maud Gonne을 처음 만나 사랑에 빠짐.

1890 3월, '라이머즈 클럽'Rhymers' Club을 공동 창립.
같은 달, 런던 소재 '황금여명회'Hermetic Order of the Golden Dawn에 가입.

1891 3월, 『아일랜드 민담』*Representive Irish Tales* 편집.
9월, 오리어리와 함께 '아일랜드 청년연맹'Young Ireland League 결성.
10월, 모드 곤에게 첫 번째 구혼 거절당함(1894, 1899, 1900, 1901년에도 실패).

1892 1월, 런던의 '아일랜드 문학회'Irish Literary Society 창립에 공헌.
5월, 더블린에 '민족문학협회'National Literary Society 창립.
8월, 『캐슬린 백작부인, 전설 그리고 서정시편들』*The Countess Kathleen and Various Legends and Lyrics* 출간.

1893 2월, 『윌리엄 블레이크 작품집』*The Works of William Blake* 공동 편집.
9월, 영국하원에서 자치령Home Rule Bill 통과, 상원에서 부결.

1895 10월, 『시집』*Poems* 출간.
아서 시몬즈Arthur Symons(1865-1945)와 몇 개월간 한집에서 지냄.

1896 올리비아 셰익스피어Olivia Shakespear와의 사랑(1897년까지).

1897 4월, 시집 『은밀한 장미』*The Secret Rose* 출간.
그레고리 여사Lady Gregory의 쿨 파크Coole Park에 머묾.
그곳에서 민담 발굴과 극장 설립 논의, 그 후 자주 방문.
빅토리아 여왕 즉위 60주년 기념.
더블린 폭동(모드 곤의 반영 연설의 영향도 있음).

1899 4월, 시집 『갈대밭의 바람』*The Wind among the Reeds* 출간.
5월, 『캐슬린 백작부인』*The Countess Cathleen* 공연.
시몬즈, 『상징주의 문학운동』*The Symbolist Movement* 출간.

1900 1월, 어머니 작고.

1903 시집 『일곱 숲 속에서』*In the Seven Woods* 출간.
1월, 모드 곤과 존 맥브라이드John MacBride 결혼.

1904 애비극장Abbey Theatre 개관. 예이츠, 연출 담당.
12월, 예이츠 작 『볼려 해변에서』*On Baile's Strand* 공연.

1907 1월, 존 싱J. M. Synge의 『서역의 인기인』*The Playboy of the Western World*으로 일련의 소동 발생.
12월, 아버지가 뉴욕으로 이주.

1908 6월, 1905년에 남편과 결별한 모드 곤과 우정관계 회복.
에즈라 파운드Ezra Pound를 만남.
메이블 디킨슨Mabel Dickinson과 잠시 가깝게 지냄.

1909 싱 작고.

1913 에즈라 파운드와 함께 영국 서식스Sussex의 스톤 코티지 저택Stone Cottage에 거주.
레인 갤러리Lane Gallery 분쟁.
제임스 코널리James Connolly, '아일랜드 시민군'Irish Citizen Army 결성.

1914 시집 『책임』*Responsibilities* 출간.
8월 4일, 제1차 세계대전 발발.
아일랜드 자치령 통과. 단, 전쟁 후 시행하기로 함.

1916 3월, 자서전 『청소년기의 황홀감』*Reveries over Childhood and Youth* 출간.
4월, 더블린에서 '부활절 봉기'Easter Rising 일어남.
5월에 맥브라이드 등 주모자급 처형됨.
7-8월, 프랑스 노르망디의 모드 곤 거처에서 그녀에게 구혼했으나 거절당함.

1917 10월 20일, 조지 하이드리스Georgie Hyde-Lees와 결혼.
11월, 시집 『쿨 호의 백조들』*The Wild Swans at Coole* 출간.

1918 1월, 그레고리 여사의 아들 로버트 그레고리Robert Gregory 전사.
9월, 밸릴리 탑Thoor Ballylee 입주.

1919 2월 26일, 딸 앤Anne Butler Yeats 탄생.
선거에서 '신페인'Sinn Fein(우리끼리) 승리.
'영국 아일랜드 간 전쟁'Anglo-Irish War 시작.

1921 2월, 시집 『마이클 로바티즈와 무용수』*Michael Robartes and the Dancer* 출간.
옥스퍼드 연맹Oxford Union에서 영국 정책 공격.
8월 22일, 아들 마이클Michael Butler Yeats 탄생.
12월, 영국 아일랜드 간 조약 체결.

1922 2월, 부친 뉴욕에서 작고.
10월, 자서전 『장막의 흔들림』*Trembling of the Veil* 출간.
12월, 상원의원에 지명.
조약 비준으로 아일랜드 내란. 공화국파에 의한 밸릴리 교 폭파.

1923 11월 노벨 문학상 수상. 내란 종식.

1926 1월, 『비전』*A Vision* 출간(1937년 11월에 개정판).
11월, 『자서전』*Autobiographies* 출간.
상원 조폐위원회 의장.
워터포드Waterford의 성 오테란 여학교St. Otteran's School 방문.

1927 충혈성 폐질환으로 와병(1935년에 재발).

1928 2월, 시집 『탑』*The Tower* 출간.
5월부터 다음해 5월까지 이탈리아의 라팔로Rapallo에 머묾.
7월, 상원 마지막 연설.

1929 10월, 시집 『나선계단』*The Winding Stair* 출간.
12월, 지중해의 풍토병인 몰타 열로 고생.

1932 8월, 그레고리 여사 사망.

1933 시집 『나선계단과 기타 시편들』*The Winding Stair and Other Poems*과
『시 전집』*Collected Poems* 출간.
7-8월에 아일랜드 나치즘 조직인 '오더피 장군의 나치즘'General O'Duffy's Blueshirts에 말려듦.

1934 11월,『희곡 전집』*Collected Plays* 출간.
4월에 회춘수술Steinach operation 받음.
9월, 젊은 여류시인 마고 러독Margot Ruddock과 만남.

1936 11월,『옥스퍼드 현대시선』*The Oxford Book of Modern Verse: 1892-1935* 발간. 건강 악화.

1938 5월,『새 시집』*New Poems* 발간.

1939 1월 28일, 프랑스의 카프 마르탱Cap Martin에서 사망.
로크브륀느Roguebrune에 묻힘.
사후에『최후의 시편들과 두 희곡 작품』*Last Poems and Two Plays* 출간.
스페인 내란 종식.
9월, 제2차 세계대전 발발.

참고문헌

Albright, Daniel, Ed. *W. B. Yeats: the Poems*. London: Dent, 1992.

Bloom, Harold. *Yeats*. Oxford: Oxford UP, 1970.

Brooks, Cleanth. *The Hidden God: Studies in Hemingway, Faulkner, Yeats, Eliot, and Warren*. New Haven: Yale UP, 1963.

Brooks, Cleanth. *Modern Poetry and the Tradition*. New York: Oxford UP, 1965.

Cullingford, Elizabeth Butler. *Gender and History in Yeats's Love Poetry*. Syracuse: Syracuse UP, 1996.

Ellmann, Richard. *The Identity of Yeats*. London: Faber, 1964.

Finneran, Richard J. *W. B. Yeats the Poems* (revised). London: Macmillan, 1991. (본문에서 *PR*로 표기함)

Freyer, Grattan. *W. B. Yeats and the Anti-Democratic Tradition*. Dublin: Gill and Macmillan, 1981.

Harper, J. Mills. *The Making of Yeats's 'A Vision'*. Carbondale: Southern Illinois UP, 1987.

Harris, Daniel A. *Yeats: Cool Park and Ballylee*. Baltimore: The Hopkins UP, 1974.

Hassett, Joseph M. *W. B. Yeats and the Muses*. Oxford UP, 2010.

Henn, T. R. *The Lonely Tower: Studies in the Poetry of W. B. Yeats*. London: Methuen, 1965.

Hone, Joseph. *W. B. Yeats*. Harmondworth, Middlesex: Penguin Books, 1971.

Howes, Marjorie & Kelly, John, Ed. *The Cambridge Companion to W.B. Yeats*. Cambridge, UK; New York: Cambridge University Press, 2006.

Jeffares, A. Norman. *A New Commentary on the Poems of W. B. Yeats*. London: Macmillan, 1989.(본문에서 *NC*로 표기함)

Jeffares, A. Norman. *W. B. Yeats: Man and Poet*. London: RKP, 1962.

Jeffares, A. Norman, Ed. *Yeats's Poems*, 3rd edition. London: Palgrave, 1996.

Langbaum, Robert. *The Mysteries of Identity: A Theme in Modern Literature*. New York: Oxford UP, 1977.

Lynch, David. *Yeats: The Poetics of the Self*. Chicago: Chicago UP, 1979.

Malins, Edward. *A Preface to Yeats*. London: Longman, 1978.

O'Neill, Michael, Ed. *The Poems of W. B. Yeats: A Sourcebook*. London: RKP, 2004.

Parkinson, Thomas. *W. B. Yeats Self Critic: A Study of His Early Verse and the Later Poetry*. (Two volumes in one) Berkeley: California UP, 1971.

Raine, Kathleen. *Yeats the Initiate: Essays on Certain Themes in the Writings of W. B. Yeats*. Mountrath, Portlaoise, Ireland: Dolmen, 1986.

Rosenthal, M. L. *Running to Paradise: Yeats's Poetic Art*. New York: Oxford UP, 1994.

Rosenthal, M. L. & Gall, Sally M. *The Modern Poetic Sequence: The Genius of Modern Poetry*. New York: Oxford UP, 1983.

Snukal, Robert. *High Talk: The Philosophical Poetry of W. B. Yeats*. Cambridge: Cambridge UP, 1973.

Thurley, Geoffrey. *The Turbulent Dream: Passion & Politics in the Poetry of W. B. Yeats*. St Lucia: Queensland UP, 1983.

Tuohy, Frank. *Yeats*. London: Macmillan, 1976.

Unterecker, John. *A Reader's Guide to William Butler Yeats*. New York: Farrar, Straus & Giroux, 1972.

Vendler, Helen. *Our Secret Discipline: Yeats and Lyric Form*. Cambridge, Massachusetts: Belknap Press of Harvard UP, 2007.

Wilson, F. A. C. *W. B. Yeats and Tradition*. London: Victor Gollancz, 1958.

Conner, Lester I. *A Yeats Dictionary*. Syracuse: Syracuse UP, 1998.

Foclóir Póca English-Irish/Irish-English Dictionary. Angúm, 1986. (본문에서 Póca로 표기함)

Suzuki, Hirosi. *A Dictionary of W. B. Yeats's Poems*. Tokyo: Honno tomo, 1994.

The Oxford Companion to British History. Ed. John Cannon. Oxford UP, 1997.

The Oxord English Reference Dictionary, 2nd edition. Ed. Pearsall, Judy & Bill Tumble. Oxford UP, 1996.

(본문 주석의 출처는 녹색 글씨로 밝힘)

찾아보기

예이츠 서정시 전집 제1권, 제2권, 제3권을 각각 Ⅰ, Ⅱ, Ⅲ으로 구분했다.

한글 제목

영어 제목

『예이츠 서정시 전집』 발간에 부쳐

『예이츠 서정시 전집』의 역자 김상무金相武 교수는 2012년 7월 2일에 타계했습니다. 그가 떠나던 날까지 이 책의 편집일정은 지연되고 있었습니다. 그렇게 지연된 데에는 출판문화원 측의 부득이한 사정도 있었습니다만, 늘 완벽함을 추구하던 역자 자신의 성격도 얼마쯤 탓할 수 있지 않을까 싶습니다.

김 교수는 영문학이 우리에게 외국문학이며 외국문학 연구의 기초는 올바른 텍스트 읽기에 있다고 믿었습니다. 우리나라에서 영문학 공부, 특히 영시를 공부할 때 부실한 텍스트 읽기를 극복하지 못하는 현실을 그는 늘 안타깝게 여겼습니다. 그래서 참으로 오랫동안 그는 후학들이 공부하고 가르치는 데에 도움이 될 수 있도록 예이츠를 비롯한 현대 영국 시인들의 시를 우리말로 옮기는 작업에 열중했습니다. 그리고 역자는 이 책의 머리말에서도 밝혔듯이 '번역 시도 우리말 시와 마찬가지로 읽힐 수 있도록 하는 일'의 중요성을 절감하고 있었습니다. 그뿐만 아니라 어느 한 대목의 허술함도 용납하지 않겠다는 완벽주의 집념에서 그가 자유로웠던 적은 한순간도 없었습니다. 이래저래 그의 작업은 더디기만 했습니다. 출판문화원에 원고를 제출한 후에도 그는 영미의 요로要路와 접촉하면서 관계자료를 구하는가 하면, 번역 텍스트와 각주의 미심한 부분을 꾸준히 손질하고 있었습니다.

그러다가 김 교수는 이 역시집의 초교를 보지 못한 채 우리 곁을 떠났습니다. 그래서 교정을 보는 일은 서울대학교 영문학과 신정현 교수가 맡아서 했고, 손혜숙(성균관대 교수), 손나리(서울시립대 연구교수), 장미정(서울대 영문학과 박사과정 수료), 신승한(서울대 영문학과 박사과정 수료), 이렇게 네 분의 영문학자들이 신 교수를 도왔습니다. 원고가 워낙 깨끗한 편이긴 했습니다만, 이분들의 정성 어린 도움이 없었더라면 이 책이 나오기 어려웠을 것이라 생각합니다.

끝으로, 이 책의 출간을 위해 고인의 오랜 벗 김진하金鎭河 님의 후한 재정적 지원이 있었음을 밝혀 둡니다.

2013년 12월

고인의 1954년 대학입학 동기생

이상옥(서울대학교 명예교수)

역주자 소개

김상무(金相武)

1934년 경북 경산에서 출생하여, 일제하에서 소학교를, 해방 후와 6·25 전쟁 기간에 대구에서 중고등 과정을 마쳤다. 휴전 후 서울대학교 영문과에 입학하여 1960년에 졸업하였다. 서울 숭문고와 경북고등학교에서 교편을 잡다가 1968년부터 영남대학교와 인연을 맺어 2000년 정년퇴직할 때까지 영국 문학사와 현대 영시를 가르쳤다. 한국T.S.엘리엇학회 부회장, 한국현대영미시학회 회장을 역임하였고, 2012년에 타계하였다. T. S. 엘리엇, 로버트 프로스트, 1950년대의 영국 '시운동', 톰 건, 필립 라킨, 테드 휴즈에 관한 논문을 썼고, 『서구인의 눈으로』(번역서), 『필립 라킨의 시』 등의 저서가 있다.